평생교육의
눈으로
학교 읽기

학교의 재구조화와 재개념화

평생교육의 눈으로 학교 읽기

― 학교의 재구조화와 재개념화 ―

초판 1쇄 펴낸날 | 2016년 2월 25일
초판 2쇄 펴낸날 | 2017년 10월 25일

지은이 | 윤여각·김현섭·이화진·박현숙·이부영·양도길·김지연·최윤정·김혜정·이승훈·지희숙
펴낸이 | 김외숙
펴낸곳 | 한국방송통신대학교출판문화원
　　　　주소　서울특별시 종로구 이화장길 54 (03088)
　　　　대표전화　1644-1232
　　　　팩스　(02) 741-4570
　　　　홈페이지　http://press.knou.ac.kr
　　　　출판등록　1982. 6. 7. 제1-491호

출판위원장 | 권수열
편집 | 박혜원·이기남
본문 디자인 | 토틀컴
표지 디자인 | 김민정

ISBN 978-89-20-01811-4 93370

값 19,000원

● 이 도서의 국립중앙도서관 출판예정도서목록(CIP)은 서지정보유통지원시스템 홈페이지(http://seoji.nl.go.kr)와
　국가자료공동목록시스템(http://www.nl.go.kr/kolisnet)에서 이용하실 수 있습니다.
　(CIP제어번호: CIP2016003057)

머리말

　2004년 우리나라에서 최초로 (그리고 아마도 세계에서 최초로) 한국방송통신대학교 대학원 평생교육학과에 〈학교평생교육론(Schooling and Lifelong Education)〉이라는 교과목을 개설하고, 학교평생교육 관련 쟁점들을 엮어 2009년에 『학교평생교육론』을 출판하였다. 여기서 '학교평생교육'이란 학교에서 정규과정과 별도로 진행하는 평생교육이 아니라 평생교육의 관점에서 조망된 학교교육을 의미한다. 이러한 입장에서 저자는 학교에서 방과 후에 학생들을 대상으로 부가적으로 제공하는 프로그램 또는 학부모나 지역주민들에게 제공하는 프로그램 정도로 규정되고 있는 학교평생교육에 대한 통념에서 벗어날 것을 지금까지도 일관되게 주장하고 있다. 그러나 『평생교육법』에서 평생교육을 학교의 정규과정을 제외한 체계적인 교육으로 규정하고 있기 때문에 이 통념은 여전히 힘을 발휘하고 있다.

　수평적으로 다양한 장에서 진행되고 있는 교육과 수직적으로 다양한 시기에 진행되고 있는 각각의 교육을 모두 다 교육이라고 부르려면 그 각각을 포괄하는 원리가 있어야 하는데, 다베(R. H. Dave)는 이를 '평생교육'이라고 개념화하였다. 교육이라는 말에 애써 '평생'이라는 수식어를 붙인 데에는 당시 수평적·수직적으로 다양하게 전개되고 있던 교육이 하나같이 분절되어 있는 상황에 대한 상심(傷心)이 있다. 이 상심은 우리나라에 제대로 전해지지 않고, 정규과정으로 진행되는 학교교육과 구분되는 또 하나의 교육 유형으로서 평생교육이 다루어져 왔다. 그러므로 이처럼 하나의 유형이 되고 있고 영역화되고 있는 평생교육을 학교교육을 포함하여 교육을 조망하는 원리로 되돌리는 작업이 필요하다. 이 책은 이러한 작업의 연장선상에 있다.

학교는 정규과정을 중심으로 교사가 가르치고 학생이 배우도록 제도화된 기관이다. 정규과정을 중심으로 교사가 가르치고 학생이 배우는 활동을 학교교육이라고 하며, 이 학교교육 역시 제도화된 것이다. 수평적 차원에서 보면 학교는 교수자와 학습자가 참여하는 교육의 장 중 하나이며, 수직적 차원에서 보면 학교교육은 교수자와 학습자가 일정한 기간 동안 참여하는 교육이다. 교수자와 학습자가 참여하는 교육은 학교가 아닌 곳에서도 진행되고, 학교에 머무는 기간 이외에도 진행된다. 그래서 지배적인 위상 때문에 교육을 제도적으로 수렴시키고 있는 학교교육이기는 하지만, 평생교육의 관점에서 학교교육의 위상을 바르게 설정해야 할 필요가 있다.

여기서 주목해야 할 것은 오랜 역사를 통해 학교가 특성화되어 왔다는 사실이다. 그중 하나가 학교가 인류의 정신적 유산을 다룬다는 것이고, 그 유산을 새로운 세대로 하여금 공유하고 발전시켜 나가게 한다는 것이다. 여기에서 교사에게는 학교교육을 통해 소재로 다루고 있는 것을 잘 가르치기 위해 지속적으로 노력해야 하는 과제가 있고, 학생에게는 교사의 조력을 받아 그 소재를 잘 배우기 위해 지속적으로 노력하고, 교사의 조력이 없더라도 그 배움을 계속해 나갈 수 있는 힘을 키워야 하는 과제가 있다. 그리고 학부모를 포함하여 주변에 있는 사람들에게는 교사와 학생이 각자 그리고 협력하여 이 일을 잘 할 수 있도록 조력해야 하는 과제가 있다. 학교교육에 대한 논의는 이러한 토대 위에서 각론으로 나가야 하며, 이 토대가 바로 평생교육의 원리를 따를 때 구축되는 토대이다.

이 책에서는 각론에 해당하는 10개의 사례를 다룬다. 각론을 전개하는 집필진이 자신이 하는 일을 평생교육의 관점에서 규정하지 않을 수도 있다. 그럼에도 불구하고 평생교육의 관점에 충실하게 그 일을 하고 있을 수도 있다. 전자를 고려하면, 각자가 자신의 목소리로 이야기를 하게 하는 것이 중요하다. 이 점은 독자에게도 중요하다. 거의 원자료에 해당하는 이야기를 평생교육의 관점으로 읽어 낼 수 있어야 하기 때문이다.

각론에 들어가기 전에 서론에서는 학교교육의 공과를 다시 짚어 보고, 제도화의 틈새 속에서 평생교육의 관점으로 학교교육을 재구조화하는 가능성에 대해 논의하였다.

제1장부터 제10장까지는 현재 실천하고 있는 사례를 현장에서 활동하고 있는 집필진의 목소리로 전하고 있다. 제1장에서는 교사가 학생들의 협동학습이 중요하다는 것을 깨닫고 협동학습이 잘 진행되도록 수업하는 역량을 지속적으로 향상시켜 온 사례를 다루고 있다. 제2장에서는 학습부진의 문제로 어려움을 겪고 있는 학생들을 대상으로 지속적으로 정책연구를 수행하고 현재 단위학교 지원팀을 운영하는 두드림학교로 가시화시킨 사례를 다루고 있다. 제3장에서는 학교 자체를 배움의 공동체로 만들어 나가기 위해 꾸준히 노력하고 있는 사례를 다루고 있다. 제4장에서는 학교에서 하지 않아도 되는 것과 반드시 해야 할 것을 구분하고, 이에 유념하면서 민주적으로 학교의 관행을 새롭게 형성해 가고 있는 사례를 다루고 있다. 이 4개의 사례는 학교 내에서 실천하고 있는 사례이며, 일회성 사업으로 끝내지 않고 학교를 재구조화하는 데까지 밀고 나가는 사례이다. 여기에는 평생이라는 긴 호흡이 있고, 학생의 성장뿐만 아니라 교사의 성장도 도모하고 있다.

제5장에서는 학교를 학교가 위치해 있는 마을의 명실상부한 학교, 즉 온마을학교로 만들기 위해 지역과 연계해 온 사례를 다루고 있다. 제6장에서는 문화예술을 매개로 하여 학교가 마을과 소통하기 위해 노력해 온 사례를 다루고 있다. 제7장에서는 교육복지정책에 따른 사업을 추진하는 과정에서 학교를 포함하여 지역에서 이 사업에 참여한 기관들이 연계해 온 사례를 다루고 있다. 이 3개의 사례는 현재도 진행형인 사례이며, 학교에서 주도적으로 학교 밖과 연계해 온 사례이다. 이 사례에서 학교 구성원과 지역주민의 인식이 전환되어 가는 모습을 확인할 수 있다.

　제8장에서는 학생들이 학교 밖에서 자원활동을 통해 지역을 배움터로 만들어 가고 있는 사례를 다루고 있다. 제9장에서는 지역에서 한 기관이 학생들을 대상으로 다양한 접속지점을 만들어 내면서 이를 계기로 지역 전체가 학교가 되도록 노력해 온 사례를 다루고 있다. 제10장에서는 대학도 학교이고 대학생도 학생이라는 점을 부각시키면서 대학생들이 대학 밖에서 배우고 성장해 가고 있는 사례를 다루고 있다. 이 3개의 사례 역시 진행형이며, 여기서의 주제는 학교 밖에서도 중단되지 않는 성장과 그 계기이다.

　이 책에서 다루고 있는 10개의 사례는, 이야기하는 집필진은 개인이지만, 자신이 하는 일과 관련하여 무엇이 중요한지 알아 가는 앎을 중단하지 않고, 아는 데서 그치지 않고 실천하고, 그러면서 자기 존재의 품위를 높여 나가고, 이 모든 것을 다른 사람들과 함께하며 더불어 살기 위한 맥락 속에서 하고 있다는 것을 보여 준다. 이것은 평생교육의 관점을 전제하지 않고는 드러내기 어려운 모습이다.

　마지막으로 결론에서는 앞서 언급한 10개의 사례가 학교의 재구조화를 겨냥하고 있다는 점과 그 재구조화 자체가 학교에 대한 새로운 개념화를 전제로 하고 있다는 점에 대해 논의하였다. 인간 세계에서는 어떤 개념이든 그 의미가 고정되지 않고 시대나 지역에 따라 변이를 보인다. 학교의 개념도 여기서 예외가 될 수 없다. 평생교육의 관점에서 조망하여 드러나는 학교는 이미 이전의 통념에 의해 드러나는 학교가 아니다.

이 책을 통해 '학교평생교육'이 평생교육의 관점에서 조망된 학교교육이고, 결과적으로는 '교육'에 방점이 있는 학교교육의 본연을 회복하기 위한 노력이라는 점을 이해할 수 있기를 바란다. 그래서 이 책에서 제시한 10개의 사례도 쉽게 활용할 수 있는 사례라기보다는 생각해 볼 거리를 제공하는 사례, 거기서 언제까지가 될지는 모르지만 계속 부여잡고 자신을 향상시켜 나갈 과제를 발견하는 사례가 되기를 소망한다.

2016년 2월

집필진을 대표하여 윤여각 씀

차 례

제1부 학교 안에서

서 론

학교의 재구조화

윤여각(한국방송통신대학교 교육학과 교수)

학교가 안고 있는 문제에 어떤 식으로든 대처하려는 다양한 시도가 있다. 그것은 부분적인 것일 수도 있고, 전체적인 것일 수도 있다. 그러나 부분적인 것이라고 하더라도, 부분은 전체와 맞물려 있다는 점에서 부분의 변화는 결코 사소하지 않다. 학교라는 제도화된 공간에서 제도화된 방식으로 정해진 기간 동안 진행되는 교육에서 벗어나 평생에 걸쳐 다양한 공간에서 다양한 방식으로 진행되는 교육('평생교육')으로 관점이 확장되면서 이에 따라 학교를 재구조화할 필요성에 대한 논의가 진행되고 있다. 서론에서는 이와 관련된 개념적 문제를 중심으로 논의한다.

01 | 학교에 대한 비판의 실태

평생교육의 담론이 등장하면서 학교에 대한 비판은 더욱 확대되었다. 학교가 팽창함에 따라 학교는 자체적으로 다분히 폐쇄적으로 운영되었다. 학교 안에 머물지 않고 학교 밖으로까지 시야를 넓힐 때 학교에 대한 비판은 불가피하게 된다. 여기서는 평생교육의 담론이 등장한 이후 학교에 대해 가해진 비판의 내용과 방식에 대해 검토한다.

비판의 내용

중세에서 근대로 넘어서면서 지도적인 위치에 있던 사람들은 중세와는 다른 신분질서를 만들어 나가야 하는 과제와 새로운 시대에 걸맞은 이념을 정립하고 확산시켜 나가야 하는 과제를 안게 되었다. 새로운 신분질서는 태어나는 그 순간부터 정해지는 신분이 아니라 성장하는 과정에서 달라질 수 있는 신분에 따라 형성되는 질서여야 한다. 그리고 새로운 이념은 중세로 되돌아가고자 하는 힘을 억누를 수 있는 유인가를 가지고 있어야 한다.

후자와 관련하여 새로운 이념을 체계적으로 전파하는 기관으로 학교가 구상되었다. 학교는 이전에도 존재하였기 때문에 근대에 구상된 학교는 중세 때보다 문호를 더 개방하는 방향을 취하였다. 이를 실천하는 과정에서 '공교육'의 개념도 등장하였다. 다시 말하면, 학교를 통해 교육의 공공성을 확보하는 체제를 구축할 수 있게 된 것이다. 학교에서는 근대인이 되는 데 필요한 근대적 가치를 다루고, 이를 아이들이 받아들이도록 하였다.

학교는 근대 기획과 맞물려 있었기 때문에 국가적인 차원의 지원을 받았다. 그 지원의 하나가 학교에서 교과과정을 이수하는 것을 공인하는 것이다. 이러한 공인은 신분을 나타낼 수 있는 징표가 되었다. 이에 따라 학교는 점점 팽창하게 되고, 학교의 위계가 만들어지게 된다. 즉, 하급 학교, 중급 학교, 상급 학교가 순차적으로 확대되는 현상이 나타나게 된다. 근대적 가치를 다룬다는 대전제를 수용하면서 근대 이후 발전한 학문의 성과를 학교급별로 교과과정으로 전환하는 작업이 진행되었고, 학생들을 가르치는 교사를 확보하고, 이를 위해 교원양성기관을 만들고, 교원양성을 위한 교과과정을 만들어 나가는 일이 연쇄적으로 진행되었다.

이 과정에서 학교운영체제도 점점 정교화되었고, 그중에서도 교실수업의 틀이 정착되었다. 근대적인 삶의 여건이 변하면서 학생에 대한 인식, 교사에 대한 인식도 변하였다. 그러나 교사가 가르치고 학생이 배우는 틀은 현재까지도 계속 유지되고 있다. 교사가 가르치는 방식이 다양화되고 학생이 배우는 방식도 다양화되었지만, 기성세대가 새로운 세대에게 무엇을 가르칠 것인지의 문제는 언제나 비중 있게 다루어지고 있다. 기성세대가 주도하여 체계화하지 않은 국가적 차원의 공교육은 현실적으로 거의 존재하지 않는다고 말할 수 있다.

민주주의 국가라고 하더라도 직업적으로 국정 운영에 참여하고 있거나 부가가치를 창출하는 기업을 운영하고 있는 사람들의 영향력은 결코 가볍지 않다. 예컨대, 대통령 선거에서 누구나 투표에서 동일한 한 표를 행사한다고 하더라도 현실적으로 의사결정이 필요한 매 순간에 관련된 모든 사람이 동일한 의결권을 갖는 것은 아니다. 그래서 많은 의사결정을 하고, 영향력이 큰 의사결정을 하는 사람이 어떤 결정을 하는지가 매우 중요하다. 지금까지의 역사에서는 국가의 경제적

부를 늘린다는 명분 아래 가능한 범위 안에서 최대한 자본주의 체제의 작동을 방해하지 않고 지원하는 방향으로 정책적인 결정을 내리고, 모든 부문이 이에 맞게 조율되어 왔다.

애초에 학교는 '근대인'을 육성하기 위한 의도를 가지고 출발하였으며, 시간의 흐름 속에서 시대적 요구, 그중에서도 경제 부문의 요구에 맞는 '근대인'을 육성하는 국가적 차원의 과업을 수행하게 되었다. 중세에 비해 근대는 학교의 문호를 개방하였고, 공교육의 개념도 도입하였지만, 학교에서 진행되는 교육에 참여하는 데 현실적으로 한계가 있는 사람들은 언제나 존재하였다. 이 문제를 해결하기 위한 국가적 차원의 시도가 전혀 없었던 것은 아니지만, 끝까지 이 문제를 해결하고자 하는 정책적 의지가 관철된 경우는 거의 없었다. 현재도 비문해자가 존재하고 있는 현실이 이를 예증하는 셈이다.

학교교육을 통해 어떤 '근대인'이 육성되었는지에 대해서는 다양한 논의가 전개되었다. 학교교육에 대해 비판적인 입장에서는 '자신의 노력에 따른 신분의 자기 결정성'의 여지가 있다는 것이 근대 기획에서 매우 중요한 명분이었음에도 불구하고, 신분의 자기 결정성으로 대변되는 삶에서의 자기 주도성이 실질적으로 크게 증진되지 못하고 오히려 자본주의 체제라는 틀에 맞는 수동성이 함양되는 결과가 초래되었음을 문제 삼았다. 산업화에 따른 일사불란한 질서가 시대적으로 요청되었기에 그 질서에 순응하는 인간을 양성하는 데 학교교육이 기여하였다는 것이다. 학교장으로부터 교사를 거쳐 학생으로 이어지는 위계적인 학교 운영 구조, 교과서를 매개로 다루는 교과내용에서 역사적인 사실로 분명히 존재하는 논쟁에 대한 생략, 제도사 중심 또는 승자 중심으로 다루는 역사 등이 그 예로 제시되었다.

현대 정보화 시대로 넘어오면서 학교는 이제 '현대인'을 육성하는 국가적인 차원의 과업을 수행하게 되었다. 물론, '근대인'과 '현대인'이 완전히 다른 것은 아니다. 그러나 '현대인'은 정보생성이 쉴 새 없이 진행되는 시대를 살아가야 하기 때문에 그에게는 그 정보를 따라 잡기 위한 노력이 지속적으로 요구되고, 일 자체의 난이도가 점점 높아짐에 따라 지속적으로 자신의 역량을 끌어올릴 것이 요구된다. 그래서 '근대인'이 기계화된 자동생산체제 안에서 쉴 새 없이 바빴다면, '현대인'은 관심을 기울여야 할 일의 다양성과 복잡성에 대처하느라 쉴 새 없이 바쁘다. 이러한 맥락에서 평생교육의 개념이 부각되어 왔고, 현재는 학습을 강조하는 평생학습의 개념이 부각되고 있다.

평생학습은 '현대인' 누구에게나 요구되는 것이다. 물론, 국가적인 차원에서 주력하는 분야 또는 영역이 존재하기는 하지만, 누구나 언제 어디서나 참여하는 학습에서 분야나 영역의 제한은 원칙적으로 타당하지 않다. 국가적인 차원에서 직무능력의 표준을 설정하는 작업에서 직업 분야를 확대해 나가는 것은 이러한 맥락에서 적합한 조치라고 할 수 있다. 이렇게 보면, 학교에서 다루는 교과목이 평생학습의 맥락에서 적합한지에 대한 문제가 제기될 수 있다. 기초능력을 함양하고 증진시켜 나가면서 전문능력을 함양하고 증진시켜 나가야 한다면, 특정한 교과목으로 기초능력을 함양할 수 있다는 것과 제한된 교과목으로 전문능력을 함양할 수 있다는 것을 정당화해야 한다. 그러나 쉽게 짐작할 수 있듯이 기초능력이라는 것이 대부분 복합능력이어서(윤여각·김안나·나승일, 2002) 특정한 교과목이 특정한 어떤 기초능력을 함양한다는 것을 입증하는 것은 불가능하다고 보아야 할 것이다. 그렇다면 교과내용에 초점을 맞추지 않고 교과내용을 다루는 가운데 함양하고 증진시키게 될 능력에 초점을 맞추어 교과과정이 설계되고 수업이 운영되고 평가가 진행되어야 하는데, 현재 여기까지 가기에는 거리가 멀다.

실제로 학교에서만 학습을 진행하는 것은 아닐 뿐만 아니라 그것은 현실적이지도 적합하지도 않기 때문에 학교를 중심에 두더라도 다른 장에서 이루어지는 학습과 어떻게 연계할 것인지가 문제가 된다. 더 나아가 처음부터 학교가 다른 장에서 이루어지는 학습과 체계적으로 연계될 수 있도록 설계되어야 한다는 요구가 부각되고 있다. 이것은 학교에서 정해진 교과내용을 학교 안에서 폐쇄적으로 다루는 구조에서 지역의 다양한 소재를 활용하여 학교를 넘나들면서 개방적으로 다루는 구조로 전환할 것에 대한 요구로 이해할 수 있다.

평생으로 시점을 확장해서 보면, 결국 평생의 삶을 살아 나가야 할 주체는 학습자이다. 초기에 나아가야 할 방향을 제시하고 여기에 필요한 능력을 함양하도록 하는 데 기성세대가 주도적인 역할을 하더라도 여기에는 한계가 있을 수밖에 없다. 결과적으로 학습자가 자신의 삶을 주도적으로 살아 나갈 수 있는 역량을 갖추는 것이 중요하기 때문에 그러한 방향으로 기성세대가 조력하는 것이 필요하다. 무엇보다도 학습자가 현재의 시점에 매몰되지 않고 미래를 전망하면서 자신의 삶을 설계해 나가고, 그 과정에서 자신에게 필요한 것을 획득해 나갈 수 있도록, 말 그대로 교육적 소통을 하는 것이 필요하다. 이것은 교과내용 중심으로 운영되는 구조로는 명백히 한계가 있다.

비판의 방식

학교에 대해서는 학교가 하겠다고 명시한 것을 얼마나 철저하게 실천하고 있는지에 비추어 비판할 수 있다. 학교가 하겠다는 내용은 학교교육의 목적이나 목표의 형태로 명시되어 있다. 경우에 따라서는 학교에 무엇인가를 요청하는 공문에 대해 답하는 공문의 형태로 명시되기도 한다. 학교가 하겠다는 내용의 대표적인 예는 전인교육을 하겠다는 것이다. 학교에서 지, 덕, 체의 조화로운 발달이라는 전인교육을 위해 교과목을 다루고, 체육활동을 별도로 하고, 도덕성 함양을 위해 별도의 노력을 하기는 하지만 각각을 별개로 진행하는 것은 타당하지 않다. 체육활동, 넓게는 신체활동을 하면서 개별 교과목에서 다루는 내용을 통합적으로 다루고, 교과내용을 다루는 것 자체가 도덕성 함양으로 이어질 수 있도록 해야 할 것이다.

또한 학교에 대해서는 학교가 가질 수 있는 차별성에 얼마나 충실한지에 비추어 비판할 수 있다. 학교에서 하는 활동과 다른 곳에서 하는 활동이 거의 유사하다면 그러한 활동을 굳이 학교에서 하는 것에 대해 정당화해야 한다. 학원과 같은 곳에서 선행학습을 하고, 학교에서 이를 단순히 반복한다면 학교의 존립 근거는 약화된다. 현재와 같이 교과내용 중심의 입시를 위해 선행학습을 하고, 지속적으로 반복학습을 해야 하는 상황에서는 학교의 존립 근거가 약화될 수 있다. 학교가 지역 전체의 교육과 관련하여 다른 기관과 기능과 역할을 어떻게 분담하고 연계하고 있는지를 분명하게 드러낼 수 없다면 학교의 위상에 대한 재검토는 불가피하게 된다.

학교에 대해서는 또한 특정한 이론적 관점에 비추어 비판할 수 있다. 학교를 사회화 기관으로 규정한다면 학교가 사회화에 얼마나 충실하고 있는지에 대해 비판할 수 있고, 학교를 누구에게나 제도화된 교육에 참여할 수 있는 기회를 제공하는 교육기관으로 규정한다면 학교가 얼마나 예외를 두지 않고 누구에게나 내실 있게 교육기회를 제공하고 있는지에 대해 비판할 수 있다. 평생교육론의 관점에서 특정한 단계에서 특정한 교과내용을 특정한 방식으로 다루는 것의 적절성에 대해 비판하는 것도 가능하다. 예컨대, 특정한 분야에서 전문가로 성장하는 데 필요한 수준의 교과내용을 다른 분야에서 전문가로 성장하려는 사람을 대상으로 다루거나, 그 이전에 그보다 낮은 일반적인 수준에서 모든 사람을 대상으로 다루는 것은 적합하지 않다.

학교에 대해 비판하는 것 자체에 머물 수도 있고, 비판한 내용을 해결해 나갈 수 있는 방도를 제시할 수도 있다. 어떤 비판이든 타당성이 있어야 한다. 따라서 비판을 할 때는 그 근거를 분명하게 명시해야 한다. 이러한 전제 아래서만 비판이 의미를 가질 수 있다. 비판하는 것 자체도 간단한 일은 아니기 때문에 그 자체로 충분하다고 말할 수도 있다. 그러나 비판하는 맥락에서 비판하는 사람이 갖게 되는 상심이 절실하다면 비판의 근거가 갖는 현실 적합성을 검토하면서 그 근거를 외삽하여 구현될 수 있는 모습을 상상해 보고, 이를 예시적으로 제시하는 것도 가능할 것이다. 그러나 예컨대, 평생교육의 관점에서 학교교육을 문제 삼고 비판하는 데 그칠 뿐, 평생교육의 관점에 부합되도록 학교교육을 재설계할 수 있는 여지를 보여 주지 않는다면 평생교육을 학교교육과 같은 범주로 영역화하는 오류를 범할 수도 있다.

02 교육제도와 교육활동의 혼동

교육에 관한 법에 근거한 일정한 행정적 지침에 따라 작동되는 것을 '교육제도'라고 한다면, '교육활동'은 교육이라는 개념에 의해서 포착되는 활동이라고 할 수 있다. 교육제도에 따른 교육활동이 가능하지만, 교육제도 안에 포괄되지 않는 교육활동도 가능하다. 이 점에서 교육제도와 교육활동은 명백히 다른 개념이라고 할 수 있다. 그럼에도 불구하고, 양자를 혼동함으로써 교육에 관한 논의에서 혼선을 빚기도 한다. 학교에 대한 비판에서도 이러한 양태가 나타난다. 여기서는 그러한 양태로부터 빚어지는 문제에 대해 논의한다.

삶의 공간으로서 학교

학교는 별도의 공간으로서 이미지를 가지고 있다. 학교에서는 일상사에서 벗어나 인간현상이나 자연현상에 대해 그동안 탐구하여 축적해 온 것을 소재로 하여 이를 가르치고 배우며, 궁극적으로 앎의 수준을 한 단계 끌어올리기 위해 노력한다. 이러한 활동의 가치를 인정하는 토대 위에서 학교 자체가 하나의 제도가 되었고, 학교에서 진행하는 교육은 제도화된 교육이 되었다. 다시 말하면, 학교에서 진행하는 교육은 하나의 유형으로 분류될 수 있는 교육인 것이다. 이 점에 착안하여 학교에서 진행하는 교육을 매우 체계적인 형식을 취하고 있는 '형식교육'이라고 부르기도 한다.

근대 이후 학교는 국가적인 차원에서 관리하는 교육기관이 되었다. 여기서 관리는 한편으로는 통제하고 다른 한편으로는 지원하는 양면성을 가지고 있다. 국가에서는 학교가 법과 이에 따른 행정지침의 틀 안에서 교과과정을 운영하는 방향으로 통제하고, 그러한 교과과정 운영이 잘 이루어질 수 있도록 지원한다. 학교가 하나의 제도라는 점 자체가 학교에서 진행되는 교육의 중층적 성격을 말해 준다. 학교에서는 법과 행정에 의해 규제되는 교육이 진행되고 있는 것이다. 한마디로 말하면, 적어도 명시적으로 학교에서는 어떤 것이든 가르치고 배울 수 없으며, 일정한 틀 안에서 허용될 수 있는 것만을 가르치고 배울 수 있다.

학교에서는 교과과정에 따라 시간표가 정해지고, 이를 중심으로 교사와 학생이 상호작용하고, 이를 관리하는 행정행위가 수반된다. 그러나 모든 교사가 언제나 학생과 함께하는 것이 아니기 때문에 교사 간의 상호작용과 학생 간의 상호작용도 있고, 교사와 학교행정가 간의 상호작용도 있다. 여기에는 지위와 역할이 있고, 역할 갈등이 있고, 이에 따른 하위집단의 형성이 있으며, 권력을 둘러싼 정치도 있다. 하위집단은 하나의 동아리로서 종교활동에 참여할 수도 있고, 예술활동에 참여할 수도 있다. 달리 말하면, 학교는 일상사에서 벗어난다는 전제 아래 운영되는 형식을 갖추고 있지만, 구성원들이 일정한 시간을 함께 생활하는 공간이기도 하다는 점에서 일상사의 개입을 피할 수 없는 것이다.

현재 학교 구성원들은 전적으로 학교 내에서만 생활하지 않는다. 엄밀히 말하면, 이들은 학교에 있을 때만 학교 구성원이 된다. 그러므로 학교 밖에서 다른 지위와 역할을 가지고 있다가 학교에 와서는 정해진 지위에 따른 역할을 수행하게 된다. 그래서 학교 안으로 들어오는 순간 학교 밖과 철저히 단절하는 것은 현실적으로 불가능하다. 이렇게 볼 때, 학교에서 순수한 교수자로서 교사와 순수한 학습자로서 학생이 만난다는 가정은 비현실적인 것이다. 이것은 학교에서 진행되는 교육이 말 그대로 중층적이라는 사실을 간과해서는 안 된다는 점을 시사해 준다.

이러한 논의의 연장선에서 학교 구성원의 차이에 대해 논의할 수 있다. 교사든 학생이든 범주화할 수는 있지만 개별 교사와 학생은 모두 다르다고 보아야 한다. 학생들의 학업성취가 다른 것은 학생들의 다름을 나타내는 하나의 지표에 불과하다. 학생들의 학업성취에 주목하고 이를 높이기 위해 노력하는 것은 교사의 직무로 되어 있지만, 이것은 다만 교사의 직무 중 하나일 뿐이다. 따라서 개별 학생이나 교사가 무엇에 주안점을 두고 생활하고 있는지, 왜 그것에 주안점을 두게 되었는지는 그의 개별적인 맥락에 대한 이해 없이는 제대로 파악하기 어렵다. 이 사실은 학교에서 진행되는 교육의 중층성이 매우 복잡한 양태로 나타날 것임을 시사해 준다.

학교에서 진행되는 교육의 중층적인 현실을 인정한다면, 학교에 가해지는 비판에 대해 과연 그 비판이 어떤 현실을 전제하고 있는지 검토해 볼 필요가 있다. 이것은 비판이 겨냥하고 있는 것이 정확히 무엇인지에 대한 검토이기도 하다. 그래야 학교에서 진행되는 교육의 중층적인 현실 중에서 정확히 무엇을 겨냥하여 비판하고 있는지 가늠해 보고, 그 비판의 현실 적합성과 타당성에 대한 후속 논의를 할 수 있을 것이다. 이러한 맥락에서 보면, 비판의 한계를 설정하지 않고 지나친 일반화를 하는 것은 경계해야 할 것이다.

학교에서의 제도화된 교육

학교에서 진행되는 교육은 성격상 제도화된 교육이다. 형식만 놓고 보면, 제도화된 교육은 오랜 기간을 통해 다듬어져 왔기 때문에 매우 체계적으로 진행된다. 전체 교과과정 내에서 교과목을 다루는 시간을 배정하고, 각 교과목의 비중을 정하여 다루는 시간을 배정하며, 매주 반복되는 시간표에 따라 수업을 진행하고, 각 교과목의 교과내용에 대해서는 처음부터 마지막까지 매주 정해진 분량을 다루는 방식으로 수업의 진도를 나간다. 초등학교, 중학교, 고등학교의 경우에는 학생의 연령 제한이 있으며, 교사의 경우에도 국가에서 부여하는 자격을 갖추고 자격증이 있어야 한다. 학력인정 평생교육시설학교의 경우에도 학생은 초등학교, 중학교, 고등학교와 연령 중복이 되지 않는 것을 원칙으로 하고, 교사 역시 정해진 자격을 갖추고 있어야 한다. 요컨대, 학교에서는 특정한 사람이 학생과 교사로 만나 특정한 방식으로 교육에 참여하는 것이다.

제도화된 교육은 제도에 의해 규율되는 교육으로서, 교육의 내재율에 부합될 수도 있고 부합되지 않을 수도 있다. 단위수업시간에 다루는 교과내용을 특정한 학생은 충분히 이해하지만, 특정한 학생은 이해하는 데 미진한 부분이 있을 수 있고 전혀 이해하지 못할 수도 있다. 전자의 경우에는 문제가 없지만 후자의 경우에는 학습이 이루어졌다고 말하기 어려우므로 단위수업시간의 종료와 더불어 그 시간의 교육도 종료되었다고 말할 수 없다. 그래서 외형상 교육은 진행되었지만 실제로는 교육이 일어나지 않는 사태가 발생하는 것이다. 단위수업시간에서 지적할 수 있는 이 문제는 한 학기 수업, 한 학년 수업, 전 학년 수업으로까지 확장하여 지적할 수 있다.

단위수업시간에 다루는 교과내용의 수준을 넘어서는 앎의 수준에 있거나, 교수자와는 다른 방식으로 교과내용에 접근하는 학생도 있다. 전자의 경우 학생은 자신이 이미 알고 있는 것을 다시 다루는 무의미한 시간을 보내야 한다. '영재'라고 할 수 있는 학생이 가지는 영재성의 영역은 특정 영역에 한정되지 않을 수 있다. 그렇지만 학교에서 모든 영역의 영재성을 분별하여 공평하게 지원하는 것은 아니다. 따라서 학교에서 관심을 기울이는 영재성의 영역에서 벗어나 있는 경우 해당 학생은 이중적인 소외를 경험하게 된다. 후자의 경우는 전자와 맞물려 있기도 하다. 영재가 아니라고 하더라도 자신의 관심사에 따라 특정한 주제에 대해 교수자와 다른 방식으로 접근하는 것이 가능하다. 그 주제에 대해 특정한 방식으로 접근하는 것이 원칙적으로 고정되어 있는 것은 아니기 때문이다. 그럼에도 불구하고, 그러한 접근을 하고 계속 추구하여 일정한 매듭을 짓는 것이 허용되지 않을 수도 있다. 단위수업시간에 정해진 교과내용의 분량을 다루는 진도 맞추기에 주력할 경우 그러한 접근 자체가 차단될 수도 있다. 이러한 경우에도 외형상 교육은 진행되었지만 해당 학생에게는 실제로 교육이 일어난 것이 아니다.

단위수업시간에 무엇을 어떻게 할 것인지는, 일정한 범위에 한정되는 것이기는 하지만 담당교사의 재량에 달려 있다. 가능한 한 소외되는 학생이 없도록 한다는 대전제 아래 다루고자 하는 내용을 제대로 이해할 수 있도록 다양한 방도를 미리 강구한 상태에서 최선을 다해 수업을 하는 교사가 있다. 이 교사는 하나의 방식을 고수하는 것이 아니라 학생들과의 소통을 고려하여 다양한 방식을 탄력적으로 강구한다. 그러나 현실적으로 이렇게 준비하여 수업을 진행하기가 어려운 교사도 있다. 특히 학교에서 부장 이상의 직책을 맡고 있는 교사는 수업 이외에 행정적인 일을 처리하는 데 많은 시간을 들여야 한다. 학교는 하나의 제도로서 수많은 행정처리를 반드시 수반하기 때문이다. 이 경우 수업에서는 학생들의 주도적인 참여를 통한 교사와의 활발한 상호작용이 줄어들거나 학생들에게 많은 것을 일임하여, 교사와의 상호작용이 거의 없는 형태로 수업이 진행될 개연성이 높아진다. 이 경우에도 교육다운 교육을 기대하기 어렵다.

대학 입시에서 소망하는 점수를 얻기 위해 그에 유리한 방식으로 준비하는 공부는 반복 연습의 성격이 강하다. 경우에 따라서는 문제에 대한 정답을 잘 찾아내는 연습을 하기도 한다. 이에 따라 시험이 다루는 교과내용을 규정하는 전도 현상뿐만 아니라(이홍우, 1982: 제10장), 교과내용에 대한 이해의 수준을 높이는 것보다 정답을 찾는 기술의 수준을 높이는 데 주력하는 비교육적 현상이 나타나게 된다. 누구도 이의를 제기할 수 없게 명백한 답을 찾을 수 있는 문제를 출제하는 경향은 우리나라의 입시제도에서 비롯된 것이다. 이러한 상황에서 학교교육은 단순히 통과를 위한 절차 이상의 의미를 갖지 못하고, 각 학생의전 생애에서 앎의 수준을 높여 나가는 적절한 단계가 되지 못한다.

학교의 교육적 측면

제도화된 교육이 교육답게 진행되지 못하는 사례에 대한 지금까지의 언급은 우리나라의 상황 속에서 다양한 요인이 복합적으로 작용한데에서 비롯된다. 여러 가지 준거나 관점에 비추어 학교교육을 문제삼을 수 있다. 그렇다고 해서 학교에 교육다운 교육이 전혀 존재하지않는 것은 아니다. 따라서 학교교육을 문제 삼으면 삼을수록 학교에서 교육다운 교육을 애써 찾아야 하는 과제를 피할 수 없다. 교육은성격상 어디에나 편재되어 있기 때문에 교육다운 교육이 학교에도 반드시 존재한다고 보아야 하기 때문이다. 그것이 소수의 사례로 존재하는지 아니면 다수의 사례로 존재하는지는 중요하지 않다. 학교는교육기관임에도 불구하고, 다른 장보다도 더 교육다운 교육이 존재하지 않을 개연성이 있다. 탈학교론자들의 상심이 이 점에 있기도 하다.그렇다고 해서 학교에 교육다운 교육이 전혀 존재하지 않는다고 단정하는 것은 타당하지 않다.

실제로 학교에는 수업에 최선을 다하는 교사가 있다. 그리고 더 나아가 그 수업을 학생들의 삶에서의 성장으로 연계하는 방식으로 그들을 지도하는 데 최선을 다하는 교사가 있다. 교사 역시 초임 발령 이후 학생들을 가르치고 지도하는 수준을 높여 나가야 하는 과제를 갖게 된다. 이 과제가 완전무결하게 성취되는 시점이 있는 것은 아니다.

좀 더 수준을 높이기 위한 지속적인 노력의 과정이 있을 뿐이다. 다루는 교과내용은 고정되어 있지 않고 변하며, 교사는 매년 다른 학생들을 지도해야 한다. 동일한 학생들을 학년에 따라 계속 지도하는 경우에도 다루는 교과내용은 달라진다. 그러므로 학생들과 함께 교과내용을 어떻게 다룰 것인지는 매학기 매수업에서 주된 관심사가 되며, 그 교과내용을 매개로 수업 이외의 상황에서 학생들을 어떻게 지도할 것인지 역시 중요한 관심사가 된다.

교사는 어느 한 순간도 완전한 존재일 수 없으므로 시행착오가 불가피하다. 사실, 시행착오는 교사가 자신의 활동에 대해 성찰할 때 비로소 인식할 수 있고, 교사로서 자신의 성장을 위한 계기로 삼을 수 있다. 실제로 이러한 성찰적 자세로 수업에 임하는 교사에 의해 특정한 교과목을 가르치는 새로운 방식이 고안되고 다듬어지며, 그 교과목을 일상적인 생활과 연계하여 풀어내는 시도도 점점 세련된다. 후자에 좀 더 주목하게 될 때 교과목에서 다루는 내용이 일상적인 생활에서 어떻게 작동되고 있는지를 가시적으로 보여 주는 다양한 사례 중심 수업의 비중이 높아지기도 한다.

교사들 중에는 자신의 성장에만 전념하지 않고 다른 교사들의 성장에도 관심을 기울이는 교사가 있다. 자신이 성장과정에 있기 때문에 선임자로서 초임으로 발령받아 오는 교사에게 조력할 여지가 있다고 판단하고 이를 실천하는 교사가 있는 것이다. 초등학교의 경우 담임은 교과전담교사의 조력을 받게 되고, 중등학교의 경우 동일한 교과목에 대해 다른 교사들과 함께 가르칠 수도 있으며, 자신이 담임으로 있는 학급에 자신 이외에 다른 교사들이 들어와 가르치기도 한다. 그러므로 학생들의 성장을 위해서는 다른 교사들과 협업을 하는 것이 불가피하고, 동일한 맥락에서 다른 교사들의 수준을 끌어올리는 것에 관심을 가질 수밖에 없다. 그러한 현실적인 이유 외에도 같이 교직에 있는 사람으로서 서로 성장할 수 있는 길을 모색하는 것은 그 조직을 교육공동체로 만들어 나가는 데 반드시 필요한 것이다.

학교에서 학생이 교사하고만 상호작용하는 것은 아니다. 학생은 학급에서는 다른 학생들과 상호작용하고, 동아리 활동에 참여하는 경우에는 다른 회원들과 상호작용한다. 학급에서 학생들 간에는 수업에서 다루어지는 교과내용에 대한 이해의 정도나 수업에서 목표로 하는 수준에 도달하는 정도에 차이가 있다. 학생 중에는 자신의 교과목 학습에만 전념하지 않고 다른 학생들이 도움을 요청하는 경우 자신이 아는 범위 안에서 최선을 다해 그들을 가르쳐 주는 학생이 있다. 이러한 학생은 다른 학생들을 경쟁상대로 보지 않고 함께 성장해야 할 동료로 인식하는 경향이 있다. 동아리 내에서는 취향이 비슷한 학생들이 모이기 때문에 동아리에서 주로 관심을 갖는 것과 관련된 앎 또는 능력의 수준을 끌어올리기 위한 상호작용이 빈번하게 일어난다. 선배가 주도적인 역할을 할 수도 있지만, 동료가 주도적인 역할을 할 수도 있다. 여기에도 좀 더 소질이 있고 배우는 속도가 빠른 학생이 존재하기 때문이다.

03 학교의 공과

학교에 대한 비판이 많다고 해서 학교의 기여점이 전혀 없다고 말하는 것은 타당하지 않다. 사실, 근대 이후 학교는 하나의 제도로서 특정한 문제를 해결하기 위해 도입된 것이다. 그리고 지금까지 학교를 둘러싸고 벌어지는 문제들을 해결하기 위한 다양한 시도가 있었다. 그중에는 특정한 준거에 비추어 볼 때 성공한 것도 있고 실패한 것도 있지만, 그러한 시도에서 겨냥한 문제의식 자체가 의미 없는 것은 아니다. 이것은 학교의 공과에 대한 좀 더 공평한 논의가 필요하다는 점을 시사해 준다.

학교를 통해 이룩한 성과

앞서 근대 기획과 관련하여 학교에 대해 논의하였다. 중세까지만 해도 학교에 아무나 진학할 수 없었다. 일정한 신분 이상만 학교에 진학할 수 있었다. 그러나 근대로 넘어오면서 신분 상승에 대한 욕구와 '근대인'을 육성하고자 하는 기획자들의 의도가 맞물리면서 학교에 진학하는 문호를 개방하였고, 점차 누구나 반드시 진학해야 하는 '의무교육' 개념도 등장하게 되었다. 그래서 불가피한 사정이 있는 경우를 제외하고 학교에 진학하는 것은 당연한 것이 되었으며, 현대에 이르러서는 대학에 진학하는 것도 당연한 것으로 인식되고 있다. 일정한 신분 이상의 사람들만 학교교육에 참여하는 것이 아니라 여건만 허락된다면 누구라도 참여할 수 있는 것으로 인식이 바뀌게 된 것이다.

이것은 실질적으로 참여가 확대됨에 따라 학교교육을 독점적으로 향유하는 데서 오는 차별, 또는 학교의 위계에서 높은 단계의 학교교육을 독점적으로 향유하는 데서 오는 차별이 계속 완화되어 왔다는 것을 말해 준다. 학교를 기웃거리며 귀동냥으로 문자화된 세계를 조금 알게 되거나 학교에 다닌 사람들의 이야기를 들으며 역시 귀동냥으로 그 세계를 조금 알 수 있는 것 외에는 그 세계를 알 수 있는 길이 차단되어 있던 시절에 비하면 이것은 대단한 변화라고 할 수 있다. 단순히 신분이 낮다는 이유로 관심도 있고 소질도 있음에도 불구하고 학교교육에 참여할 수 없다는 한(恨)이 있었는데, 근대 이후 이 한이 점점 사라지게 되었다는 점에서 학교교육 참여 기회의 확대는 매우 중요한 성과라고 할 수 있다.

대안학교나 대학까지 포괄하여 보면, 학교에서 다루는 소재는 과거에 비해 현저하게 확장되었다. 그러나 초·중등학교와 학력인정 평생교육시설학교에 한정해서 보면, 학교에서 다루는 소재는 여전히 한정되어 있다. 그럼에도 불구하고, 이 소재 자체는 인류의 역사적 소산으로서 인간의 인간됨과 맞물려 있어서 다룰 만한 가치가 있는 것이다. 인류의 역사적 소산 중 학문을 소재로 다루는 비중이 높기는 하지만, 학문을 통해 세계를 분별하고 세계에 대한 안목을 확대하고 심화시킬 수 있다는 점에서 이것은 특성화가 가능한 것이다. 다시 말하면, 학교는 인류의 역사적 소산 중 학문을 소재로 하여 교육하는 장으로 특성화되어 있는 제도라고 할 수 있다. 현재는 순전히 학문만을 소재로 한다고 말할 수 없을 정도로 소재가 다양해졌지만, 학문을 소재로 다루는 근간은 여전히 변하지 않는 하나의 흐름을 형성하고 있다. 이 점에서 학문의 가치를 앞세워 그러한 학문을 소재로 다루는 학교교육의 가치를 입증하고자 하는 논의(이홍우, 1977)는 일정 부분 설득력을 가질 수 있다.

우리는 일상사를 살아가면서도 세계를 분별하고 세계에 대해 논의할 수 있다. 일상사에는 생존의 차원과 실존의 차원이 공존하는데, 전자의 비중이 훨씬 큰 것이 일반적이다. 생존의 차원은 모든 동물이 공유하는 차원이기 때문에 인간의 인간됨을 부각시킬 수 있는 것은 실존의 차원이다. 그리고 인간은 유별나게 실존의 차원을 개척하고 발전시켜 온 역사를 가지고 있다. 실존의 차원은 심층적일 뿐만 아니라 체계적인 사유를 요청하기 때문에 생존의 차원에 치우친 일상사에서는 실존의 차원에 참여하는 데 한계가 있다. 그래서 실존의 차원에 대해 별도로 천착하는 사람과 그가 활동할 수 있는 별도의 장을 인정해 왔다. 근대 학교교육은 이러한 인정의 토대 위에서 대중화의 길을 열어 온 것이다. 학교는 분명히 학문을 소재로 하여 특성화되어 있는 교육을 대중화해 온 성과가 있다.

학교교육을 공교육으로 설정하고 의무교육화하면서 결과적으로 학교교육은 대중화되었으며, 복지적인 관점에서 중요한 의미를 갖게 되었다. 초등학교교육은 기초문해로부터 시작된다. 물론, 현재는 조기교육의 흐름에 따라 유치원 이전부터 아동을 문자의 세계에 입문시키고 있다. 이것은 국가 전체적으로 기초문해의 수준이 높아졌다는 것을 의미한다. 그 수준과 관계없이 기초문해에 이르지 못한 경우 일상적인 생활이 불가능한 것은 아니지만 대단히 불편할 수밖에 없다. 이것은 다른 사람이 가지고 있는 것이 결핍되어 있는 것이고, 그 결과 다른 사람들로부터 부당한 처우를 받을 개연성이 높기 때문이다. 이러한 상태에서 벗어나는 것이 '복지'이기 때문에 학교교육은 복지의 관점에서 접근되기도 한다(김정원 외, 2010). 학교교육을 의무교육으로 하는 것은 바로 이 점에서 이해될 수 있다. 현재 우리나라는 중학교교육까지 의무교육으로 규정하고 있으며, 고등학교교육의 초반까지를 국민공통기본교육으로 설정하고 있다.

근대 이후 학교교육은 공교육으로서 사유화시킬 수 없다는 논리에 따라 특정 이익집단이나 종교집단에 의해 교과과정 전체를 일방적으로 운영하는 것을 법으로 금지해 왔다. 그리고 누가 설립한 학교인가에 관계없이 설립자가 임의로 입학 제한을 하지 않고 학교의 문호를 개방하도록 하였다. 특정 이익집단의 이념 또는 특정 종교집단의 종교를 일정 부분 다룰 수는 있지만, 모든 국민이 공통으로 기본적으로 학습해야 할 것으로 국가적인 차원에서 규정한 것은 반드시 다루어야 할 의무가 있다. 이것은 자유롭게 가르치고 싶은 것을 가르칠 수 있는 자유를 제한하는 것으로 볼 수도 있다.[1] 그러나 국가가 공인하는 학교 체제를 유지하는 한 이 제한을 받아들이는 것은 의무적인 것이다. 학문을 소재로 다루는 것을 특성화하고, 그 연장선에서 파당적인 이해관계를 넘어설 수 있도록 제도화한 것은 학교의 또 다른 성과라고 할 수 있다.

학문을 소재로 특성화한 덕분에 학교는 학문후속세대를 안정적으로 양성하는 데 결정적인 기여를 하게 되었다. 직접적으로는 대학의 기여를 언급할 수 있지만, 초등학교부터 대학에 이르는 교과과정이 계열화되어 있다는 점을 받아들이면, 오히려 학교는 학문후속세대 양성에 편중되어 있는 비현실적인 교과과정 운영체제를 갖추고 있다는 비판을 할 수도 있다. 그럼에도 불구하고, 학문후속세대의 안정적 양성으로 대학의 확대가 실질적으로 가능하게 되었고, 대학을 매개로 창출한 고부가가치 상품을 국가의 부로 연계시키는 것도 가능하게 되었다.

학교에서 다루는 교과내용은 학문 중심이기 때문에 다분히 추상적이고, 교과내용으로 다듬어 제시하기까지 절대적 시간이 소요된다는 점에서 다루는 시점에서는 실효성이 떨어진다는 비판이 있다. 그러나 앞서 언급한 것처럼 학문은 세계를 체계적으로 조망하는 개념체계를 발전시키고 있기 때문에 학문을 소재로 하여 교육하는 것이 전혀 비

---

1) 학교가 아니라면 이러한 자유를 행사하는 것은 언제나 가능하다. 물론, 이 경우에도 우리 나라의 체제 전복을 겨냥하고 있는 내용에 대해서는 제한을 받게 된다.

현실적인 것은 아니다. 학교교육을 통해 형성하게 된 개념체계가 있기 때문에 이후 직업세계에서 직무수행을 하는 것도 가능하다. 물론, 특수한 부분에서 당장 발휘할 수 있는 기술을 습득하는 데까지 교과과정을 운영하고 있지 않다는 비판도 가능하지만, 이것은 '학교에서 무엇에 더 비중을 두어 특성화하는 것이 적합한가'라는 학교의 정체성 또는 고유한 성격의 문제와 맞물려 있다.

학교로 인해 놓치는 부분

학교가 하나의 제도라는 것은 학교가 제도로서 이미 한계를 가지고 있다는 것을 함의한다. 학교교육은 학교라는 제도에서 진행하는 교육이기 때문에 제도화된 교육이다. 학교교육은 원칙적으로 적령기의 학생과 국가자격이 있는 교사가 정해진 국가교과과정에 따라 교육에 참여하는 형식을 취하는 것으로 제도화되어 있다. 학교교육은 제도화된 교육이기 때문에 이미 한계를 가지고 있다. 이것은 선택과 배제의 원리에 따른 것이다. 어느 하나를 선택하게 되면 다른 것을 배제할 수밖에 없다. 여기서는 의도적으로 배제하는 것이 있을 수 있고, 의도하지는 않았지만 결과적으로 배제되는 것도 있을 수 있다.

학교교육에는 원칙적으로 적령기의 학생이 참여한다. 그래서 학령기를 지났거나 학령기임에도 불구하고 학교생활 적응에 어려움이 있어 탈학교가 불가피한 학생은 학교교육에 참여할 수 없다. 이것은 현재의 초등학교, 중학교, 고등학교에 해당된다. 초등학교교육과 중학교교육은 의무교육의 범주에 묶이고, 초등학교교육과 중학교교육 그리고 고등학교 1학년까지의 교육은 국민공통기본교육의 범주에 묶이기 때문에 국가적인 차원에서는 국민이 해당 교과과정을 이수할 수 있도록 지원할 책무가 있다. 그래서 초등학교교육은 아니지만 이에 준하는 교육, 중학교교육은 아니지만 역시 이에 준하는 교육, 마찬가지로 고등학교교육은 아니지만 이에 준하는 교육을 인정하는 제도가 도입되었다. 대안학교와 학력인정 평생교육시설학교가 바로 그것이다.

대안학교는 초등학교, 중학교, 고등학교에 대안적인 학교이다. 따라서 초등학교, 중학교, 고등학교에서 교과과정을 운영하는 것과는 다른 방식으로 교과과정을 운영하는 것이 가능하다. 다만, 학력인정을 받으려면 초등학교, 중학교, 고등학교에서 운영하는 교과과정의 최소기준을 충족해야 한다. 물론, 대안학교에는 적령기의 학생들이 참여한다. 학력인정을 받지 않는 선택을 한다면 교과과정 운영에서 자율의 폭이 넓어진다. 다만, 학력을 인정받으려면 국가적인 차원에서 실시하는 검정고시를 통과해야 한다.

만약 「초·중등교육법」에서 학교교육과 관련하여 법적으로 연령의 제한을 두지 않거나 상이한 연령대를 받아들일 수 있도록 학교를 다양화하거나 교과과정 운영의 최소기준을 더 하향 조정하고 교과과정 운영의 자율폭을 다양화한다면 초·중등 수준의 교과내용을 다루는 교육과 관련하여 「초·중등교육법」과 「평생교육법」이라는 이원적인 법을 운용하지 않아도 될 것이다. 이것은 교과내용에 주안점을 두지 않고 어떤 교과내용을 다루든 간에 형성해야 할 능력에 초점을 맞추고 그 최소기준을 설정하는 경우에도 가능할 것이다. 그러나 현재 우리나라에서는 초등학교, 중학교, 고등학교에 비중을 두고 이를 중심으로 정책을 추진하는 기조를 유지하고 있다.

학교교육에는 원칙적으로 국가자격이 있는 교사가 참여한다. 교사는 초등학교, 중학교, 고등학교에 배치되며, 대안학교나 학력인정 평생교육시설학교장의 결정에 따라 해당 학교에 배치될 수도 있다. 교사의 자격은 시험을 통해 취득할 수 있으며, 이 시험에는 교원양성기관에서 운영하는 교과과정을 이수해야 응시할 수 있다. 시험은 필기와 면접으로 구성되고 양자 모두 엄정하게 관리되며, 선발 인원보다 응시자가 많기 때문에 난이도도 높다. 이러한 과정을 거쳐 선발된 교사가 역량이 있을 것으로 기대되지만 그 기대가 언제나 충족되는 것은 아니다. 교사에게 무엇보다도 중요한 학생에 대한 사랑과 교육에 대한 열정, 그리고 끊임없이 성찰하고 실천하는 성실함을 시험을 통해 온전히 확인하는 데는 한계가 있기 때문이다. 그러나 이것은 교원 임용을 위해 엄정하게 운영되는 제도이기 때문에, 교원양성기관을 거치지 않아 시험에 응시할 자격은 없지만 다른 경로를 통해 교사의 필수적인 자질을 갖춘 사람이라 하더라도 초등학교, 중학교, 고등학교의 교사는 될 수 없다.[2]

초등학교를 중심으로 방과후학교가 운영되고 있으며, 초등돌봄교실에서도 다양한 교육 프로그램을 운영하고 있다. 여기서 가르치는 사람의 경우에도 초등학교 내에서 선발의 과정을 거치기 때문에 일정한 자격조건이 요구된다. 비록 국가자격은 없다고 하더라도 초등학교에서 정한 자격조건을 갖추기만 하면 방과후학교나 초등돌봄교실에서 초등학생들을 대상으로 가르칠 수 있다. 이들이 이러한 경로를 통해 초등학생들을 초등학교 내에서 가르친 경험이 많고 탁월한 역량을 보인다고 하더라도 초등학교 교사가 될 수는 없다. 그러나 이들은 평생교육의 맥락에서 보면 탁월한 교수자로서 자신보다 수준이 낮은 학습자를 상대로 가르치는 일을 전문적으로 할 수 있다.

---

2) 대안학교나 학력인정 평생교육시설학교의 경우에도 국가적인 차원에서 정한 최소한의 자격은 갖추고 있어야 한다.

학교에서는 국가교과과정에 따라 교육을 진행한다. 국가교과과정을 따르는 것은 가시적으로는 정해진 교과목의 교과내용에 대해 정해진 시간 배분에 따라 차시별로 다루는 것이다. 여기서는 수업에 참여하는 모든 학생이 그 시간 안에 다루는 교과내용을 이해할 수 있기를 기대하지만, 현실적으로 이것은 불가능하다. 교과내용보다 교과내용을 다룸으로써 함양하기를 기대하는 능력에 초점을 맞춘다면 특정한 교과내용과 특정한 능력이 일 대 일로 대응되는 것이 아닌 한 그 능력을 함양하기 위해 그 교과내용이 아닌 다른 교과내용을 다루는 것도 가능하다. 이 점에서 교과서에 담겨 있는 내용은 수업에 활용하는 참고자료일 뿐이라고 주장할 수도 있다. 그러나 국가교과과정에서 필수적으로 다루어야 하는 것으로 정한 교과목까지 임의로 변경하는 것은 불가능하다. 그래서 학교교육의 맥락에서 특정한 교과목을 새롭게 도입하거나 빼기 위해서는 많은 논란이 있고 정당화되어야 한다. 이러한 연유로 학교에서 다루지 않는 내용을 담아 교과목으로 설정하여 다루는 수많은 교육기관이 별도로 생기게 되었다.

　학교에서는 특정한 교과내용을 특정한 방식으로 다룰 것을 규정하지는 않는다. 오히려 교육부에서는 가능한 한 학생들이 잘 이해할 수 있도록 다양한 방식으로 다룰 것을 권장하고, 일방적인 강의로만 하는 수업, 특히 판서를 많이 하면서 강의에만 의존하는 수업은 좋지 않은 수업으로서 지양하도록 유도한다. 정보통신기술이 발달함에 따라 수업에서 다양한 최첨단 매체를 교육기자재로 활용할 수 있게 되었고, 그러한 매체의 활용 또한 지속적인 권장사항이 되고 있다. 매체를 활용하는 것이 질적 수준이 높은 수업을 보장해 주는 것도 아니고 매체 의존도를 높이는 결과를 초래할 수도 있다는 점에 대한 문제제기가 있지만 최첨단 매체를 활용하는 시도가 참신한 시도로 평가되는 경향 때문에 수업에서 매체를 활용하는 빈도는 높아지고 있다. 매체를 통해 현장보다 더 현장감 있게 가공된 다양한 시각적·청각적 자료를 접할 수 있다는 점에서 그 의의를 찾아볼 수 있지만, 정작 현장에서 직접 체험하는 기회가 줄어드는 것은 한계로 지적될 수 있다.

04 학교의 가능성

학교는 제도화로 인한 불가피한 한계와 결과적으로 직면하게 되는 한계를 안고 있다. 그러나 앞서 학교의 성과로 언급한 것처럼 학교는 이전에 시대적으로 안고 있던 문제를 해결한 측면이 있다. 학교를 통한 교육의 제도화가 많이 진전되었고, 따라서 그 틀을 바꾸는 것 자체가 어렵다는 판단 아래 탈학교를 선언하거나(Illich/김남석 역, 1979) 학교의 종말을 예고하는 논의도 나타나고 있다(Reimer/김석원 역, 1981). 그러나 제도는 인간이 만드는 것으로 계속 변화하고 있고, 조그마한 틈새가 예기치 않은 변화를 초래할 수도 있다는 점에서 탈학교나 학교의 종말 못지않게 학교의 가능성에 대해 논의하는 것 또한 필요하다.

제도화의 틈새

학교가 학문을 소재로 한 교육으로 특성화하는 것 자체는 문제가 되지 않는다. 지역에서 진행되는 교육 전체를 놓고 보더라도, 교육기관 간 역할의 분담과 연계가 필요하다는 점에서 학교는 그러한 특성화를 통해 역할을 분담하고 다른 교육기관과 연계할 수 있을 것이다. 이를 토대로 학교 안의 문제를 지적하는 것 못지않게 학교가 지역에 유기적으로 통합되지 못한 문제를 지적할 수 있다. 그러나 이와 관련해서도 그러한 시도가 없었던 것은 아니다. 그러한 시도를 위해 새로운 제도를 만들기도 하였다. '지역과 함께하는 학교 사업'이 그 대표적인 예이다. 지역과 함께할 때 학교는 그 고유성을 가지게 되며, 지역과 함께하면 할수록 학교는 그 고유성을 더 분명히 하기 위해 노력해야 한다. 그래야 함께하는 협력의 의미가 있게 된다.

제도화가 진전됨에 따라 세부적인 규정 또는 지침이 수반된다. 그렇다고 하더라도 처음부터 모든 것을 고려하여 규정을 만들 수도 없고, 시간이 어느 정도 경과한 이후에도 매우 세세한 부분까지 규율하는 지침을 만드는 데는 한계가 있다. 따라서 규정이나 지침 내에서 변화를 주는 시도를 할 수 있는 여지는 언제나 있으며, 많은 경우에 규정이나 지침 자체를 변화시킬 수 있는 여지도 있다. 규정이나 지침의 변화 자체가 이 점을 예증해 준다. 그러므로 한계는 특정한 규범이나 지침이 있다는 것 못지않게 거기서 문제점을 발견하고 그 문제를 해결하기 위해 구체적인 실천을 하지 않는다는 데 있다.

학교가 학문을 소재로 하여 특성화된 교육을 진행한다고 하더라도 학문의 개념이 태동한 현장에서의 조회는 필요한 것이다. 오히려 현장의 중층적인 현실 속에서 어떤 필요에 의해 그 개념이 태동하였고, 이후에 어떤 개념이 수반되었으며, 그 개념들의 체계를 가지고 현실의 전개에 대해 어떻게 설명할 수 있는지, 그럼에도 불구하고 설명이 잘 안 되는 부분은 무엇인지 구체적으로 확인해 보는 것이 교육적 맥락에서 매우 중요하다. 앎에는 수준이 있기 때문에 그 수준에 적합한 방식으로 접근하여 그 수준을 끌어올리는 계기를 현장에서 마련할 수 있다. 이 점에서 학교는 지역과 함께하기 위해 지금보다 더 적극적으로 노력해야 한다. 그리고 학교에서 학생이 참여하는 교육은 당장의 생존 문제에서 벗어나 있기 때문에 이 교육에 대한 격려와 후원이 필요하다. 이러한 격려와 후원이 있을 때 학생들은 지역에 소속감을 갖고 지역의 발전을 위해 노력하겠다는 의지를 가질 수도 있다. 지역의 격려와 후원은 학교가 발전할 수 있는 토양이 된다는 점에서 학교는 지역의 격려와 후원을 이끌어 내기 위해 적극적으로 노력해야 한다. 학교에는 이것을 가능하게 할 소지가 있다.

교사의 존재 근거는 일차적으로 학생을 가르치는 데 있다. 교사는 학생을 가르치는 것과 관련하여 권한을 가지고 있고, 국가는 그 권한을 행사할 수 있도록 교사에게 국가자격증을 부여하였다. 물론, 어느 경우나 권한은 책임과 맞물려 있다. 단위수업시간에 학생들을 가르치는 것에 대해서는 어느 누구도 부당하게 간섭할 수 없으며, 그 시간은 교사의 권한 아래 있다. 일정한 틀을 따르기는 하지만 학생들에게 무엇을 어떻게 가르칠 것인지도 교사의 권한 아래 있으며, 이것은 결코 가볍지 않다. 이 때문에 교사는 특정 학생이 성장하는 데 결정적인 영향을 미치기도 하고, 특정 학생의 성장에 장애가 되는 결정적인 걸림돌이 되기도 한다. 그래서 교사에게는 성찰이 무엇보다 필요하고, 그 성찰은 학생들의 성장에 초점이 맞추어져야 한다.

교사가 학생을 '잘' 가르치는 것은 기술의 문제기도 하지만 도덕의 문제기도 하다. 즉, 교사가 학생을 '잘' 가르치는 것이 도덕적으로 바른 행동인 것이다. 따라서 교사는 학생을 잘 가르치기 위해 지속적으로 노력해야 한다. 여기서 자신의 가르침에 대한 성찰은 불가피하다. 교사는 홀로 가르치는 것이 아니라 학생들을 대상으로 가르친다. 그리고 교사는 학생들에게 자신이 잘 가르친다는 것을 과시하기 위해

가르치는 것이 아니라 학생의 앎의 수준 향상에 조력하는 방식으로
가르친다. 그러므로 학생의 현재 앎의 수준에 민감해야 하고, 그 수준
에서 해당 학생에게 적합한 방식으로 어떻게 가르칠 것인지에 대해
숙고하고, 시행착오를 하면서도 이를 줄여 나가면서 점점 나은 방식
을 찾아 나가야 한다. 그래서 교사는 수업과 수업에 대한 준비에 전념
해야 한다.

경험이 부족한 초임교사가 처음부터 학생을 잘 가르치는 데는 한계
가 있다. 그래서 선임교사의 조력이 필요하다. 그리고 학생을 더 잘
가르치기 위해 동료교사들과의 협동교육이 필요하다. 경우에 따라서
는 다른 학교 교사들의 사례를 참조할 수도 있고, 다른 나라 학교 교사
들의 사례를 참조할 수도 있다. 이것은 가르침 자체에 대한 메타교육
으로서 의미가 있다. 이러한 노력이 일상화될 때 학교는 교육공동체
를 지향하는 교사들로 구성된 하위조직을 가질 수 있다. 학교에는 이
를 가시화할 수 있는 여지가 있다. 물론, 이것은 단위학교를 넘어 확
산될 수 있다. 교육운동사, 예컨대 '열린 교육' 운동사에서 초기 교사
들의 모습을 보면 그 여지가 있음을 분명하게 알 수 있다. 최근의 '혁
신학교' 운동에서도 그 여지를 엿볼 수 있다.

학교라는 제도뿐만 아니라 학교 운영을 위한 규정이나 지침을 담고
있는 다양한 제도는 결국 사람이 만든 것이고 사람에 의해 변화된다.
그럼에도 불구하고 제도가 갖는 구속성 때문에 사람은 제도의 영향을
많이 받게 되고 제도에 갇히기도 한다. 그러나 그 제도에서 나올 수
있는 틈새는 있으며, 이 틈새는 교육을 통해 발견할 수 있고 넓혀 나갈
수 있다. 특정한 제도의 영향력에서 벗어나기 위해 탈제도적인 사유
를 할 수는 있지만, 사유를 하는 사람 역시 그 제도의 영향을 받을 수
밖에 없고, 그 제도에서 벗어나는 새로운 제도를 사유할 수밖에 없다.

학교 재구조화의 가능성

역사 기술에서는 시기 구분이 매우 중요하다. 이전과 이후를 명백하게 가를 수 있는 변곡점이 있을 때 이를 기점으로 시기 구분을 하는 것이 타당성을 갖게 된다. 문제는 이 변곡점을 무엇으로 볼 것인가이다. 앞서 "학교교육은 원칙적으로 적령기의 학생과 국가자격이 있는 교사가 정해진 국가교과과정에 따라 교육에 참여하는 형식을 취하는 것으로 제도화되어 있다"고 말하였다. 이러한 틀이 여전히 유지되고 있고 지배적인 한, 아직은 변곡점에 이르지 않았다고 말할 수도 있다. 그러나 미시적으로 보면, 학교는 내부의 변화와 외부의 변화에 따라 지속적으로 재구조화되어 왔다고 말할 수 있다. 학생 수의 감소라는 외부 변화는 학교를 재구조화하게 만드는 결정적 요인이 되고 있다. 최첨단 정보통신매체를 활용한 교육기자재의 도입도 학교를 재구조화하는 데 영향을 미쳤다고 볼 수 있다. 교사운동이나 학부모운동도 학교를 재구조화하는 계기로 작용하였다. 여기서는 평생교육의 관점에서 학교 재구조화의 가능성에 대해 논의한다.

평생교육의 관점에서 보면, 학교교육은 지역교육 전체의 일부이고, 전 생애에 걸쳐 진행되는 교육의 일부이다. 근대 기획에 의해 학교가 팽창하고 지배적인 위상을 차지하게 되었지만, 학교가 등장한 이래 학교 밖에서는 학교가 감당하지 못한 교육이 지속적으로 진행되어 왔다. 학생은 학교교육에만 참여하는 것이 아니라 지역의 다양한 교육에도 참여한다. 무엇보다도 사람의 한 생애에서 학생은 일정한 시기 동안만 갖게 되는 지위이며, 다른 지위를 갖게 되면 지역에서 학교가 아닌 다른 장에서 교육에 참여하게 된다.

지역에서는 다양한 교육이 진행되고 있다. 지역에는 학교교육과 같이 제도화된 교육도 있지만, 제도화되지 않은 교육도 있다. 엄밀하게 말하면 학교에서는 제도화된 교육만이 아니라 제도화되지 않은 교육도 진행되고 있다. 전체적으로 보면, 제도화된 교육은 마치 빙산에서 물 위에 떠 있는 부분과 같다. 지역에서는 학문을 소재로 한 특성화된 교육만 필요한 것도 아니고, 그러한 교육을 학교에서만 할 수 있는 것도 아니다. 그러므로 학교는 학문을 소재로 한 특성화 내에서 분담된 역할을 연계할 수 있고, 생존적 차원의 교육과도 분담된 역할을 연계할 수 있다. 그렇게 하려면 일단 학교는 폐쇄적인 운영구조에서 개방적인 운영구조로 전환해야 한다. 요컨대, 학교의 재구조화가 필요한 것이다. 물론, 이것은 지역 내에서 학교의 위치 또는 위상을 재설정하는 재구조화도 수반한다. 평생교육의 관점은 이러한 재구조화를 강하게 요청하고 있다고 보아야 할 것이다. 이러한 요구는 전혀 생소한 것이라기보다는 이전부터 요구되어 오던 것이 현 시점에서 더 강조되고 있는 것으로 이해되어야 할 것이다. 그러므로 학교 재구조화는 가능할 뿐만 아니라 현재 진행형이라고 볼 수 있다.

학생은 학교에 재학할 때 의미 있는 지위이다. 학교가 아닌 곳에서는 다른 지위를 갖게 된다. 엄밀하게 말하면, 학생은 학교에 등교하고 있을 때만 적합한 지위이다. 학교가 지배적인 위상을 갖게 됨에 따라 학교에 재학하는 학생은 재학하는 기간 동안 어디서든 학생으로 호명되고 있다. 학생은 학교를 드나들면서 학교에서도 교육에 참여하지만, 학교 밖에서도 교육에 참여한다. 학생은 학교에 진학하기 이전에도 다른 장에서 교육에 참여하였고, 학교를 졸업하게 되면 역시 다른 장에서 교육에 참여하게 된다. 그러므로 한 사람의 인생 전체를 조망하는 평생교육의 관점을 가지고 학교에서 참여한(또는 참여하게 될) 교육과 다른 장에서 참여한(또는 참여하게 될) 교육이 연계되고 통합성을 가질 수 있도록 조력하고 여건을 조성할 필요가 있다.

이러한 논의를 학교 내부로 돌리면, 학생이 다루는 모든 교과목에 대한 교육경험이 서로 연계되고 통합될 수 있도록 조력하고 여건을 조성할 필요가 있다는 논의가 가능하다. 이것은 당연히 교과과정에 대한 재설계를 요청한다. 그리고 교과과정을 재설계하는 것은 학교의 재구조화를 수반하게 된다. 교과과정의 재설계는 이미 주제 중심 또는 활동 중심으로 교과과정을 구상하면서 시도한 것이다. 현재는 능력 중심으로 교과과정을 구상하면서 교과과정의 재설계가 진행되고 있다.

　요컨대, 학생이 장을 이동하면서 참여하는 교육, 그가 학생이기 이전과 이후에 장을 이동하면서 참여하는 교육 모두를 염두에 두면서 학교에서 진행하는 교육이 결과적으로 그를 성장시키고, 더 진전된 성장을 위한 토대가 될 수 있도록 교과과정을 운영하는 학교의 재구조화가 필요하다. 이 역시 전혀 생소한 것은 아니다. 학생의 성장에 주목하는 논의를 한 사람으로 존 듀이(John Dewey)가 유명하지만, 실제로 학생의 성장에 남다른 열정을 가지고 학생을 가르치는 데 헌신한(또는 하고 있는) 교사는 그것이 가능한 방향으로 학교의 재구조화를 꿈꾸고 있고, 이를 위한 작은 씨앗을 단위학교 내에서 또는 단위학교를 넘어서서 뿌리는 일을 중단하지 않고 있다.

"

    학교에는 어떻게 하면 학생들을 잘 가르칠 수 있을까에 대해 끊임없이 고민하면서 반성적 실천을 하는 교사들이 있다. 그들에 의해 수업을 포함한 학생지도의 질적 수준이 향상되며, 이를 토대로 크게는 학교교육의 질적 수준이 향상된다. 교사들이 이를 평생교육적 과제로 삼아 실천할 때 이들을 중심으로 학생들 및 학부모들과의 교육적 소통이 활발해질 수 있다. 서로 소통하고 협력하는 가운데 민주적인 학교문화가 형성되며, 이를 토대로 구현되는 것이 교육공동체이다. 제1부에서는 학교 안에서 학생들의 성장을 위해 노력하는 가운데 함께 성장해 가고 있는 교사들 및 혁신되어 가는 학교체제의 모습을 다룬다.

"

·제 1 부·
학교 안에서

제 01 장

아이들과
함께하는
협동학습

김현섭(한국협동학습센터 소장)

01 학교혁신에서 수업혁신이 힘든 가장 큰 이유는?

최근 혁신학교운동을 통하여 학교혁신에 대한 관심이 높아지고 있다. 기존 학교문화가 교육의 본질로부터 멀어지고 있다는 자성과 성찰을 바탕으로 학교를 새롭게 바꾸어 가는 일을 혁신학교를 중심으로 추진하고 있다. 현재의 학교혁신 정책을 살펴보면 학교혁신의 분야를 학교 철학과 교과과정, 학교 문화 및 행사, 수업 및 평가, 생활지도 및 학생자치, 행정 등으로 나눌 수 있다. 그런데 학교혁신 과정에서 가장 힘든 영역이 수업이다. 다른 영역은 학교 구성원들의 민주적 합의와 토론의 과정을 거쳐 단기간에 어느 정도 성과를 거둘 수 있는 부분이 있지만, 수업 영역은 수업 관련 연수나 수업강평회 문화 등으로 쉽게 변화하기 힘든 부분이 있기 때문이다.

수업혁신이 힘든 이유를 다음과 같이 제시할 수 있다. 첫째, 수업에 대한 교사들의 관심이 생활지도나 행정업무 등에 비해 전반적으로 낮다. 새내기 교사 시절에는 업무 우선순위가 수업 → 생활지도 → 행정이지만, 4~5년차 이상이 되면 생활지도 → 수업 → 행정이 되고, 10년차 이상이면 행정 → 생활지도 → 수업 순인 경우가 많다. 왜냐하면 처음에는 수업 준비를 하지 않으면 수업 자체를 진행하기 힘들지만, 어느 정도 경험이 쌓이게 되면 예전만큼 수업준비를 하지 않아도 수업을 진행할 수 있기 때문이다. 그리고 학교가 수업 중심 구조가 아니라 행정 중심 구조이기 때문에 고경력 교사일수록 수업보다는 행정에 우선순위를 두게 된다. 현재의 학교문화를 살펴보면 교사가 학교에서 인정받으려면 수업보다는 행정업무 능력을 인정받아야 한다. 그러다 보니 교사가 수업보다는 행정업무에 집중할 수밖에 없다.

둘째, 수업은 교사의 생활방식이다. 일단 형성된 교사의 교수 유형과 습관은 쉽게 변하지 않는다. 교직 경력 4~5년차 정도 되면 새내기 교사 시절의 수업 경험을 통해 나름대로 교사 개인의 교수 유형과 습관이 형성된다. 일단 형성된 교수 유형과 습관은 특별한 계기가 없으면 그대로 교직생활에서 유지될 가능성이 높다. 우리는 삶으로 배운 것만 가르칠 수 있다. 교사는 일제학습과 경쟁학습 문화 속에서 모범생으로 성장한 경험이 대부분이기 때문에 개별학습이나 협동학습 등의 방향으로 수업을 바꾼다는 것이 그리 쉬운 일은 아니다. 특히 고등학교에서는 많은 지식을 짧은 시간 안에 소화해야 하기 때문에 일제학습이나 경쟁학습 형태로 수업을 진행하는데, 다른 방향으로 수업을 바꾸려고 할 때 현실적인 대안 부재를 이유로 정서적인 거부감을 일으키기도 한다.

셋째, 교사가 교직생활을 통해 수업에 대한 성찰을 진지하게 할 수 있는 기회가 적다. 수업공개 및 강평회는 있으나 수업장학 문화 속에서 이루어지기 때문에 형식적으로 진행되거나 수업평가로만 활용될 뿐 진지하게 자신의 수업에 대하여 성찰할 수 있는 기회로 이어지는 경우가 적다. 바쁜 업무 속에서 수업을 통해 자신을 되돌아 볼 수 있는 기회가 거의 생기지 않는다. 수업에 문제가 있는 교사일수록 그 원인을 자기 자신의 내부 요인보다는 외부 요인으로 생각한다. 배움이 잘 일어나지 않는 이유를 학생들이나 외부 환경의 요인으로만 생각한다.

넷째, 교사들에게 기존 수업혁신 관련 정책에 대한 상처와 반감이 있다. 지금까지 대통령, 교육감, 교장이 바뀔 때마다 수업혁신에 대하여 이야기하였다. 열린교육, ICT 교육, 스마트교육 등 시기별로 수업혁신 정책들이 추진되었지만 실제 일상 수업문화가 크게 달라지지는 않았다. 오히려 이러한 정책들로 인하여 교사가 불신과 상처를 가지게 된 경우가 많았다. 수업혁신은 궁극적으로 교사의 자발성에 근거한 노력에서 성공할 수 있는데, 교사를 개혁의 대상으로 볼 뿐 개혁의 주체로 충분히 인정하지 않고 외부의 힘으로만 밀어붙이는 경우가 많았기 때문이다. 교사가 주체가 되고 정부가 지원하는 방향으로 전개되어야 의미 있는 수업혁신을 이끌어 낼 수 있다.

다섯째, 교직문화에서 개인주의 문화의 한계이다. 대부분의 학교문화에서는 교과협의회나 학년협의회를 통해 수업상의 고민을 충분히 나누는 경우가 별로 없다. 기껏해야 협의회를 통해 수행평가 기준을 맞추거나 수업의 진도를 확인하는 정도이다. 교사가 공동으로 수업 디자인을 해 보거나 각자의 수업상 고민을 나눌 수 있어야 하는데, 이러한 교직문화가 충분히 형성되어 있지 못하다. 아직도 수업은 교사 개인이 알아서 준비하는 것으로 여기는 개인주의 문화가 강하다.

여섯째, 사교육의 선행학습 폐해에 따른 문제가 있다. 많은 학생이 학원을 통해 미리 선행학습을 하고 정작 수업시간에는 집중하지 않는 경향이 있다. 그러다 보니 간혹 일부 교사는 열심히 가르치지 않아도 학생이 학원에서 배울 수 있다고 생각하여 수업에 집중하지 않는 일까지 벌어진다. 심지어 일부 교사는 학원 수업을 받은 것을 가정하고 수업을 진행하는 일까지 벌어진다.

일곱째, 학교급별에 따른 구조적인 문제가 있다. 초등학교의 경우, 전 과목을 다 가르쳐야 하는 현실적인 부담과 한계가 있다. 수업보다는 행정과 생활지도 업무가 상대적으로 비중이 크다. '아이스크림(http://www.i-scream.co.kr)'이나 '인디스쿨(http://www.indischool.

com)'에 대한 의존율이 높다 보니 자기 수업에 대한 충분한 고민이 없이 진도 나가기 수업을 하는 경우가 많다. 중학교의 경우, 수업보다는 행정과 생활지도 업무 비중이 높다 보니 수업을 준비할 수 있는 시간이 충분하지 않다. 일과시간 안에 수업준비할 수 있는 시간을 확보하기 힘들다. 인문계 고교의 경우, 입시 위주의 교육체제와 보충수업 문제로 인하여 수업혁신을 시도하기 부담스럽게 생각한다. 3년 교과과정을 2년 안에 마쳐야 하기 때문에 대부분의 수업이 강의식 수업과 문제풀이식 수업에서 크게 벗어나지 못하고 있다. 교사의 정서상 수업혁신에 대한 거부감도 크다. 직업특성화(전문계) 고교 및 일부 인문계 고교의 경우, 교과과정과 학생의 학습수준이 맞지 않아서 많은 학생이 학습 무기력증에 빠져 있는 경우가 많다. 학생들의 학습 무기력 현상이 교사에게 전염되기도 한다.

02 왜 협동학습인가?

협동학습이란 '공동의 학습목표를 이루기 위해 이질적인 학생들이 학습집단을 통하여 함께 학습하는 교수 전략'이다. 학생 간의 활발한 사회적 상호작용을 통하여 학습효과를 극대화한 교수 전략이라고 할 수 있다.

협동학습은 학생, 교사, 사회적 입장에서 볼 때 다음과 같은 많은 장점을 가지고 있다.

[학생 입장]

- 학생이 흥미 있게 학습활동에 참여한다.
- 학업 성취도가 향상된다.
- 시너지 효과를 극대화할 수 있다.
- 다른 사람에 대한 배려를 잘한다.
- 대인관계 협동기술인 사회적 기술이 향상된다.
- 의사소통능력이 증진된다.
- 긍정적인 자존감을 가질 수 있다.
- 신체활동이 많다.
- 학생의 숨어 있는 다양한 재능을 개발하고 격려할 수 있다.

[교사 입장]

- 다양한 교수전략을 제공한다.
- 학생 수가 많은 학급에서도 쉽게 적용할 수 있다.
- 특별한 교육시설이 필요하지 않고 많은 비용이 들지 않는다.
- 경쟁학습의 대안이 된다.
- 수준별 수업의 대안이 된다.
- 수업에 대한 교사의 부담을 줄여 준다.
- 학생 만족도 증가로 교사에게 자신감이 생긴다.

[사회적 입장]

- 협동학습을 통해 학생들의 사회성을 신장시킬 수 있다.
- 적은 투자 비용으로 큰 학습효과를 기대할 수 있다.
- 협동학습을 통해 소위 경쟁력 있는 인재를 양성할 수 있다.
- 다원화·다문화 사회에서 사회통합 기능을 수행할 수 있다.
- 협동학습 자체가 도덕적이다.

수업은 수업 디자인 측면에서 분석해 볼 때 무엇을 가르칠 것인가와 어떻게 가르칠 것인가의 두 가지 측면이 있다. 이를 일반적으로 교과과정과 교수-학습방법이라고 한다.

학습구조이론에서는 학습활동을 내용과 구조의 측면으로 나누어 이해한다. 교과과정에 해당하는 것이 내용이고, 교수-학습방법에 해당하는 것이 구조이다. 구조란 원래 '학생과 학생 사이의 사회적 상호작용 방식'을 말한다. 이러한 관점에서 학습구조는 개별학습, 경쟁학습, 협동학습으로 나눌 수 있다.

개별학습 구조란 '나는 나대로, 너는 너대로' 학습하는 것으로, 학습활동이 동료 간에 어떠한 영향력도 주고받지 않는 것을 말한다. 개별학습 구조에서는 교사가 학생들의 눈높이에 맞추어 학생의 개성을 최대한 존중하고, 개인의 학습능력과 발달단계에 따라 적절한 학습활동을 하는 것을 강조한다. 개별학습 구조는 학생의 개별적 특성을 존중하고 학생의 흥미나 요구에 민감하게 반응할 수 있다는 점에서 교육의 이상에 가깝다고 볼 수 있다. 하지만 개별학습 구조가 성공적으로 운영되려면 교사 대 학생 비율이 최소화되어야 하고 개별학습에 맞는 투자가 이루어져야 한다. 개인과외 지도, 수준별 수업 등이 여기에 속한다.

경쟁학습 구조란 '나의 성공이 너의 실패요, 너의 성공이 나의 실패'인 경우로 일종의 제로섬 게임 상태를 의미한다. 경쟁학습 구조는 학습집단 내에 모둠이나 개인 간에 경쟁을 유발시킨다. 교사가 일정 학습목표를 제시하고 각 모둠이나 개인 간의 경쟁을 부추겨서 학습목표를 이루도록 한다. 이때 경쟁을 촉진하는 방법으로 보상제도를 적절히 운영한다. 먼저 학습목표를 이룬 모둠에 점수나 선물 등 다양한 보상을 하여 적절히 전체 집단을 통제한다. 예컨대, 학습 퍼즐이나 문제를 먼저 푼 모둠에 점수를 부여한다. 경쟁학습 구조는 수업 분위기를 역동적으로 만들고 학습 구성원이 적극적으로 참여할 수 있는 동기를 부여한다. 그러나 모둠이나 개인 간의 경쟁이 지나쳐 자칫 전체 수업 분위기가 산만해지거나 모둠이나 개인 간의 격차가 벌어져 학습에서 빈익빈, 부익부 현상이 발생하여 일부 뒤처진 모둠이나 개인은 학습목표를 제대로 이루지 못하고 아예 포기하는 경우도 생긴다. 퀴즈식 수업방법 등이 여기에 속한다.

협동학습 구조란 '나의 성공이 너의 성공이요, 너의 성공이 나의 성공'인 경우로 협동하지 않으면 과제를 완성할 수 없도록 의도적으로 고안된 구조이다. 협동학습 구조는 학습자 상호 간의 유기적 관계를 유지하면서 학습자가 협동을 하여 학습목표를 이루는 구조이다. 이를 위하여 전체 학습집단 안에 모둠을 조직하고 모둠 구성원 간, 모둠집단 간의 협력이 이루어질 수 있도록 한다. 협동방식으로 모둠 구성원 간의 협동을 강조할 수도 있고, 전체 학습집단 내에 속한 모둠끼리 협동하여 학습목표를 이룰 수도 있다.

그런데 수업은 학생 상호 간의 사회적 상호작용으로 설명하기 힘든

표 1-1 학습구조의 유형 비교

구분	개별학습	경쟁학습	협동학습	일제학습
특징	교사가 학생의 수준에 따라 개별적으로 가르침	개인이나 집단 간의 경쟁을 통하여 가르침	개인이나 집단 간의 협동을 통하여 가르침	교사가 전체 학습집단을 동시에 가르침
수업 방법	• 수준별 수업 • 열린 교육 수업	• 퀴즈식 수업 • 상대평가 활용 수업	협동학습	• 강의식 수업 • 매체활용 수업
장점	• 학생 흥미 유발 • 학생의 학습 개인차 인정 • 학생의 개성 중시와 다양성 존중	• 수업을 활기차게 함 • 학습효과 증대 • 수업의 긴장도 유지	• 학생 간의 긍정적인 상호의존 및 사회적 기술 발달 • 학생 흥미 유발 • 학습의 효율성 증대	• 교사가 많은 학생을 가르칠 수 있음 • 복잡한 내용을 명확하게 함 • 설득력 있는 응변적 교수방법
문제점	• 교사의 교수 부담 • 적절한 학습 환경이 필요	• 학습의 부익부 빈익빈 현상 • 학습 수준이 낮은 학생에 대한 배려 미흡	• 학습자의 잘못된 이해 가능성 • 내성적 학생의 문제	• 학생들의 수동적 학습태도 • 교사에 대한 의존도가 높음
실패하는 조건	• 타인과의 대화나 상호작용이 많을 때 • 학습자료가 부족할 때	• 공평하지 못한 규칙일 때 • 복잡하고 어려운 과제일 때	• 책임이 분명치 않을 때 • 각자가 타인에게 도움을 주지 않을 때	• 교사의 의도와 학생의 필요가 일치하지 않을 때 • 학생이 교사와 다른 의견을 가지고 있을 때
교사 역할	정원사	심판관	매니저	권위자

부분이 있다. 왜냐하면 교사와 학생 사이의 사회적 상호작용도 중요하기 때문이다. 교사와 학생 사이의 사회적 상호작용을 고려하면 세 가지 구조 외에 다른 학습구조도 존재한다. 이를 고려하여 생각해 볼 수 있는 학습구조가 일제학습 구조이다.

일제학습 구조란 전통적인 수업방식으로서 교사가 전체 학습집단을 한꺼번에 관리(통제)하는 구조를 의미한다. 즉, 교사(매체)가 지식이나 정보를 학생에게 일방적으로 전달하는 구조이다. 일제학습 구조는 많은 학습자를 동시에 교육할 수 있고 어려운 학습내용도 쉽게 전달할 수 있으나, 교사에 대한 의존도가 높고 학생의 입장에서는 수동적일 수밖에 없는 한계를 지닌다. 강의식 수업, 시청각 수업 등이 여기에 속한다.

수업은 어떤 특정 학습구조로만 진행해서는 한계가 있다. 수업 디자인 측면에서 볼 때 각 학습구조가 가지고 있는 특성과 장단점을 잘 이해하고 학습내용에 따른 적절한 학습구조를 선택하는 것이 좋다. 학습내용과 학생의 학습수준 등을 고려하여 일제학습, 경쟁학습, 개별학습, 협동학습을 적절하게 선택하여 수업하는 것이 바람직하다. 그런데 현재의 수업문화는 일제학습과 경쟁학습에서 크게 벗어나지 못하고 있기 때문에 천편일률적인 수업문화를 유지하는 부분이 있다. 특히 경쟁학습은 자칫 불안감을 조장하고 대인관계를 파괴하며 과정보다는 결과를 중시하게 된다. 경쟁학습 문화에서는 학습 수준이 낮은 학생에 대한 배려가 부족하다.

그에 비해 협동학습은 학습공동체와 협동이라는 가치를 강조하면서 교실에서 학습공동체를 구현하는 구체적인 방법론을 제시하고 있다. 파머(Palmer/이종인 역, 2005)는 교사에 의한 지식전달 위주의 구조를 버리고, 지식을 통하여 교사와 학생이 관계를 맺는 진리의 공동체,

학습공동체를 만들 것을 강조하고 있다. 협동학습은 이러한 학습공동체를 구현하는 데 현실적인 도구로 활용할 수 있다.

또한 협동이라는 가치는 인간의 본질적인 특성이다. 인간의 신체는 수많은 조직이 유기적으로 연결된 유기체이다. 협동의 원리에 따라 각 신체기능이 이루어질 때 인간생명이 유지된다. 협동은 가정생활의 기본 원리이다. 남자와 여자가 만나 가정을 이루게 되고, 가정 구성원이 협동의 원리에 따라 가정생활에서 안정감을 누리고 성숙해 나간다. 가정 구성원끼리 경쟁적인 관계에 있을 때 가정 안에서의 평안이 깨지고 만다. 협동은 모든 사회생활, 경제생활의 원리이다. 사회를 움직이는 원리가 곧 협동이다. 사회가 잘 유지되고 있는 것은 각 집단이 자기의 역할을 잘 감당하고 유기체적으로 연결되어 협동하기 때문이다. 하나의 상품이 생산되기 위해서는 분업화된 사회구조 속에서 단계별 제조공정을 통해 협동의 원리에 따라 움직여야 한다. 협동은 세계화 현상의 핵심적 역할을 수행한다. 최근 한층 강화되고 있는 세계화 현상은 국가와 국가 간의 관계에서도 협동의 원리가 중요시되고

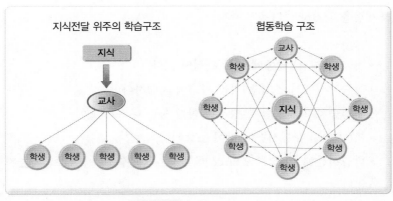

그림 1-1 학습구조도 비교

있다는 증거이다. 협동은 앞으로도 중요한 사회생활의 원리로서 역할을 할 것이다. 미래 사회에서도 경쟁이나 개별의 원리가 아니라 협동의 원리가 더 중요시될 것이다. 미래 사회가 다원화·정보화·세계화 현상이 가속화되면서 네트워크 사회로 발전될 것으로 예상되는데, 네트워크 사회에서 가장 중요한 원리가 바로 협동이다. 이러한 협동의 가치를 교실에서 구현해 나간 것이 협동학습이다.

03 기존 조별학습과 협동학습의 차이점은 무엇인가?

협동학습을 보다 잘 이해하기 위해서 기존 조별학습과의 차이점을 좀 더 자세히 비교해 보도록 하자. 우선 기존 조별학습이 가지고 있는 문제점을 열거하면 다음과 같다.

- 자기 조(모둠) 활동에 별로 관심이 없다.
- 학습과정에서 조(모둠)끼리 경쟁이 치열하다.
- 무임승차자나 일벌레, 방해꾼 학생 등이 나타난다.
- 조(모둠)별 활동시간이 많이 소요된다.
- 학습시간에 비해 학생의 모둠 과제 내용 수준이 생각보다 높지 않다.
- 조(모둠)별 학습편차가 많이 벌어진다.

이러한 조별학습의 문제점을 보완하여 개발된 것이 협동학습이다. 조별학습과 협동학습의 차이점을 구체적으로 정리한 것이 바로 협동학습의 기본 원리이다. 협동학습 모형을 그대로 따라한다고 해서 협동학습이 이루어지는 것이 아니라 협동학습의 기본원리가 협동학습 수업 가운데 자연스럽게 나타나야 제대로 된 협동학습이라고 할 수 있다.

협동학습의 기본원리는 긍정적인 상호의존, 개인적인 책임, 동등한 참여, 동시다발적인 상호작용 등이다(Kagan/기독초등학교협동학습연구모임 역, 2010).

긍정적인 상호의존

긍정적인 상호의존이란 '다른 사람의 성과가 나에게 도움이 되고 나의 성과가 다른 사람에게도 도움이 되게 하여 각자가 서로 의지하는 관계로 만드는 것'이다. 협동학습은 공동의 학습목표를 이루기 위해 함께 학습하도록 한다. 이를 위해 학습자가 서로 협동하지 않으면 학습목표나 과제 자체를 수행할 수 없도록 의도적으로 구조화시킨다.

긍정적인 상호의존의 개념을 이해한다는 것은 모둠이 성공하려면 구성원 개인 모두의 노력이 반드시 필요하다는 것과, 나와 다른 사람의 관계를 유기적으로 엮어 학습에서의 나의 성공이 다른 사람의 실질적인 성공으로 이어지게 해야 한다는 것을 이해하는 것이다.

모둠 과제를 완성하기 위해 모둠 구성원 모두에게 각각 고유의 역할, 과제, 자료 등이 정해져 있다. 긍정적인 상호의존은 학생으로 하여금 우리는 공동의 운명을 지녔다는 공동체 의식을 자연스럽게 가지도록 하고, 나의 일이 남에게 도움이 되면서 남의 일이 나에게 도움이 된다는 사실에서 자신에 대한 긍정적인 책임감과 자신감을 갖게 만들어 준다.

긍정적인 상호의존을 위해서는 학습목표를 공유할 수 있도록 하고 공동과제를 수행했을 때 보상하고 격려해야 한다. 그리고 같은 공동체의 일원임을 느낄 수 있도록 정체성을 가지고 공동의 과제를 분담하고, 개인에게는 의도적으로 불완전한 과제를 부여한다. 과제를 수행하는 데서도 세부적인 역할을 분담할 수 있도록 한다. 그리하여 '하나는 전체를 위하여, 전체는 하나를 위하여' 활동할 수 있도록 한다.

개인적인 책임(개별적인 책무성)

기존 조별학습은 학습활동이 주로 모둠(집단) 단위로 이루어지다 보니 모둠(집단) 속에 개인이 숨어 버리는 경우가 많이 생긴다. 예컨대, '무임승차자'나 '일벌레' 또는 '방해꾼' 등이 나타난다. '무임승차자'란 자신은 공동작업을 전혀 하지 않고도 모둠 점수를 덩달아 받는 사람이다. 반대로 '일벌레'란 자신의 분량보다 많은 과제를 하는 사람이다. '방해꾼'은 자기가 속한 모둠이나 다른 모둠의 과제를 수행하는 데 오히려 문제를 일으키는 사람이다. 그러다 보니 학습활동이 원활하게 이루어지지 못하고 평가에서 공평성 문제가 발생한다.

이러한 단점을 극복하기 위해서 협동학습에서는 구성원 간의 협동을 중시하면서도 동시에 구성원 개인에 대한 책임을 분명히 한다. 개인적인 책임(책무성)이란 학습과정에서 집단 속에 자신을 감추는 일이 없도록 개인의 구체적인 역할을 제시하고 그에 대한 책임을 묻는 것이다. 예컨대, 자신의 역할을 제대로 수행하지 않으면 그 다음 단계로 넘어가지 못하게 하거나 평가에서 불이익을 줄 수 있어야 한다. 즉, 평가할 때 '무임승차자'나 '방해꾼'은 모둠 전체 점수와 상관없이 감점 처리하고 '일벌레'는 반대로 가산점을 주어 개인의 역할 기여도를 충분히 반영할 수 있도록 한다.

　개인적인 책임을 강조하기 위한 방법은 보상을 할 때 모둠이나 학급 전체 보상과 함께 개인 보상을 동시에 하는 것이다. 예컨대, 칭찬 티켓으로 보상을 하는 경우 팀 티켓과 개인 티켓을 나누어 활동 단위에 따라 티켓을 주고 나중에 팀 티켓과 개인 티켓을 합하여 최종적으로 보상할 수 있다. 개인의 역할에 따라 그에 대한 분명한 책임을 지우도록 하는 것이다.

동등한 참여

　동등한 참여란 학습자 모두가 적극적으로 참여할 수 있도록 유도하면서 일부에 의해 독점되거나 반대로 참여하지 못하는 일이 없도록 하자는 것이다. 기존 조별학습의 경우를 살펴보면 발표력이 뛰어난 학생이나 외향적인 학생이 모둠 내에서 발언을 독점하는 경우가 많고 반대로 발표력이 부족하거나 내성적인 학생은 모둠 활동에서 쉽게 소외된다. 이러한 문제점을 극복하려는 것이 바로 동등한 참여이다. 즉, 학습활동에 참여하는 기회를 누구에게나 동등하게 부여하고, 역할과 책임도 각자에게 동등하게 나누자는 것이다. 물론 개인마다 가지고 있는 특성이나 능력이 다른 상황에서 동등한 기준의 행동을 요구하는 것은 아니다. 자신이 참여할 수 있는 기회를 동등하게 부여함으로써 공동체 속에서 자신이 차지하고 있는 부분을 실질적으로 누릴 수 있도록 해야 한다. 그러므로 동등한 참여는 각자의 개성과 능력을 충분히 발휘할 수 있는 공간을 열어 주자는 것이다.

　동등한 참여가 이루어질 수 있도록 하는 방법 중의 하나가 대화칩을 사용하는 것이다. 토의하기 전에 대화칩을 각 학생에게 2개씩 똑같이 나누어 준다. 그리고 모둠 토의 시 자신이 이야기하고 싶은 경우

대화칩을 한 개씩 책상 위에 내어놓고 이야기하는 것이다. 자신이 가지고 있는 대화칩을 다 사용하면 더 이상 발언할 수 있는 기회가 없다. 나머지 다른 학생들이 가지고 있는 대화칩을 다 사용하기까지 기다려야 한다. 나머지 학생이 대화칩을 다 사용하였다면 다시 대화칩을 들고 대화칩을 이용하여 새로운 발언 기회를 가지고 이야기할 수 있다.

또한 동등한 참여가 이루어지도록 구성원 모두에게 과제를 일정하게 분담시킬 수 있다. 이끔이, 기록이, 칭찬이, 지킴이 등으로 모둠 구성원 개인의 역할을 정하고 이를 고정적으로 운영하기보다는 일정 기간마다 돌아가면서 역할을 바꾸어 운영할 수 있다. 그리고 교사가 수업이나 평가를 할 때 특정 학생을 중심으로 학습활동을 운영하고 그에 맞게 평가하는 것이 아니라 모든 학생을 동등한 위치에 놓고 각 학생이 개성과 능력을 충분히 발휘할 수 있도록 수업을 디자인하고 평가할 수 있어야 할 것이다.

동시다발적인 상호작용

모든 학생이 수업에 적극적으로 참여하도록 하는 것은 교육적 이상일 것이다. 그러나 현실적으로 제한된 수업시간 안에 모든 학생이 적극적으로 참여하여 학습목표를 이루도록 한다는 것은 거의 불가능하다.

이러한 문제점을 극복하려고 한 것이 동시다발적인 상호작용이다. 즉, 학습활동이 동시다발적으로 여기저기서 이루어질 수 있도록 하는 것이다. 동시다발적인 구조의 반대는 '순차적인' 구조이다. 순차적인 구조란 순서대로 한 명씩 나와서 학습활동에 참여하도록 하는 것이다. 예를 들어, 한 사람이 1분씩만 이야기해도 한 학급에 35명이라면 학생들이 움직이거나 자리 이동하는 시간을 빼더라도 35분의 시간이 필요하다. 그래서 대개 기존 수업에서는 2~3명을 교사가 선정하여 발표시킨다. 그런데 이러한 방식으로 발표를 시키면 실제로 발표 기회를 가질 수 있는 학생은 2~3명밖에 되지 않는다. 그러므로 순차적인 구조에서는 동등한 참여를 기대할 수 없다. 만약 순차적인 구조에서 동등한 참여를 이루려고 한다면 시간상 제한이 따르고 수업 자체도 효율성이 떨어질 수밖에 없을 것이다.

동시다발적인 구조는 이러한 순차적인 구조가 갖는 한계를 극복한다. 예컨대, 한 사람당 1분씩 발표 기회가 주어진다면 짝 토의방식으로는 2분이면 모든 학생이 발표하고 들을 수 있는 기회가 생긴다. 돌아가며 이야기하는 활동을 활용하면 4분이면 충분하다.

동시다발적인 상호작용이 잘 이루어지기 위해서는 '동시동작'과 '동시멈춤'이 이루어져야 한다. 즉, 학습 시작과 마침을 교사가 동시에 통제할 수 있어야 한다. 예컨대, 학습자료를 배분할 때 교사가 전체 학생에게 나누어 주는 것이 아니라 각 모둠의 자료 담당자가 자기 모둠 학생들에게 나누어 준다. 주제에 대해 발표할 때도 한 번에 한 명씩 발표하는 게 아니라 모든 학생이 둘씩 짝지어 나누게 함으로써 모두가 동시에 발표한다. 질문이 있을 때에도 손을 들고 선생님이 오시기를 기다리는 것이 아니라 모둠 동료에게 즉각적으로 질문하고 해답을 얻을 수 있도록 한다. 또한 교사가 질문을 던져 한 사람씩 발표하기보다 전체가 질문에 대하여 대답하게 한다. 토의나 필기를 할 때도 동시에 시작하고 동시에 마친다. 물론 하던 것을 다 마치지 못했어도 그 상태로 정지시킨다. 부족한 것은 별도의 시간을 주거나 숙제로 부과해서 일부 때문에 전체 진행에 무리가 생기지 않도록 한다. 이러한 방식으로 계속하여 수업하다 보면 자연스럽게 학생 스스로 시간에 따라 자신을 통제할 수 있게 된다.

04 | 협동학습을 어떻게 실천할 수 있는가?

협동학습은 사회심리학의 성과를 교실에 적용한 시도이다. 특히 협동학습은 교수-학습방법적인 측면에서 발달하였다. 협동학습의 방법과 모형은 200여 개가 넘는다. 그중 일부를 소개하면 다음과 같다.

모둠 구성의 원칙과 방법

협동학습에서 모둠 구성의 원칙은 이질적인 모둠 구성과 4인 1모둠이다. 이질적인 모둠 구성이란 성적, 성격, 기질, 성별, 인종이 다른 학생끼리 모둠을 구성하는 것이다. 그 이유는 모둠 간의 학습편차를 줄이고 모둠 내에서 학생 상호 간에 활발한 상호작용이 일어나도록 하기 위함이다. 또한 협동학습에서 4인 1모둠을 선호하는 이유는 협동학습은 기본적으로 짝 활동이기 때문에 모둠 구성원 수가 짝수인 것이 좋기 때문이다. 5인 이상의 경우에는 모둠 안에서 무임승차자나 일벌레 학생이 나오기 쉽기 때문에 그리 좋은 방법이 아니다.

모둠 구성 방법으로는 크게 교사 중심, 학생 중심, 무작위 방법이 있다. 교사 중심 구성방법은 교사가 성적, 성격 등의 요소를 고려하여 모둠을 이질적으로 구성하는 방식이다. 학생 중심 방법은 학생의 교우관계를 고려하여 모둠을 구성하는 것이다. 무작위 방법은 카드 조각 뽑기 등의 방법으로 무작위로 학생을 섞어 뽑는 방법이다. 모둠이 구성되면 모둠 안에서 이끔이(사회, 진행 책임), 칭찬이(칭찬과 격려), 기록이(기록, 발표), 지킴이(시간, 물건, 점수판 관리) 등으로 세부 개인별 역할을 부여한다.

모둠 세우기 활동

모둠 세우기 활동은 이질적인 학생들에게 자기가 속한 모둠에 대한 공동체 의식을 심어 주는 활동이다. 모둠 세우기 활동을 통하여 학생은 협동하려는 마음을 가질 수 있다. 모둠 세우기 활동으로는 창문 열기를 통한 모둠 이름 만들기, 모둠 팻말이나 구호 만들기, 3단계 인터뷰를 통한 소개활동, 풍선 치기 등의 신체적인 게임활동 등 다양한 활동이 있다.

구조 중심 협동학습의 방법들

[꼬마 출석부]

"학생들의 인적 사항이 정리된 꼬마 출석부를 통하여 교사가 효과적으로 이를 활용한다."

① 교사가 학생들에게 질문 항목을 제시한다.
　　예 이름, 모둠 이름, 학번, 좋아하는 음식, 자기를 표현하는 형용사, 자기가 좋아하는 연예인, 연락처 등
② 학생은 각 항목을 꼬마 출석부 카드(단어장 카드)에 기록한다.
③ 모둠 내에서 돌아가며 학생들이 각 항목에 따라 자기를 소개한다.
④ 모둠별로 꼬마 출석부 카드를 거두어 철해 놓는다.
⑤ 교사가 수업시간에 다양한 용도로 활용한다.

예컨대, 학생을 임의적으로 선정할 때 출석번호 대신에 꼬마 출석

부를 통하여 선정할 수 있다. 꼬마 출석부 내용을 읽고 학생들에게 해당 학생이 누구인지 알아맞히게 한다. 이를 통하여 교사는 학생들의 특성을 이해하고 학생 상호 간에 관심을 불러일으킬 수 있다.

[3단계 인터뷰]

"다른 사람의 말을 적극적으로 경청하고 자기 것으로 이해하여 말한다."

① 학생 두 명이 짝을 짓는다.
② 한 학생이 인터뷰를 하고 한 학생이 성실하게 인터뷰 질문에 답한다.
③ 역할을 바꾸어 인터뷰한다.
④ 모둠이나 학급에서 자기가 인터뷰한 학생의 내용을 발표한다. 이때 돌아가면서 말하기로 발표하면 좋다.

[생각-짝-나누기]

"먼저 학습주제에 대하여 각자 생각을 정리한 다음 둘씩 짝을 지어 발표하고 모둠 내에서 돌아가며 발표한다."

① 교사가 학습주제를 학생들에게 제시한다.
② 학생은 각자 조용히 자신의 생각을 노트에 기록한다.
③ 학생이 둘씩 짝지어 짝꿍끼리 자신의 생각을 발표한다.
④ 모둠 내에서 돌아가면서 발표한다.

[모둠 문장 만들기]

"모둠은 집단 사고 과정을 통하여 빈 문장을 창의적이고 통합적으로 채워 나간다.”

① 교사는 주제를 알려 주고 충분히 생각할 수 있는 시간을 준다.

② 학생들이 짝을 지어 그들의 생각에 대해 토론한 다음 주제를 한 문장으로 나타낸다.

③ 개인적으로 쓴 문장을 아무 비평 없이 순서대로 돌아가면서 읽는다.

④ 각자 개인적으로 발표한 문장에 대하여 토론하고 각자의 생각에서 참신한 요소를 뽑아낸다.

⑤ 이를 정리하여 한 문장으로 만든다.

　　㈜ 행복이란 ○○이다. 왜냐하면 ＿＿＿＿＿이기 때문이다.

[이야기 만들기]

“단어 카드를 활용하여 하나의 이야기를 창의적으로 만든다.”

① 교사가 어떤 이야기에서 8개 내지 12개의 단어 카드를 만들어 준다.

② 교사가 모둠에 단어 카드를 나누어 주고 모둠원이 골고루 나누어 갖는다.

③ 자신이 가지고 있는 카드를 펼치며 하나의 문장이나 작은 이야기를 만든다.

④ 모둠 안에서 돌아가며 하나의 큰 이야기로 만들어 낸다.

⑤ 모둠별로 만들어 낸 이야기를 학급 전체에서 발표한다.

⑥ 교사가 원래의 이야기를 학생들에게 들려준다.

[플래시 카드 게임]

"플래시 카드를 통하여 학습내용을 손쉽게 기억하거나 나눌 수 있다."

① 교사가 학습과제 내용을 가지고 플래시 카드를 제작한다. 플래시 카드 앞면에는 문제, 뒷면에는 정답이 기록되어 있다.
② 학생에게 플래시 카드 묶음을 나누어 준다.
③ 학생들이 둘씩 짝을 지어 짝꿍끼리 플래시 카드를 보여 주며 문제를 풀게 한다. 답을 맞히면 답을 맞힌 사람이 카드를 가진다. 이때 정답을 맞히면 칭찬을 해 주고, 못 맞히면 힌트를 주거나 아쉬움을 표현한다.
④ 역할을 바꾸어 같은 방식으로 플래시 카드 게임을 한다.
⑤ 정답을 맞힌 플래시 카드 개수에 따라 교사가 개인 칭찬 스티커로 보상한다.

[돌아가며 말하기]

"순서대로 돌아가며 모두가 이야기한다."

① 교사는 다양한 답이 있는 질문 또는 학습주제를 제시한다.
② 모둠 내에서 정해진 시간 안에 학생이 자신의 생각을 돌아가면서 계속 말한다.

[돌아가며 쓰기]

"학생들이 학습과제에 대하여 순서대로 돌아가며 쓴다."

① 교사가 학습과제를 제시한다.

② 교사가 모둠별로 한 장의 학습지를 나누어 준다.

③ 모둠 안에서 학습과제에 대하여 학습지를 순서대로 돌려 가며 기록한다.

다양한 협동학습 모형들

[과제분담학습모형(Jigsaw)]

① 교사가 학습주제를 제시한다.

② 교사가 서로 다른 내용의 학습지를 모둠 안에서 개별적으로 배부한다.

③ 각자 개별학습을 실시한다.

④ 자기가 학습한 주제와 동일한 내용을 공부한 학생끼리 모여 자기가 공부한 내용을 공유한다.

⑤ 원래 모둠으로 돌아가 자기가 공부한 내용을 다른 모둠원 학생들에게 설명한다.

⑥ 교사가 전체 학생을 대상으로 모둠별 퀴즈 테스트를 실시한다.

⑦ 교사가 학습활동에 대하여 정리하고 활동과정에 대한 피드백을 실시한다.

[모둠 게임 토너먼트(TGT) 수업 모형]

① 교사가 수업을 진행한다.

② 학생이 학습한 내용에 대한 문제 카드를 만든다.

③ 번호별(성적 수준별)로 모둠을 재구성한다.

④ 번호별(성적 수준별) 모둠 안에서 다른 모둠원과 함께 문제 카드를 활용하여 퀴즈 게임을 실시한다.

⑤ 원래 모둠으로 돌아가 각자가 얻은 카드를 합산하여 모둠 점수를 낸다.

⑥ 교사가 모둠별 합산 점수를 통해 모둠 보상을 실시하고 학습활동 과정에 대한 피드백을 실시한다.

[찬반 논쟁 수업 모형]

① 교사가 토론 주제를 제시한다.

② 학생들은 토론 주제에 대한 자기 의견을 밝히고 이를 토대로 이질적으로 모둠 구성을 한다.

③ 모둠 안에서 토론을 실시한다.

④ 역할 교환 토론을 실시한다.

⑤ 모둠 안에서 자유 토의를 하고 찬성과 반대 중 한 가지 입장을 정리한다.

⑥ 모둠별로 토의한 결과를 정리하여 발표한다.

⑦ 교사가 토론 과정에 대하여 피드백하고 학습주제에 대하여 보완 설명한다.

05 나의 협동학습 실천 이야기

초임교사 시절 수업에 대한 자신감과 의욕을 가지고 첫 수업에 임했다. 그러기에 수업을 마치고 나서 학생들에게 "내 수업에 대하여 어떻게 생각하니?"라고 질문했다. 그때 한 학생이 "선생님, 무슨 말인지 잘 이해가 가지 않아요. 선생님이 사용하시는 단어 자체가 어려워요." 라고 대답하였다. 그 말에 충격을 받고 아이들 수준에 맞는 단어로 풀어서 설명하려고 노력하였다.

첫 수업 실패 후 수업에 대하여 배워야겠다고 생각하고 좋은 방법을 알아보다가 우연히 교과모임에 연결되어 활동하게 되었다. 당시 매주 수요일마다 모여 같은 교과 교사끼리 공동으로 수업지도안을 만들어 실천하고 이를 피드백하는 시간을 가졌다. 교과모임을 통해 새내기 교사로서 수업에 대한 기본기를 여러 선배교사로부터 배울 수 있는 좋은 시간이었다.

그래서 4~5년 동안 열심히 활동했는데, 어느 정도 시간이 지나자 새로운 고민이 생겼다. 당시 교과모임은 어떻게(교수-학습방법)에서 시작하여 무엇(교과과정)에 대한 문제로 고민을 많이 했는데, 개인적으로는 교과과정만큼 교수-학습방법이 중요하다고 생각했기 때문에 내적인 고민과 갈등이 있었다.

1997년 우연히 좋은교사운동에서 주관한 협동학습 세미나에 참여하고 나서 협동학습의 매력에 푹 빠지게 되었고, 이후 열심히 교실에서 협동학습을 실천하였다. 일단 다양한 교수전략을 수업시간에 활용할 수 있었기에 좋았고 무엇보다 학생들의 수업 참여 자세가 달라지고 적극적으로 참여하면서 학생들의 태도가 바뀌는 것이 매우 좋았다. 그런데 시간이 지나자 예상하지 못했던 여러 가지 문제가 발생하였다. 1일 연수로 1년 동안 활용한다는 것 자체가 쉽지 않았고, 혼자서 책만 공부해서는 협동학습을 실천하는 데 한계가 있었다. 구체적으로는 단원 특성에 맞는 협동학습 모형을 어떻게 적용해야 할지, 평가를 어떻게 해야 할지 고민이었고, 모둠 활동에 대한 거부감을 표시하는 학생들을 어떻게 동기 부여해야 할지 등의 문제가 있었다.

그래서 다음 해에는 자원하여 수업공개를 협동학습으로 진행하였고, 이를 통해 협동학습을 주변에 알렸다. 협동학습에 관심을 보인 교사들을 모아 교내 수업동아리 활동을 조직하여 활동하였다. 같은 학교 안에서 담당과목이 다른 교사끼리 수업에 대하여 함께 연구하는 것은 그 이전의 교과모임과는 또 다른 좋은 경험이었다. 당시 협동학습 교사 동아리 활동은 잘 이루어졌으나 공립학교 특성상 여러 해 동안 꾸준히 활동을 유지하기에는 현실적인 한계가 있었다. 그래서 몇몇 교사들을 모아 2000년 협동학습 세미나를 개최하고 이를 계기로 본격적으로 협동학습연구회를 조직하고 정기모임을 운영하기 시작하였다.

방학 때마다 협동학습 연수를 진행하였고, 이를 통해 모인 교사들을 중심으로 연구 및 집필 활동에 전념하였다. 특히 협동학습을 기반으로 수업지도안을 개발하여 보급하였는데, 많은 교사들로부터 좋은 반응을 얻었다. 이후 소문이 퍼지기 시작하면서 지방 연수를 통해 자연스럽게 지역모임이 개척되었고 전국적인 규모의 연구회로 성장하였다. 2014년 현재 16개의 지역모임, 6개의 중등교과모임으로 이루어진 전국 모임으로 성장하게 되었다.

2007년 이우학교 수업공개회에 참여하면서 수업이 바뀌려면 학교가 바뀌어야 한다는 생각을 하게 되었다. 그래서 학교 안에서 협동학습 수업 동아리를 만들어 범교과적 프로젝트 수업 및 매체 활용 협동학습 연구를 실시하였다. 처음에는 중등학교에서 범교과적으로 프로젝트 수업을 추진하는 것 자체가 낯설었지만 모임이 진행되면서 예상하지 못했던 좋은 결과를 경험하였다. 함께 수업준비를 하면서 집단지성을 통하여 수업설계 능력을 기를 수 있었다. 하나의 프로젝트를 교과별로 다르게 접근했기 때문에 프로젝트 결과가 풍성했을 뿐 아니라 학생들의 입장에서는 수행평가의 부담을 줄일 수 있었다. 나중에 학교 축제 시 학술제 형태로 1년 동안의 프로젝트 결과 내용을 전교생에게 알릴 수 있는 시간도 갖게 되었다.

혁신학교 운동이 본격적으로 시작되면서 혁신학교를 중심으로 협동학습 연수를 할 기회가 많아졌고 학교 차원에서 전략적으로 협동학습을 실천할 수 있는 기회가 생기게 되었다. 덕양중학교의 경우, 기획단계부터 참여하였고 학교 차원에서 협동학습을 실천할 수 있도록 지원하는 역할을 하였다. 이후 좋은교사운동 좋은학교만들기 위원회와 서울시 교육청 혁신학교 정책자문위원으로 활동하면서 학교혁신에 대한 문제를 고민하며 그 대안을 모색하였다.

협동학습 자체는 교수-학습방법적인 측면이 강했기 때문에 수업방법을 보다 풍성하게 해 주고 수업설계를 할 수 있는 능력을 길러 주는 데 큰 도움이 되었다. 하지만 협동학습은 교육과정 재구성이나 교직문화 개선까지 그 대안을 충분히 제시해 주지 못한 부분이 있었다.

그러던 중 2012년 교육방송의 '선생님이 달라졌어요'에 출연하면서 수업 코칭에 대하여 눈을 뜨게 되었다. 수업이 바뀌려면 기존 접근방식인 수업장학으로는 한계가 있다는 것을 다시 한 번 깨달았고 그 대안으로 수업 코칭에 대해 연구하면서 실천하게 되었다. '수업 코칭'이란 교사의 자기 수업에 대한 성찰을 통해 자기 수업의 장점을 극대화하고 단점을 보완할 수 있도록 도와주는 일을 말한다. 몇 년 전 연구회 교사들과 함께 싱가포르에서 협동학습을 잘 실천하는 학교들을 탐방하면서 제이콥스(Jacobs) 교수가 수업코치로서 여러 학교 교사를 수업코칭하며 학교 안에서 협동학습이 잘 정착될 수 있도록 지원하는 과정을 살펴보게 되었다. 이를 통해 수업코칭의 중요성을 느꼈는데,

교육방송 출연을 계기로 구체적으로 어떻게 수업코칭을 해야 하는지를 체계적으로 배울 수 있게 되었다.

이러한 경험을 토대로 『수업을 바꾸다』라는 단행본을 출간하게 되었고, 이후 다양한 수업코칭 프로그램에 참여하게 되었다. 동두천, 이천, 포천 교육청에서 주관하는 수업코칭 프로그램 헤드코치로 참여하면서 수업 코치 교사를 세우고 수업코칭을 피드백하는 헤드코칭 활동을 하게 되었다. 여러 일선 학교와 연계하여 다양한 수업코칭 연수 및 프로그램을 실시하면서 수업 성찰 및 수업공동체 만들기 운동을 전개하고 있다. 협동학습이 수업설계 측면에 도움을 줄 수 있는 연역적인 접근이라면, 수업코칭은 귀납적인 접근이고 학교 내 수업공동체를 구축하는 데 도움이 되는 접근이다.

협동학습은 일종의 구조이고 그릇이기 때문에 다양한 콘텐츠를 담아낼 수 있는 장점을 가지고 있다. 그래서 초창기부터 다중지능이론에 관심을 가지고 다중지능이론과 협동학습을 접목하여 수업을 전개하였고, 매체 활용 수업이나 프로젝트 수업을 협동학습과 연계하여 교실에서 실천하였다. 최근에는 학습코칭과 협동학습을 접목하여 교실에서 교사가 학생들에게 지도할 수 있는 자기주도적 학습방식에 대하여 연구하고 있다.

06 | 협동학습운동은 어떻게 전개되었고 앞으로의 과제는 무엇인가?

우리나라에서 협동학습은 1980년대 일부 학자에 의해 이론적으로 소개되었으나, 본격적으로 교실에 적용된 것은 1994년 수원중앙기독초등학교 설립 이후이다. 중앙기독초등학교는 학교 차원에서 체계적으로 협동학습을 실천하였다. 협동학습운동이 본격적으로 시작되고 국내에 보급된 계기는 1997년 좋은교사운동이 협동학습 세미나를 개최하고, 2000년 협동학습연구회(cooper.or.kr)가 본격적으로 활동한 것이다. 특히 협동학습연구회가 전국적으로 지역모임 및 교과모임을 개척하고 방학 때마다 협동학습 연수를 개최하면서 관련 수업자료를 개발하고 보급하였다. 이후 협동학습 관련 단체들이 만들어지면서 협동학습이 전국적으로 확산되었다. 2010년 이후에는 혁신학교운동과 만나면서 학교 차원에서 협동학습 실천이 이루어지고 있다. 또한 협력학습의 개념이 새롭게 재등장하면서 협동학습과 협력학습의 흐름이 만나고 있는 상황이다.

우리나라에서 협동학습이 확산된 이유는 교사 중심의 아래로부터의 개혁운동이었고, 협동학습이 지향하는 협동이라는 가치와 학습공동체에 대하여 공감했기 때문이다. 그리고 다인수 학급에서 협동학습은 적용하기 쉬웠고, 구체적인 교수-학습방법을 많이 제공해 주면서 비용이 별로 들지 않았기 때문이다.

협동학습운동의 과제는 다음과 같다. 첫째, 협력학습과 협동학습의 관계를 재정립하는 것이다. 협동학습과 협력학습은 학습공동체 구축을 지향한다는 점에서 동일하나, 방법적인 측면에서 협동학습이 '구조화된 또래 가르치기'라면 협력학습은 '탈구조화된 또래 가르치기'이다. 구조화한다는 것은 일종의 틀을 사용한다는 것인데, 세부적인 활동절차 진행, 개인별 세부역할 부여, 시간관리, 보상활용 등을 한다는 것이다. 협력학습은 이러한 구조화된 접근에 대하여 비판하고 학생들의 자발적인 참여를 상대적으로 강조하고 있다. 이 부분에 대한 토의와 정리가 필요하다. 둘째, 한국적 상황에 맞는 협동학습 모형 개발 및 보급이 필요하다. 외국에서 개발한 모형을 적용하는 수준을 넘어 우리나라 교실에서 적용할 수 있는 다양한 방법이 개발되고 보급될 수 있어야 한다. 학술적으로도 좀 더 체계화할 필요가 있다. 셋째, 협동학습 구조에 기반한 수업혁신 콘텐츠를 개발해야 한다. 협동학습은 일종의 그릇이기 때문에 다양한 내용을 담을 수 있는 장점이 있다. 협동학습이라는 구조 안에 다양한 수업 콘텐츠를 담아내는 노력이 필요하다. 넷째, 수업공동체 구축을 위한 방안을 구체적으로 제시해야 한다. 수업에서 성장이 이루어지려면 교사 간 협동이 이루어져야 하는데, 수업공동체 구축을 위한 다양한 방안이 연구되고 실천되어야 할 것이다. 다섯째, 다른 수업 및 학교혁신운동단체와 연대를 구축해야 한다. 학교 안에 수업공동체를 구축하고 다양한 수업혁신 콘텐츠를 개발하기 위해서는 동일한 고민을 하고 있는 다양한 단체와의 연대가 필요하다.

제 02 장

단위학교
학습지원팀
운영방안

-두드림학교 사례를 중심으로-

이화진(한국교육과정평가원 부원장)

01 왜 두드림학교인가

학습부진학생 지도 또는 기초학력 향상 지원은 과거에는 '나머지 학습'이라 불리며 꾸준히 학교 현장에서 이루어져 왔다. 하지만 그 실효성 측면에서 볼 때 형식적으로 운영되는 바가 없지 않았고, 따라서 소기의 성과를 보여 주지 못한 점에서 비판을 받아 온 게 사실이다. 이화진 외(2009)는 학습부진학생 지도·지원의 실효성을 제고하기 위해, 대안적 방안의 필요성을 제기하며 네 가지 방향을 제시한 바 있다.

첫째, 학습부진학생 지도는 학습부진의 원인과 특성을 파악하여 학생들의 학습수준에 맞게 맞춤형으로 이루어져야 한다.

둘째, 학습부진학생 지도는 담임이나 교과교사만이 담당할 것이 아니라, 전문성을 가진 학교 구성원이 함께 지원해야 한다.

셋째, 학습부진학생 지도에서는 방과 후 보정교육('나머지 학습')보다는 학습부진의 사전예방, 정규수업 시 지도가 우선되어야 한다.

넷째, 학습부진학생 지도·지원은 학교뿐만 아니라 가정과 지역의 기관이 함께하는 '마을이 함께 아이를 기르는' 정신에 입각한 것이 되어야 한다.

주지하다시피 1990년대 말 우리나라는 IMF 경제위기 이후 급격한 사회변화를 겪었다. 특히, 빈곤층이 급속하게 증가함에 따라 사회 양극화가 핵심적 사회 쟁점으로 부각되었다. 사회 양극화가 진행됨에 따라 전통적 가정의 해체, 재구조화 과정을 거치며 교육 양극화 현상도 함께 나타나게 되었다. 흔히 학습부진의 주된 원인은 환경적 요인이라 하는데, 열악한 가정적·경제적 환경으로 인해 취약계층의 학생들이 학습부진의 어려움을 겪는 비율이 상대적으로 높게 나타난다.

현재 시행되고 있는 기초학력 향상 지원 정책은 2008년부터 2017년 6월까지 국가 수준 학업성취도 평가가 전수로 시행되면서 학업성취도 평가에서 기초학력 미달 학생의 비율이 높은 학교를 중앙 정부가 집중 지원하는 '학력향상 중점학교(현 학력향상형 창의경영학교)' 사업으로 추진되어 교육 양극화 해소를 위해 일익을 담당하였다. 아울러 2012년부터는 "단 한 명의 학생도 뒤처지지 않게 한다"는 모토하에 시·도 교육청을 중심으로 모든 학교의 기초학력 미달 학생을 지원할 수 있는 시스템(예: 학습종합클리닉센터, 기초학력 진단·보정 시스템 등)을 마련하고 기초학력 향상 지원 정책의 보편화를 도모하고 있다.

최근 들어 ADHD 혹은 정서행동 문제 등으로 학습에 어려움을 겪는 학생들과 다문화·탈북가정 학생 수도 계속 증가하는 추세이다. 이러한 학생들의 일부는 학습부진의 문제도 지니고 있어 유관 정책 간 연계 협력의 필요성이 제기된다. 그동안 각종 교육복지 정책사업들이 학생 중심의 지원이 아니라 사업 단위로 지원이 이루어지는 까닭에 지원의 중복, 지원의 사각지대가 발생하고 학생들은 어디에서도 제대로 지원받지 못한 채 이 사업 저 사업으로 떠도는 문제점이 지속적으로 지적되어 왔다. 이 사업 저 사업에서 서로 데려가려 경쟁하기에 학교에서 가장 인기 있는 아이들이 학습부진학생이라고 하는 웃지 못할 이야기도 있다.

두드림학교는 이러한 문제 인식하에 제안된 사업으로서(교육부, 2014), 2016년 현재 전국 1,343개 초·중등학교에서 운영되고 있다. 두드림학교는 단위학교의 각종 정책사업, 자원의 재구조화·재배치를 통해 시너지 효과를 창출하고 학생 중심의 학습·지원 서비스가 가능하도록 하는 데 그 의의를 둔다. 이전의 기초학력 향상 지원 사업이 교과 또는 프로그램 중심으로 학습부진학생들을 배치하여 지원해 왔다면, 두드림학교는 학습부진학생의 요구와 필요를 파악하여 학생 중심으로 교과 또는 프로그램을 처방하여 지원하는 사업이다. 두드림학교는 새로운 사업이 아니다. 그간 기초학력 향상 정책의 일환으로 추진해 왔던 단위학교 다중지원팀 운영의 연장선에서 고안된 정책사업으로서, 궁극적으로는 두드림학교 사업을 통해 학교운영체제의 개선을 도모하고 나아가 교육정책사업 간의 연계를 강화하는 데 그 의의가 있다.

02 두드림학교 운영 개요

'두드림'의 의미와 두드림팀 구성

두드림학교는 평생교육의 핵심 이념과 궤를 같이하여 '온 학교(마을)가 함께 아이들을 기른다'는 모토를 염두에 두고 고안되었다. 두드림학교의 '두드림'이 의미하는 바는 영어의 'Do-Dream', 즉 아이들의 꿈과 끼를 실현할 수 있는 여건을 만들어 주는 학교라는 의미를 갖는다. 우리 말로는 세 가지의 의미를 지향한다. 첫째, 아이들의 닫힌 마음을 두드려 활짝 열게 하는 학교, 둘째, 학교 구성원들의 마음을 두드려 소통과 협업을 가능하게 하는 학교, 셋째, 정책사업 간 칸막이를 두드려(소통하여) 학생 중심의 서비스를 가능하게 하는 학교가 그것이다. 이러한 세 가지 의미는 그동안 우리 교육이 가지고 있는 고질적인 문제를 해소하여 여러 가지 어려움을 겪는 아이들에게 좀 더 의미 있는 양질의 지원이 모아지기를 기대하면서 도출된 것이다.

두드림학교의 지원 대상 학생은 학습장애(읽기, 쓰기, 셈하기 어려움 등), 학습습관 및 동기, 정서행동장애, 돌봄 결여 등 복합적인 문제로 어려움을 겪는 학습부진학생으로 일반학급에 속해 있는 경계선 학생도 포함한다. 특히, 여타 정책사업의 지원 대상에서 제외되었지만 다중지원 서비스가 필요한 학생도 포함하여 지원하는 것을 원칙으로 한다.

두드림학교는 두드림팀을 구성하여 운영하도록 하고 있는데, 두드림팀은 복합적인 어려움을 지닌 기초학력 부진학생 지도·지원을 주도적으로 이끌어 가는 단위학교 학습지원팀으로 교장, 교감, 담임교사, 교과교사, 학습보조·특수·상담·사서·보건·돌봄·영양교사, 교육복지사(지역사회교육전문가), 행정직원, (학부모/보호자) 등으로 구성하도록 하고 있다. 단, 구성원은 고정된 것이 아니라 학교 가용 인력자원과 학습부진학생의 요구 및 지원 유형에 따라 탄력적으로 조직할 수 있고, 필요한 인적 자원이 없을 때는 교육지원청 순회강사/상담

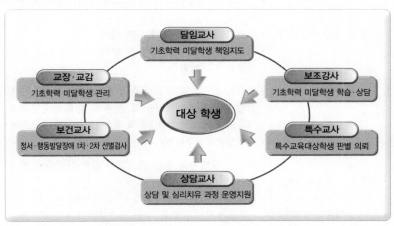

그림 2-1 단위학교 두드림팀 구성 예시

사 등을 적극 활용하도록 권장하고 있다. 학교에 따라서는 배움터 지킴이 선생님도 두드림팀원으로 역할하는 곳도 있다.

두드림팀은 학습부진학생 중 정서행동, 돌봄 등의 문제를 복합적으로 지닌 학생들을 구성원이 역할을 분담하여 종합적으로 지원하며, 학교 내에서 해결하기 어려운 문제는 외부 전문가나 전문기관에 의뢰하여 지원하기도 한다.

두드림팀의 구성과 역할을 〈그림 2-1〉, 〈표 2-1〉과 같이 예시할 수 있다.

표 2-1 두드림팀 역할 예시

역할	담당	내용
총괄	교장·교감	• 두드림팀 조직 및 운영 총괄
기획 및 관리	업무담당부장	• 두드림팀을 실질적으로 운영 관리하고 방과후 담당부서 등 관련부서와의 연계, 월 1회 정기적 사례 중심 워크숍·업무협의회 주관
운영	업무담당교사	• 두드림팀 학습클리닉 프로그램 계획, 운영 및 활동보고 • 프로그램 사전·사후 협의회 실시 • 두드림팀 자체 역량 강화를 위한 연수 계획 및 추진, 학부모연수 계획
담당 학생 관리	담임교사	• 교과학습 진단평가 실시 후 부진아 판별, 부적응학생 선별, 학습활동이력카드 작성, 관리 및 학습지원(학생개별, 학부모, 또래 상담내용 및 학습활동 누가철 다음 학년도 담임에게 인수인계)
전체 사례 관리	교육복지사 (또는 전문상담사, 업무담당교사)	• 학생별 단위학교 추진 프로그램 전체 사례관리 및 필요 시 연계 의뢰 신청 • 교육복지사가 전체 사례를 관리하는 것으로 함 - 교육복지사가 없을 경우 전문상담사가 관리하는 것으로 함

		− 전문상담사가 없을 경우 업무담당교사가 관리하는 것으로 함 * 담임교사가 사례관리하는 방식도 가능(학교 여건에 맞게 추진) • 업무담당교사가 평가결과를 정리하여 제공하면 담임교사의 협조하에 부모에게 통보함
정규 수업 활동 지원	담임교사 교과담당교사 학습보조교사	• 개별 학생별 수업시간 내 학습 보조교사 투입 및 학습활동 지원 • 학습활동과 프로그램 연계를 위한 관련 학생 정보 제공
	특수교사	• 특수교육 지원이 필요한 학생의 학습활동 지원
방과후 활동 지원	방과후담당교사	• 방과후 자유수강권 등 개별 학생 방과후 부서활동 관리
	돌봄교사	• 방과후 생활지도 및 숙제지도 등
	업무담당교사	• 학생 개인 맞춤형 3R's, 교과학습 보충지도 계획 수립 및 운영: 필요 시 학습보조교사, 대학생 멘토 등 외부강사 지원
	학습보조교사 외부 강사	• 학생 개인 맞춤형 학습활동 3R's, 교과학습 보충지도 등
정서 행동 및 돌봄 지원	전문상담사	• 정서행동 상담, 학습동기 및 강점 강화 등 심리정서 프로그램 운영 • 개인 상담 및 집단 상담: 필요 시 학부모 상담
	영양교사	• 저소득층 학생 급식, 방학 중 지원 및 건강관리
	탈북, 다문화, 이중언어교사	• 다문화/탈북 기초학력 부진학생 지원을 위한 협력
	교육복지사	• 지역사회 자원 연계를 통한 가족지원 및 관련 프로그램 운영
치료 및 기관 연계	전문상담사	• 학생 개별 요구에 따른 교육지원청 학습종합클리닉센터, Wee센터, 병원 등 연계
	교육복지사	• 건강지원센터, 복지관 등 지역사회기관 연계 및 교내 치료 프로그램 운영

보건교사	• 전문상담사/교사, 교육복지사가 없을 경우, 교육지원청 학습종합클리닉 센터, Wee 센터, 건강지원센터, 병원 등 연계
특수교사	• 특수교육 지원 여부를 위한 심사선정 · 의뢰 시 특수교육지원센터 연계
특별 프로그램 운영	• 자기주도학습 프로그램 및 캠프 등 단위학교 내 요구에 따른 프로그램 운영

두드림학교 지원 내용 및 활동

첫째, 두드림 지원 대상학생을 선정해야 한다. 대상학생 추천은 담임교사, 학부모 · 보호자, 두드림팀원 등이 할 수 있다. 교과학습 진단평가 결과에 따라 기초학력 향상이 필요하다고 판단되는 학생, 교실학습에서 어려움을 보이는 학생으로 관찰된 학생, 학습 · 사회성 및 정서적응상의 어려움을 보이는 학생들이 일차 대상이 된다.

대상학생 추천 명단이 작성되면, 선정위원회를 개최하여 추천된 학생 중에 두드림 지원이 필요한 학생인지에 대한 '적격성' 여부를 결정한다. 두드림팀 전원이 선정위원으로 참여할 수도 있고, 소규모 선정위원회를 별도로 구성하여 운영할 수도 있다. 이때 교장 · 교감, 업무담당부장/교사, 담임교사, 전문상담사/상담교사, 특수교사, 교육복지사 등은 반드시 선정위원으로 참여하는 것이 바람직하다. 기초학력부진(기초학습부진, 교과학습부진)에 처한 학생 중에서 다양하고 복합적인 원인으로 어려움을 겪는 부진학생을 우선적으로 지원 대상학생으로 선정하도록 한다. 가능한 한 소수의 학생(10명 내외)을 선정하여 집중 지원을 할 수 있도록 하는 것이 바람직하다.

둘째, 두드림팀이 지원할 대상학생(이하 '두드림학생')을 확정하면, 두드림팀 전원이 참석하는 협의회를 개최하여 대상학생별 맞춤형 지원 내용을 결정한다. 맞춤형 지원 내용 결정에 앞서 지원 대상학생 각각의 학습부진 수준과 원인 진단이 이루어져야 한다. 학교 자체 내에서 원인 진단 등이 어렵다면 외부 전문가/기관 등에 의뢰하여 개별 학생의 특성과 요구를 명확히 파악해 두어야 한다. 맞춤형 지원 결정은 각각의 두드림학생에 대해 이루어져야 한다. 두드림학생의 학습부진 수준, 원인 및 학습 유형, 기타 요구(심리, 정서, 가족지원 등)에 따라 맞춤형 학습지도, 학습상담, 학습코칭, 학습치료, 체험학습, 돌봄 등의 지원 프로그램을 결정한다. 교내 두드림팀 지원만으로 문제해결이 어려운 학생은 학교 밖 전문기관(예: 학습종합클리닉센터, Wee센터, 건강지원센터, 병원 등)에 의뢰한다. 단, 의뢰하기 전에 학부모/보호자의 동의를 받아야 한다. 학생을 학교 밖 전문기관에 의뢰할 경우에도 사례관리는 단위학교 내에서 사례관리자가 수행하며, 외부 의뢰기관과의 긴밀한 협력 관계를 유지할 필요가 있다. 예를 들어, ○○초 4학년 △△△학생의 경우 진단결과 읽기, 쓰기 연산 등의 기초학습 능력이 부족

표 2-2 학습부진 원인/원인에 따른 맞춤형 지원 프로그램 예시(강원 ○○초)

학년	학생	부진 원인	맞춤형 지원 프로그램
4	A	인지적 문제, 정서문제(우울), 시험자신감 및 학습의욕 부족	학력키움, 보드게임, 모래놀이, 담임 프로그램, 배드민턴, 뉴스포츠
	B	인지적 문제, 정서문제(우울, ADHD 등), 교우관계	학력키움, 영어방과후, 보드게임, 담임 프로그램, POP
	C	행동조절(침착성과 자제력) 부족	학력키움반 Wee 센터, 멘토링, 서예, 컴퓨터, 배드민턴, 뉴스포츠
	D	행동문제(즉흥적 선택, 기분에 따라 행동)	위스타트 공부방(영어, 노래, 리코더)

하며 인지발달의 정도가 낮고 관계 맺기의 어려움이 있는 것으로 파악되었다. 이 학생을 위해 ○○초 두드림팀은 국어·수학 학력향상교실, 교과연계 체험학습 프로그램, 방과후활동, 외부기관 연계상담(사회성 그룹치료) 지원을 결정하였다. 〈표 2-2〉는 지원 대상 학생별 부진

표 2-3 개별 학생별 주간 활동 시간표 예시(강원 ○○초)

요일 \ 학생	D	E	G	G
월	학력키움 (학습보조교사)	학력키움 (학습보조교사)	서예 (방과후강사) / 학력키움 (학습보조교사)	노래 , 공부방
화	학력키움 (학습보조교사)	영어방과후 (TaLK 장학생) / 학력키움 (학습보조 인턴교사)	컴퓨터 (방과후강사) / 학력키움 (학습보조교사)	영어, 공부방 (위스타트)
수	학력키움 (학습보조교사)	영양코칭 (영양교사) / 학력키움 (학습보조교사)	서예 (방과후강사) / 학력키움 (학습보조교사)	리코더, 공부방 (위스타트)
목	보드게임 (특수교사) / 학력키움 (학습보조교사)	보드게임 (특수교사) / 학력키움 (학습보조교사)	보드게임 (특수교사) / 운동코칭 (보건교사)	영어, 공부방 (위스타트)
금	모래놀이 (교육복지사) / 담임선생님과 함께하는 학습코칭(용기를 주는 동영상)	영어방과후 (TaLK 장학생) / 담임선생님과 함께하는 학습코칭 (용기를 주는 동영상)	컴퓨터 / 담임선생님과 함께하는 학습코칭(용기를 주는 동영상)	논술, 공부방 (위스타트)

(4번째 G열 세로: w e e 센터 친친 멘토링)

원인에 따른 맞춤형 지원 프로그램 결정 내용을 예시한 것이다.

셋째, 개별 두드림학생별로 맞춤형 지원을 실행한다. 학습부진 수준 및 부진 원인에 따라 각각의 두드림학생에게 제공되어야 할 맞춤형 지원 내용은 차별화되지만, 실제 프로그램 운영은 개별 학생별로 실시할 수도 있고 집단 프로그램으로 운영할 수도 있다. 예를 들어, 선정된 두드림학생이 분노조절의 어려움을 가지고 있다면 해당 학생을 위한 개별 상담을 실시할 수도 있고, 비슷한 수준의 두드림학생들

표 2-4 맞춤형 지원 프로그램 운영 예시(인천 ○○초)

프로그램	운영내용	대상학생
마음을 다스려요	서예활동을 통한 집중 강화	꿈꾸미 7, 꿈꾸미 10 꿈꾸미 11, 꿈꾸미 12
우쿨렐레	음악을 통한 정서적 안정	꿈꾸미 6, 꿈꾸미 7, 꿈꾸미 8
그림으로 말해요	미술을 통한 마음 열기	꿈꾸미 1, 꿈꾸미 3 꿈꾸미 4, 꿈꾸미 5
신나는 줄넘기	줄넘기활동으로 스트레스 제로	꿈꾸미 4, 꿈꾸미 10 꿈꾸미 11, 꿈꾸미 12
신나는 스포츠	스포츠활동으로 스트레스 제로	꿈꾸미 1, 꿈꾸미 2, 꿈꾸미 3, 꿈꾸미 5, 꿈꾸미 6, 꿈꾸미 8
몸짱 키짱 유도	유도활동으로 키크기 프로젝트	꿈꾸미 1, 꿈꾸미 2, 꿈꾸미 3 꿈꾸미 5, 꿈꾸미 6, 꿈꾸미 8
치어리딩	분노조절, 협동심 향상	꿈꾸미 9, 꿈꾸미 11, 꿈꾸미 12
이스쿨로 공부하기	이스쿨, 인터넷중독예방	대상 학생 전원
신나는 게임	보드게임으로 집중력 강화	꿈꾸미 9, 꿈꾸미 10 꿈꾸미 11, 꿈꾸미 12
책이랑 놀자	독서습관, 읽기능력 강화	꿈꾸미 4, 꿈꾸미 5 꿈꾸미 6, 꿈꾸미 7
꿈을 향해 날아올라	진로탐색, 계획, 체험, 실천	대상 학생 전원

을 위한 소집단 학력향상 프로그램을 개설 운영할 수도 있고, 기존에 학교에서 운영하는 프로그램 중에 두드림학생의 요구와 필요에 부합하는 프로그램이 있다면 다른 일반 학생과 함께 참여하게 할 수도 있을 것이다. 이때 교육복지우선지원사업이나 다양한 방과후 학교 프로그램 중에 두드림학생이 선호하는 프로그램, 필요한 프로그램을 골라 해당 두드림학생이 참여할 수 있도록 한다. 프로그램 운영을 해 나가면서 당초 처방과 달리 두드림학생에게 잘 맞지 않는다고 판단되면 두드림소위원회 등을 통해 지원 프로그램을 재처방하여 운영하는 것도 바람직하다.

넷째, 업무담당부장/교사는 월 1회 사례협의회(또는 워크숍)를 주관

표 2-5 월례 협의회 개요 예시(인천 ○○초)

일시	협의 내용 및 지원 활동
2014.8	• 맞춤형 통합사례관리 대상 학생 담임 면담, 사례관리카드 중간점검, 학생 변화모습 관찰 및 누적 기록 • 방학 중 프로그램 평가 반성 • 대상 학생 CARE(두드림) 프로그램 운영 적부 논의, 프로그램 재배치 • 외부기관 연계 상담학생 논의 • 전문가 초빙 프로그램 운영 논의
2014. 9	• CARE 프로그램 운영 및 모니터링 실시 • 대상학생 CARE 프로그램 운영 적부 논의, 프로그램 재배치 • 외부기관 연계 프로그램 운영 평가 및 반성 • 사례관리카드 누적 작성
2014.10	• CARE 프로그램 운영 및 모니터링 실시 • CARE 프로그램 운영 활동일지 제출 • CARE 프로그램 맞춤형 통합관리 대상 학생 변화모습 확인 • 학급담임교사와 프로그램 담당교사의 사례관리 협의 • CARE 프로그램 운영 평가 및 반성 • 향후 CARE 프로그램 운영 계획 협의 및 보고회 준비

하여 실시하며, 여기서 결정된 사항들은 업무담당교사가 정리하여 두드림팀 각 담당자에게 피드백한다. 월별 사례협의회는 대상학생 중심으로 관련 팀원만 참석하여 소규모로 진행할 수 있다. 이때 프로그램 모니터링(예 : 적합성, 효과 평가 등)도 실시하여 프로그램 조정 등도 함께 협의한다.

다섯째, 지원 대상 학생별 통합 사례관리가 이루어져야 한다. 학습부진학생 지도와 관련하여 흔히 지적되는 문제점은 학습부진학생 지도 · 지원에 대한 관리와 기록이 제대로 이루어지지 않아, 체계적인 지도가 잘 이루어지지 않는다는 점이다. 부진학생의 학습 수준, 학습 진보, 강점/소질, 각종 평가 지표, 부진 원인 검사와 결과, 결과에 따른 처방 및 맞춤형 프로그램 지원, 학습이나 생활지도 안내, 학업 향상도 및 만족도 등을 총체적으로 작성하여 단순한 기록이 아닌 맞춤형 처

표 2-6 두드림학교 통합 사례관리 카드 예시

이 름		성별	□ 남 □ 여	담임교사			연락처		
소 속		학년		반	생년월일		년 월 일(만 세)		
보호자 (관계)		( )	연락처			본교 형제관계	학년 반 이름 ( )		
가족형태	□ 일반가정　　□ 한부모가정　　□ 재혼가정　　□ 조손가정 □ 친인척보호　　□ 다문화가정　　□ 탈북(북한이탈주민)가정 □ 시설보호(기관명: 　　　)　　□ 기타_____								
교육비 지원	□ 대상임(□ 기초생활수급　□ 차상위계층　□ 소득수준120% 이하) □ 대상 아님　　□ 기타 (　　　)								
지원받는 사업 (기초학력외)	□ 교육복지　　□ 돌봄　　　　□ 다문화 □ 탈북　　　　□ 방과후학교　□ 학생건강안전　□ 기타 (　　　)								
학습상담/ 치료경험	□ 없음　　　□ 있음 (　　　　　　　　　　　　)								

학습부진 수준 및 원인 진단	□ 학업성취도평가　　□ 교과학습진단평가　　□ 학교자체평가 □ 심리표준화검사　　□ 교사관찰 및 면담　　□ 기타 (　　)				
	검사도구	검사일	검사자 (검사기관)	검사결과	지원내용 반영사항
	기초학력검사(KISE-BATT)		특수교육 지원센터		3R's 학습지도
	학습저해 요인검사		학교 (꾸꾸사이트)		학습상담
	정서행동 발달 선별검사		학교(교육부)		Wee 센터 연계

학습부진 유형	□ 기초학습부진(□ 읽기영역　　□ 쓰기영역　　□ 셈하기영역)
	□ 교과학습부진(□ 국어　□ 수학　□ 사회　□ 과학　□ 영어)

학습부진 원인 (중복체크 가능)	학습/인지	□ 학습결손　□ 학습지진　□ 학습장애　□ 난독중 □ 기타 (　　)
	심리정서	□ 우울　□ 불안　□ 낮은 자존감　□ 자살충동 □ 기타 (　　)
	행동문제	□ ADHD　□ 주의산만　□ 강박행동　□ 폭력성 □ 약물남용　□ 게임중독　□ 기타 (　　)
	신체건강	□ 시력　□ 청력　□ 발달　□ 영양　□ 기타 (　　)
	학교생활	□ 학습의욕부재　□ 학교부적응　□ 친구문제 □ 이성문제　□ 교사와의 갈등　□ 진로·적성문제 □ 기타 (　　)
	가정생활	□ 부모와의 갈등　□ 가족 간 불화　□ 가정경제 □ 기타 (　　)
	주요 관찰/면담 내용 기술	
	학습/인지	
	심리정서	
	행동문제	
	학교생활	
	가정생활	

두드림 맞춤형 지원 결정 내용				
학교 내 지원	• 보정학습-담임교사 학력키움반 • 학습상담/코칭-순회상담, 보드게임(특수교사) • 방과후활동-토요스포츠클럽, 음악줄넘기 • 다문화-한글해득(이중언어강사) • 교육복지-모래놀이치료, 주말생태체험 • 영양/건강-영양코칭, 시력검사			
외부기관 연계	• 교육복지-지역아동센터 소개, OO대학교 병원 심리치료 연결 • 교육지원청 학습종합클리닉센터 연계 • 안경 맞춤 지원 등(두드림 예산지원)			
맞춤형 지원 세부 프로그램명				
프로그램명	두드림팀 담당자	시작일	종료일	결과/비고
보드게임	김OO 특수 교사			※ 자세한 내용은 프로그램 운영 회기록에 구체 적으로 기록
종합의견				

방 및 관리가 가능하도록 해야 한다. 대상학생의 사례관리는 업무담당자, 담임교사, 맞춤형 프로그램 운영 담당자별로 관리할 수 있다. 기초학력 부진학생의 학습활동 및 두드림팀 지원 활동 상황을 카드 형태로 체계적으로 기록하고 누적 관리함으로써 학년이 바뀌고 지도교사가 달라져도 지도의 연속성이 보장되도록 할 필요가 있다.

03 두드림학교 운영 현황 및 사례

두드림학교 운영 현황

두드림학교는 2014년 상반기에 시작된 정부의 기초학력 향상 지원 사업이다. 따라서 아직 운영 성과를 운운하기에는 시기상조라 할 수 있다. 2014년 10월 현재 초등학교 786개교, 중학교 338개교, 고등학교 42개교(경기도만 운영) 총 1,166개교가 운영되고 있다. 참여 학생 수는 전체 학생 수의 약 9.6%(57,631명)로 1개교당 평균 5.4개(최대 27개) 정도의 프로그램을 운영하고 있다.

두드림학교 사업이 현장에 어떻게 착근되고 있는지를 모니터링하는 차원에서 몇몇 학교를 컨설팅한 결과를 간략히 살펴보면 첫째, 학생 중심의 지원이라는 두드림학교의 운영 취지를 충분히 이해하고 추진하는 학교들도 있었지만, 두드림학교 사업을 기존의 교과학습 또는 프로그램 중심의 기초학력 향상 지원 사업 정도로 인식하고 추진하는 학교들도 있었다. 또한 두드림학교 사업을 기존의 시·도 교육청 기초학력 향상 지원 사업과 통합하여 운영하고자 하는 교육청들도 있었으나, 이 경우 해당학교 관리자를 비롯한 구성원이 두드림학교 사업의 운영 취지에 대한 충분한 공감과 이해가 없이 기존의 방식대로 운영하고자 하는 학교들도 있음을 확인할 수 있었다. 두드림학교는 개별 기초학력 부진학생의 맞춤형 지원을 위한 학교 구성원의 협력체제(또는 담임/교과 교사 책임분산제)를 전제하는 사업임에도 불구하고, 일부 학교에서는 여전히 업무담당자 1인과 외부 강사/외부 프로그램 의존적인 운영을 하고 있었으며, 유관사업 간 연계를 통한 시너지 효과 도모 및 중복 지원의 지양을 목적으로 추진되어야 하는데, 단순 개별 정책 사업으로 인지하고 유관사업과의 연계 없이 독립적으로 추진하는 학교도 있었다. 또한 두드림학교 예산과 유관사업 예산의 연계가 명확히 드러나게 예산편성 계획을 수립한 학교도 있었지만, 대다수의 학교는 두드림학교 예산만 가지고 독립적으로 예산편성 운영 계획을 수립하고 있었다. 마지막으로, 두드림학교는 단위학교 내 복합적인 어려움을 지닌 기초학력 부진학생을 선정하여 집중 지원하는 사업임에도 불구하고, 전체 학생 또는 모든 부진학생을 대상으로 하는 보편적인 지원을 도모하는 학교도 확인할 수 있었다. 이러한 접근은 일종의 두드림학교 확장으로 파악할 수 있는 긍정적 측면도 있지만, 지나친 확장은 두드림학교 사업의 목적을 회석할 수 있는 면도 없지 않다.

충분한 이해 없이 종전의 문제풀이 학습 위주의 학습부진학생 지도를 하는 사업 정도로 여기는 학교들에서 시행착오가 많이 나오고 있다. 반면에 기초학력 미달학생이 밀집한 학교들을 집중 지원하는 학력향상형 창의경영학교 사업을 이미 운영해 본 경험이 있는 학교들은 상대적으로 수월하게 두드림학교 사업, 즉 두드림팀을 구성하여 학생들을 함께 지원하는 다중지원 방식을 잘 운용하고 있었다.

두드림학교 운영 사례

아직 사업 시행 초기이지만, 두드림학교 사업 의도에 잘 부합되도록 운영하는 학교 사례 두 가지를 소개하면 다음과 같다.

제주 동남초등학교 사례[1]

제주 동남초등학교는 학력향상형 창의경영학교 사업을 성공적으로 운영한 경험이 있는 학교이다. 따라서 두드림학교가 표방하는 학생 중심 맞춤형 통합적 지원 방식을 별 어려움 없이 수용하여 실천하고 있었다.

동남초 두드림학교 운영 주제는 다중지원 프로그램 운영을 통한 기본 학습능력 신장으로서 학생의 복합적 학습부진 원인을 진단·분석하고, 부진 원인을 고려한 다중지원 프로그램 적용으로 학습부진학생의 기본 학습능력을 향상시키는 데 그 목적을 두고 있다.

두드림학교 운영의 추진 방향은 다음과 같이 설정되어 있다. 첫째, 전 직원이 다중적으로 지원해 주는 두드림팀을 구성하여 운영한다. 둘째, 진단평가에서 기초학력 미달 학생 및 경계선 학생 중 복합적 원인으로 어려움을 겪는 학습부진학생을 선정협의회를 거쳐 두드림 대상 학생으로 선정한다. 셋째, 복합적 부진 원인 파악을 위해 외부 전문가에게 의뢰하여 맞춤형 부진원인 검사를 실시한다. 넷째, 교육복지우선지원사업, 사랑의 끈 잇기, 돌봄 등 교내의 다양한 다른 사업과 연계하여 운영한다. 다섯째, 학부모와의 간담회, 학부모 연수, 그리고 프로그램 진행 상황 안내 등 가정과의 연계활동을 강화하고 사례관리 및 협의를 통한 학생 맞춤형 지원의 최적화를 도모하고 부진학생의

---

1) 제주 동남초 이정희 교사의 사례발표 자료를 참조하여 작성함.

이력관리를 위해 맞춤형 개인별 관리카드를 누가 기록하고 다음 학년도에 인계한다.

동남초 두드림팀은 교장·교감 선생님은 물론 특수교사, 학생상담사, 지역사회교육전문가, 돌봄교사, 영양교사 등 교내의 전문 인력이 참여하여 다중적으로 지원해 주는 두드림팀을 구성하고 각자의 역할을 담당하고 있다.

두드림팀 지원 대상학생은 두드림팀 전원이 참석하여 선정협의회를 개최하여 선정하고 있었다. 교과학습 진단평가 결과, 이전 학년도 평가 결과, 담임 의견, 상담을 통해 학부모가 제공한 자료 등을 토대로 특수 학생 2명을 포함하여 19명으로 선정하여 부모님 동의서를 받고 대상학생으로 확정하였다.

두드림 지원 대상으로 선정된 학생에 대해 가장 중요한 것은 학습부진의 원인 파악이었기 때문에 동남초에서는 좀 더 전문적인 맞춤형 진단을 하고자 교육복지우선지원사업과 연계하여 외부전문기관에 의뢰하여 진단하고 그 결과를 분석하여 학생 개개인에게 맞는 맞춤형 지원을 결정하였다.

BGT 심리검사, K-HTP 그림검사, KFD 동적가족화검사, SCT 문장완성검사, KISE-BATT 기초학력검사 5가지 검사를 실시하여 그 결과에 대한 분석 자료를 토대로 동남초 두드림팀은 함께 모여 두드림 학생들에게 필요한 활동은 무엇이며, 어떤 프로그램을 통해 학생들이 자신감도 얻고 학교생활도 즐겁게 하고 더 나아가 학력이 신장될 수 있을까 하는 고민을 하였으며, 두드림팀 교사들이 자진해서 여러 가지 프로그램을 맡겠다고 나서 주었다고 한다. 현재 여러 교사들이 역할을 나누어, 학습지원을 위해 담임이 학력향상튼튼이반을 운영하고, 그 밖에 학생 맞춤형 개별지도, 특수교사 학습지원, 사랑의 끈 잇기와 연결한 멘토교사 학습지원이 이루어지고 있다. 또한 심리적·정서적으로 힘든 부분을 치유하기 위해 정도가 심한 6명 학생은 외부전문기관에 의뢰하여 주 1회 관리하고 있고, 나머지 13명은 동남초 학생상담사, 특수교사가 상담코칭으로 심리적인 부분을 치유하고 있다.

이러한 학습지원 및 상담지원 외에도 학생들이 좋아하는 스포츠 활동은 체육 전담 및 스포츠 강사가, 교구학습은 1학년 담임교사 및 지역사회교육전문가가, 음악교실은 음악 전담이, 바둑교실은 교무가 맡아 운영하고 있다.

한 학생의 사례를 예시하면 다음과 같다. 이 학생은 4학년 여학생으로 K-HTP 그림검사 결과를 통해 무력감, 사회적 관계에서의 위축감, 불안감, 자신감 결여 등이 드러나 맞춤형 학습코칭을 처방하여 지원하였다. 또한 SCT 문장완성검사 결과 엄마와의 애착관계가 잘 형성되어 있지 않은 것이 확인되었고, 지적 능력에 대한 열등감이 있어 이를 보상하려는 욕구가 크며, 선생님에 대한 호감도 높은 것으로 나타났다. 이러한 결과에 기초하여 어머니와의 면담, 사랑의 끈잇기 활동을 통한 멘토 상담 등을 제공하였다. KISE-BAAT 기초학력검사에서는 학습을 잘하고 싶은 욕구는 매우 높지만 읽기 능력은 하위 3%에 해당하고, 수학 문제는 거의 풀지 못하였다. 이러한 결과에 대해 개인별 맞춤형 학습, 특수교사의 지원, 학생상담사를 통한 외부기관과의 연계 지원을 요청하였다.

동남초의 두드림팀 지원 학생에 대한 사례협의회는 월 1회 실시하는 것을 원칙으로 하나 협의를 해야 할 안건이 있을 경우에는 수시로 관련 두드림팀원이 참석하여 소규모로 진행하고 필요 시에는 두드림팀이 아닌 연계기관 담당자도 참석하여 협의할 계획을 가지고 있다.

대전 변동중학교 사례[2]

대전 변동중학교에서는 두드림학교에 선정되면서 학습에 대한 자신감을 잃은 학습부진학생들을 지원하기 위한 다중지원 방안을 마련하였다. 이들 학생들은 무기력한 학교생활을 영위하고 있는데, 학습부진 원인의 진단 및 극복에 필요한 시간과 경제적 여유 부족으로 학습부진의 상태가 지속되는 학생들이었다.

이러한 학생들은 복합적 원인으로 학습에 어려움을 겪고 있는데, 변동중학교에서는 학습부진학생의 기초학력 향상을 위한 체계적 지원, 학습전략 및 학습기술 지도를 통해 개인별 학습역량 강화 및 자기주도학습 능력 향상, 인지·정서·행동적 원인의 진단 및 분석을 통한 종합적 지원 및 맞춤형 서비스를 제공하고자 하였다.

진단평가 및 학업성취도 평가 결과에 기초하여 전교 589명 학생 중 120명을 1단계 지원 대상 학생으로 선정하여 자기 주도적 학습능력 신장 및 행복한 학교생활을 지원하고 있고, 집중적인 상담과 치료가 필요하다고 판단되는 학생에 대해서는 집중적인 학습코칭 및 상담, 치료 지원을 하고 있다.

변동중학교 두드림팀은 교장, 교감, 학력신장부장, 담임교사, 교과교사, 상담교사, 진로상담교사, 행정주무관으로 구성되어 있다. 두드림팀은 6개 지원단으로 역할을 구분하여 학생들의 요구와 필요에 맞는 맞춤형 지원을 제공하고 있는데, 담임지원단, 교과지원단, 행복지원단, 상담지원단, 진로지원단, 종합지원단이 이에 해당한다. 담임지원단은 학생 책임지도를 담당하고, 교과지원단은 교과학습 지도 및 상담, 행복지원단은 생활관리, 상담지원단은 집단상담 및 외부전문기

---

2) 대전 변동중학교 유은화 교사의 사례발표 자료를 참조하여 작성함.

관 연계, 진로지원단은 진로관련 안내 및 진로상담, 종합지원단은 대상 학생의 종합적 사례관리 및 상담을 담당한다. 지원 대상 학생의 요구와 특성을 고려하여 6개 지원단이 맞춤형 지원을 제공하고 있다.

04 / 나가기

두드림학교 사업은 2014년도에 처음 시작되었다. 따라서 성과를 운운하기에는 아직 이른 감이 없지 않다. 두드림학교가 성공적으로 운영되었을 때 기대할 수 있는 효과, 다시 말해 예상되는 성과를 몇 가지 제시하면 다음과 같다.

첫째, 대상 학생이 지니고 있는 복합적 요구에 대해 학교 구성원이 협력하여 통합적으로 지원하는 체제가 구현될 수 있을 것이다.

둘째, 기존의 개별 사업 중심의 지원 방식에서 탈피하여, 유관 업무와 사업 간의 연계·협력을 통해 학생 중심 서비스 체제가 안착될 수 있을 것이다.

셋째, 두드림팀 운영을 통해 학교의 다양한 구성원 간 협업이 활성화되고 일체감이 제고될 수 있을 것이다.

넷째, 학교-가정-지역 간의 형식적인 연계가 아닌 학생 지원이라는 공동 목적을 추구하는 실질적 연계가 가능할 것이다.

다섯째, 유관 사업들이 연계·협력하게 됨에 따라 정책사업 간, 업무담당자 간 소통이 활성화되고 양질의 통합서비스 제공이 가능할 것이다.

　이러한 효과 외에 무엇보다도 의미 있는 것은 아이들의 얼굴에 웃음을 찾아 주는 일일 것이다. 하루 종일 침묵으로 일관하던 아이가 담임교사에게 말을 건네며 미소를 짓고, 더 이상 무기력에 빠져 있지 않고 무엇인가를 스스로 해 보려 하며, 자신만의 꿈을 찾고, 꿈을 꾸게 되는 일 그것이 바로 두드림학교 운영이 추구하는 궁극적인 목적이다.

　내년에도 두드림학교를 계속 운영하고 싶으시냐는 질문에 "그렇다"고 긍정적인 답을 준 교사들의 말을 인용하며 이 글을 마무리 짓고자 한다.

　　"(왜 계속 운영하고자 하십니까?) 모든 교사가 학습부진에 관심을 가지고 한 명의 아이도 소외됨이 없이 통합적으로 지원할 수 있기 때문입니다. 우리 학교의 학교생활에 적응하지 못하는 학생들이 모여 있다 보니 정서적·경제적 어려움을 겪는 아이들이 많아서 모든 교사가 과 동아리 형식으로 멘토 학생과 함께 학생 개인의 가정환경 상황 등을 살피고 각종 다면적 능력검사, EDPI 애니어그램, NEO 성격검사표, 유형별 학습법 진단검사와 같은 다양한 진단 도구를 통해 학생의 다양한 학습 성향과 정서적인 문제 등을 파악하고 있습니다. 두드림학교 지원과 운영은 교육복지 측면에서 아래로부터의 교육을 실천할 수 있는 가장 바람직한 방법이고, 지속적으로 모든 학교에서 관심을 가지고 실천하며 교육의 본질을 지켜나갈 수 있는 원동력이 되어야 한다고 생각합니다."

　　"두드림학교 사업 이전에는 일반 학생들을 위한 사업을 했는데 두드림학교 사업을 통하여 학습부진 학생, 행동발달에 문제가 있는 학생들을 위해 사업을 하게 되었다. 예를 들어, 방과후 학교나 다문화 학생 지원, 정서행동발달 장애학생들의 지도를 좀 더 학생의 수요 중심으로 접근할 수 있었고, 그동안 30여 명의 학급단위로 학생지도가 이루어지던 것이 필요에 따라 3~5명, 또는 10명 단위의 소규모로 지원할 수 있었다. 무엇보다도 그동안 성적이 우수하거나 품행이 방정한 학생에게 집중되었던 관심을 학업과 학교생활에 어려움을 겪고 있는 학생들에게로 돌리게 되는 계기를 제공할 수 있었다."

제03장

배움의 공동체

– 장곡중학교 사례를 중심으로 –

박현숙(장곡중학교 교사)

'배움의 공동체'는 일본의 사토 마나부 교수가 일본의 학교를 개혁하기 위한 비전으로 제시한 학교개혁의 상(像)이다. 일본 아이들이 배움에서 도망가면서 학교를 거부하고, 일본의 많은 학교가 부등교 학생 때문에 골치를 앓고 있을 때 사토 마나부 교수는 수업을 중심으로 한 학교개혁을 주창하였다. 문부성 중심의 학교개혁이 아닌 교육학자의 학교개혁이 일선 교사들의 호응을 얻어 실질적으로 일본 전체 학교의 10%가 넘는 학교가 수업을 중심으로 학교를 개혁하게 되었다.

우리나라에서는 사토 마나부 교수의 제자인 손우정 교수가 배움의 공동체를 일본에서 들여와 10여 년 동안 수업을 개혁하려 노력하였다. 그러나 공립인 시범학교에서 시범 기간 동안만 이를 수업에서 실시하였다. 이후 대안학교인 이우학교나 간디학교 등에서 배움의 공동체를 수업에서 진행하였지만, 일반적인 학교가 아니라는 점에서 학교개혁의 비전으로 우리나라에 뿌리내리기는 어려웠다.

그러다 경기도의 김상곤 교육감이 혁신학교 정책을 시행하면서 '배움의 공동체'가 공립학교에서 학교개혁의 비전으로 급속도로 파급되었다. 그 첫 학교가 바로 장곡중학교이며, 장곡중학교를 시작으로 배움의 공동체는 학교를 혁신하는 좋은 방법의 하나로 각급 학교에서 받아들이게 되었다.

01 '배움의 공동체' 도입 배경

혁신학교를 가장 먼저 정책적으로 시작한 경기도의 혁신학교 모델
은 남한산초등학교였다. 남한산초등학교는 '작은 학교운동'과 함께
시골의 작은 초등학교를 개혁한 사례로 한국 교육사에서 중요한 위치
를 차지한다. 남한산초등학교의 모델을 보면서 김상곤 교육감의 혁신
학교 정책이 나왔다.

이 정책이 나왔을 때 초등학교로는 남한산초등학교의 개혁 성공 사
례가 있었지만, 중등학교의 경우 개혁 성공 사례가 없었다. 그래서 김
상곤 교육감 초기에는 중등학교 혁신의 모델로 이우학교를 제시하기
도 했지만, 이우학교가 가지는 특수성(사립, 학생선발, 교사선발, 학교규
모, 학교운영방침, 건학이념 등)이 일반적인 중등학교의 혁신 모델로서
는 많은 사람을 공감시킬 수 없었다.

그때 장곡중학교에서 배움의 공동체로 학교를 혁신하기 시작했고,
그 효과가 널리 알려지면서 배움의 공동체는 학교혁신의 한 가지 방
법으로서 진보 교육감이 추진하는 혁신학교에 보급되기 시작하였다.
또한 혁신학교가 아닌 학교들도 수업을 개혁하고자 하는 학교와 교
사들의 호응을 받게 되어 배움의 공동체는 손우정 교수가 10여 년 동
안 혼자 고군분투하던 양상을 벗어나 전국적으로 빠른 속도로 퍼져
나갔다.

장곡중학교는 왜 혁신학교를 만들기 위해 배움의 공동체를 도입하
였을까? 일단 이 물음에 대답하기 전에 '왜 학교를 혁신하고 싶었을
까?' 하는 질문에 답을 하는 것이 우선이라고 생각한다. 장곡중학교는

왜 학교를 혁신하고 싶었을까?

장곡중학교 교사들은 '학교란 무엇인가?'에 대해 깊은 고민을 하였다. 그리고 당시 장곡중학교를 비롯하여 현재 우리나라의 학교가 '학교'인가라고 물어보았다. 그 물음에 대해 '그렇다'라고 답할 수 있을까? 조금이라도 양심이 있는 교사라면 선뜻 '그렇다'고 답할 수 없었다. 왜냐하면 무릇 학교라면 한 인간이 그 사회의 구성원으로 살아갈 수 있도록 삶의 방식과 생각의 방식, 그리고 한 사회에서 상식으로 통하는 인지적 지식과 그 사회를 살아갈 수 있는 역량을 키워 주는 곳이기 때문이다. 그런데 현재 우리나라의 학교가 그런 기능을 하고 있느냐고 묻는다면 선선히 '그렇다'고 답할 교사는 거의 없을 것이다. 2009년 당시 장곡중학교 교사들도 '그렇다'라고 답하지 못했다. 그래서 혁신학교를 만들고 싶어 했다.

과거 몇 년 동안 학교는 제대로 된 교육을 하지 못해 학생과 학부모에게 만족을 안겨 주지 못했다. 사교육기관을 찾는 사람들의 수는 나날이 늘어 갔다. 학생의 인성교육조차 이루어지지 않고 있었다. 학생이 상급학교에 진학하거나 사회에 나갔을 때 학교에서 배운 내용을 큰 어려움 없이 적용하고 문제를 해결하는 능력을 키우는 것이 교육의 목표이다. 그런데 현재의 학교에서는 오직 입학시험을 위한 주입식 수업만 이루어졌고, 학생들도 입시문제에 겨우겨우 대처하고 있었다.

수업조차도 학생과 학부모에게 만족을 주지 못했다. 이런 반성과 성찰이 이어지면서 혁신학교의 방향이 잡혔다. 학교는 교육 전체를 담당하는 역할을 분명히 하되, 미래를 살아갈 학생들이 사회에서 요구하는 재능을 학교에서 준비하고 체험하도록 한다는 것이었다. 배우는 즐거움으로도 학교 다니는 것이 즐겁고, 교사를 만나는 것이 친구를 만나는 것처럼 행복한 학교가 바로 혁신학교이다. 좀 더 구체적으로는 학교다운 학교, 배움이 있는 학교, 학생 자치력을 키우는 학교, 돌봄이 있는 학교, 친구가 있고 교사가 있어 즐거운 학교를 만들어서 공교육의 본질을 이룩하는 것이 바로 우리가 꿈꾸던 학교이다.

그 중심에는 수업이 있어야 한다. 그런데 지금까지 우리나라 학교 문화의 속성상 교사의 수업에 대해 다른 교사가 이래라저래라 하고 간섭할 수 없었다. 다른 교사의 수업을 간섭하는 것은 교권침해라는 사고가 팽배해 있었다. 그런데 학교에서 수업을 가지고 말을 하지 않는다면, 그것은 가장 중요한 업무를 방기하고 있는 것과 같은 것이다.

그래서 배움의 공동체를 도입하였다. 배움의 공동체에서는 수업공개와 연구회를 일상화하여 교사가 수업의 전문가가 되도록 노력하자고 하였다. 한 사람의 학생도 수업에서 소외되지 않게 교사가 돌보고, 지원하는 수업을 하자고 하였다. 질 높은 수업으로 모두의 수월성을 성취할 수 있도록 수업을 설계하고 진행해야 했다. 그러려면 학교가 배움의 공동체로 바뀌어야 한다는 것이다.

배움의 공동체로서의 학교란 학생들이 서로 배우고 성장할 뿐만 아니라 교사들도 교육의 전문가로서 함께 배우면서 서로 성장하고 부모와 시민도 배우면서 성장하는 장소로서의 학교이다(佐藤学/손우정 역, 2011: 183).

교육의 3주체로 교사, 학생, 학부모를 이야기하는데 '배움의 공동체'는 학교가 소속된 '마을'을 이야기하고 있었고, 마을 단위의 배움과 성장의 장소로서 학교를 이야기하고 있었다. 그것은 지금 경기도 교육감 이재정의 핵심 공약인 마을교육공동체보다 앞선 깨달음이었다. 학교의 교육이 정상화되기 위해서는 교사의 노력도 중요하지만, 학부모와 지역의 이해와 협력이 없이는 불가능하다. 그런데 학부모와 지역을 학교의 교육활동에 끌어들이기는 쉽지 않다. 학교를 통해 학부모와 지역이 배우고 성장한다면 그것은 평생교육기관으로서의 학교이며, 학교의 개혁을 촉진하고 유지시킬 수 있게 하는 힘이 된다. 그것은 배움의 공동체가 학교개혁의 비전으로 적합하기 때문이다.

02 / 학교를 개혁하기 위한 노력

배움의 공동체는 학교를 수업을 중심으로 모두가 협력하여 배우는 공간으로 만들자는 학교개혁의 슬로건이다. 교사 개인이 "나는 수업을 잘하니까 그 대열에서 빠지겠다."고 하는 순간 교사 공동체는 무너지기 때문에 배움의 공동체를 구축할 수 없다. 공동체 구축과 공동체의 회복을 통한 학교개혁이기에 그 중심이 되는 수업혁신도 구성원 모두가 함께해야 한다.

모든 교사의 수업혁신

수업혁신은 특정한 교사가 수업의 방식을 바꾸는 것을 의미하는 것이 아니다. 또한 수업이란 것은 교사 혼자서는 결코 바꿀 수 없다. 교사가 혼자 수업방식을 바꾼다 하더라고 수업 자체가 변화되지 않기 때문에 교사가 그런 변화를 지속하지 못한다. 수업방식을 바꾸려면 학교에 있는 교사들이 함께해야 한다. 그리고 교사들의 전체 수업이 바뀌려면 학교체제도 거기에 맞춰 재구성되어야 한다.

교사 중심 수업에서 바람직한 학생의 태도는 바른 자세로 앉아서 교사의 말을 충실히 듣고 중요한 것을 메모하고, 교사가 칠판에 적는 것을 놓치지 않고 바로바로 적는 것이다. 그런데 이런 태도를 6교시 이상 요구받는다는 데 학생의 고통이 있다. 학생은 기본적으로 끊임없이 움직이고 활동하는 존재인데, 조용히 앉아서 교사가 하는 질문에만 대답하는 수업에서 학생이 받게 되는 억압은 생각보다 더 크고 그것은 학업 스트레스의 원인이기도 하다. 이렇게 스트레스가 쌓인 학생은 활동 위주의 수업에서 억압된 욕구를 분출하게 되고, 그것이 교사에게는 수업이 난장판이 되는 것으로 보인다. 열심히 준비한 교사와 그 수업시간에 스트레스를 해소하는 학생 사이의 현실적인 갈등이 결과적으로 활동 중심, 배움 중심의 수업을 지속하지 못하게 만든다. 그런데 안타깝게도 문제는 여기에 그치지 않는다.

위의 경우를 초인적인 노력으로 참고 인내하며 수업을 이끌었다 할지라도, 시험문제를 출제하는 과정에서 교사는 커다란 좌절을 경험한다. 교과서를 충실하게 가르친 교사는 당연히 교과서 중심으로 아주 세세한 부분까지 시험문제로 출제할 수 있다. 그런데 활동 중심, 배움 중심으로 학생을 가르친 교사는 수업을 설계하면서 학습목표 중심, 대단원 중심으로 활동을 만들고, 학생은 그것을 탐구하고 해결하면서 원리를 이해하는 학습과정을 거치게 된다. 그렇기 때문에 교사는 교과서에 있는 지문을 그대로 인용하기보다는 교과서 이외의 지문을 이용하기도 하고, 교과서 활동보다 더 어려운 문제를 시험으로 낸다.

이렇게 두 교사가 서로 다른 수업방식을 적용한 결과를 평가하는 시험문제를 출제할 때 두 교사는 충돌을 겪게 된다. 교과서 중심으로 수업을 진행한 교사는 "가르치지도 않은 것을 시험에 내면 어떻게 하느냐?"는 불만을 갖게 되고, 활동 중심으로 교과서를 재구성해서 수업을 진행한 교사는 "이렇게 지엽적이고 학습목표와는 상관없는 것을 시험에 내면 어떻게 하느냐?"는 불만을 갖게 된다. 이러한 갈등이 발생하게 되면, 활동 중심으로 교과서를 재구성해 수업을 진행한 교사가 더 큰 어려움을 겪는다(이처럼 한 명의 교사가 혼자서 자신이 맡고 있는 교과 수업을 바꾸려는 시도는 실패를 피할 수 없다. 학교에서 학생을 가르치고 있는 교사가 모두 함께 노력을 해야만 실제 수업의 변화가 가능하다).

수업공개와 연구회

교사의 가장 중요하고도 본질적인 일은 수업에서 학생의 배움을 돕는 것이다. 교사가 학생과 함께 만들어 가는 수업은 학교의 가장 공적인 활동이다. 공적인 활동은 공적인 자리에서 논의되어야 하며, 그런 논의를 통해서 발전적인 방향으로 나아간다. 공공의 영역에 있는 공공의 사안은 사회 공동체를 이루는 모든 사람에게 공개되는 것이 원칙이므로 수업은 수업에 방해가 되지 않는다는 전제하에서 동료 교사는 물론이고 학부모, 지역 주민 등에게 모두 공개되어야 한다.

그런데 아이러니하게도 교사의 가장 공적인 영역인 수업은 가장 폐쇄적이고, 가장 개인적이며, 공적인 자리에서 진지하게 논의되지 않고, 한 판의 쇼처럼 형식적인 논의로 진행되었다. 또한 교사의 수업에 대한 논의는 해서는 안 되는 금기 영역으로 여겨졌다. 학교의 문화가 그런 풍토였기에 교사가 되고 수십 년이 흘러도 수업에서 아이들의 배움에 도움을 주는 능력은 크게 성장하지 않았으며, 수업은 공유되지 않고, 수업의 발전 방향도 모색되지 않는 이상한 체제가 우리나라 각급 학교에 공고히 자리 잡고 있다.

교사 개인이 수업을 자신의 것이라고 생각하는 순간, 수업은 지극히 사적인 영역이 되어 버린다. 그러나 수업은 엄밀히 말해 공적인 영역의 것이다. 또한 수업에서 생기는 여러 가지 문제 전부를 교사가 혼자서 해결할 수는 없다. 수업에 관한 문제는 학교라는 공동체와 학교를 둘러싸고 있는 지역공동체 속에서 자라나는 학생 전체에 관한 문제이기 때문에, 이를 함께 공유하고 모두가 함께 해결방안을 모색해야 한다. 그것은 바로 수업공개를 통해서 가능하다.

수업에 대한 교사의 고민은 수업에서만 해결될 수 있다. 내가 막막하다고 느꼈던 부분을 다른 교사는 어떻게 해결하는지 보고 배울 수 있다. 내가 다른 교사에게 도움이 되는 반대의 경우도 마찬가지이다. 수업을 함께 관찰하고 연구하면서 각자가 가지고 있던 문제를 함께 발견하고 함께 노력하면서 발전해 나가는 것이다. 교사들이 함께 수업을 관찰하고 연구하면서 수업의 구체적인 사례를 통해 교사라면 누구나 부닥치게 되는 문제에 대해 함께 공유하고 해결방안을 모색한다.

그런데 기존의 수업공개와 연구회는 교사가 수업에서 겪는 어려움을 함께 공유하고 함께 해결방안을 모색하는 자리가 되지 못했다. 오히려 그런 자리를 통해 교사가 수업공개와 연구회를 부담스럽게 생각하게 되는 좋지 않은 기억을 남기는 경우가 많았다.

2009년 장곡중학교가 지금의 배움의 공동체 방식으로 바꾸기 전에 작성했던 자율장학 추진계획서를 보면, 당시 수업공개와 연구회의 분위기를 읽을 수 있다. 장곡중학교의 2009년 자율장학 추진계획서는 지금도 여전히 많은 학교에서 실시하고 있는 계획서와 아주 유사하다. 그 당시 자율장학의 목적을 살펴보면, "교내 자율장학을 통하여 교직 전문성을 향상시킴으로써 학부모의 올바른 교육관을 정립하고 학교에 대한 신뢰 풍토를 조성한다."라고 되어 있다. 여기에 따른 운영방침은 "장학은 교수-학습방법의 개선에 중점을 둔다."라고 되어 있다. 목적과 운영방침에서 명시한 것을 꼼꼼하게 살펴보면 결국 수업공개와 연구회는 "교사가 학생을 잘 가르치도록 수업기술을 향상시켜 학부모가 학교의 수업에 대해 신뢰할 수 있도록 하자."는 것이다.

　여기서는 학생 한 명 한 명이 실제로 어떻게 교과 지식을 이해하고 배우는 과정에 참여하는지, 그 모습과 특징은 무엇인지에 대한 관심은 전혀 찾아볼 수 없다. 교사의 수업기술 향상이 목적이기 때문에 이것은 교사 개인능력에 대한 평가가 될 수밖에 없다. 공개수업을 모든 교사가 함께 관찰하고 각자가 관찰하고 느낀 것을 수업연구회에서 함께 나누어 모든 교사가 수업에 대해 성찰하고 발전시킬 수 있는 방법을 논의하는 것이 아니라, 수업기술, 언어, 복장, 성량 등에 관한 교사 개인의 능력을 점수로 매기는 것이 연구회의 주된 논의인 것이다. 그렇기 때문에 수업공개를 준비하는 교사는 점수를 잘 받기 위해 최대한 보여 주기식 수업을 준비하고, 참관자는 점수를 주기 위해 수업을 보게 된다. 이런 실정에서 수업의 목적과 운영방침을 "학교 교과과정 운영과 교원의 전문성 신장을 위해 자율장학에 힘써 다음의 목적을 실현시키고자 한다."고 아무리 그럴듯하게 표현해도 결과적으로 그런 목적을 달성하기 어렵다.

　그러나 수업은 모든 학생이 배우는 장이어야 한다. 실력이 다른 학생들이 모여 서로 협력하고 주어진 과제를 해결하는 과정에서 참다운 배움이 일어나고, 그 배움은 학생을 더욱 성장하게 만든다. 또한 수업 속에서 학생과 교사가 서로 협력하고 소통하며 함께 수업을 만들어 가는 경험은 학생이 장차 미래를 살아갈 때 공동체의 일원으로 갖추어야 할 능력을 만들어 준다. 이런 능력을 수업에서 키워야 한다.

　그렇기 때문에 교사 한 사람이 수업을 얼마나 잘하는지, 지도안을 얼마나 잘 작성했는지, 발문을 얼마나 정확하게 했는지를 가지고 점수를 매길 것이 아니다. 학생들이 얼마나 잘 협력하고 있는지, 교사는 학생들을 어떻게 지원하고 있는지, 교실의 분위기가 부드러워서 학생들이 안심하고 수업에 참여할 수 있는지, 수업에 참여하지 못하는 학생은 없는지, 그런 학생은 학교가 어떻게 지원해야 하는지를 관찰하는 것이 수업공개여야 하고, 거기서 관찰한 결과를 가지고 논의하고, 더 나은 수업이 이루어지도록 고민하고 연구하는 장이 수업연구회가 되어야 한다.

2012년 장곡중학교의 자율장학 추진계획 운영목표를 보면, "동료애를 바탕으로 한 장학을 통해 전반적인 수업의 질을 높이고 교실이 배움이 일어나는 공동체로서 학습과 생활지도가 동시에 이루어지는 체제를 확립한다."로 되어 있다. 수업의 목적이 서로 다르다. 교사의 수업기술을 향상시키기 위함이 아니라 교실에서 배움이 일어나는 공동체를 만들기 위해 학습과 생활지도가 동시에 이루어지는 체제를 확립하되 동료애를 바탕으로 수업공개와 연구회를 하겠다고 명시되어 있다. 이런 목표를 갖고 있기 때문에 동료의 수업을 보고 점수를 매기지 않는다. 점수를 매기지 않기에 수업공개와 연구회가 형식적이지 않다. 형식적인 수업공개와 협의회 속에서는 교사가 수업의 전문가로 성장하기 어렵다. 의사가 수술하는 장면을 동료 의사가 함께 보고 수술 후에 함께 연구하는 가운데서 더욱더 전문인으로 성장하듯 교사도 공개된 수업 속에서 함께 보고, 함께 연구하면서 함께 성찰할 때 모두의 전문성이 성장하는 것이다.

수업혁신을 지원하는 학교체제

혁신학교 성공을 위해 수업이 아닌 다른 프로그램, 예를 들면 방과후 프로그램이나 새로운 시설 및 기자재를 도입하는 것은 부수적인 업무를 더 많이 파생시킨다. 물론, 다른 프로그램이나 사업이 요구되기는 하지만, 가장 중요한 것은 교사의 수업준비를 지원하고 이를 위한 학교운영이 우선시되도록 예산, 조직, 행정을 배치하는 것이다.

수업을 바꾸기 위해서 교사에게만 수업을 바꿀 것을 요구해서는 안 된다. 왜냐하면 수업을 바꾸려면 학교의 여러 가지 체제가 바뀌어야 하기 때문이다. 사토 마나부 교수는 "수업이 바뀌면 학교가 바뀐다."고 했지만, 교사의 입장에서는 수업이 바뀌려면 학교가 바뀌어야 한다고 생각한다. 학교체제가 바뀌지 않고서는 수업을 바꿀 수가 없다. 수업을 바꾸기 위해서는 교과서를 교과서대로 가르칠 수 없으며, 이것은 교과서를 재구성해야 한다는 이야기이다. 그리고 교과서를 재구성하기 위해서는 교사에게 교과서를 제대로 연구할 시간이 필요하다. 또한 혼자 하는 연구보다는 같은 학년에 들어가는 같은 과목 교사가 함께 연구하는 데서 더 좋은 수업설계를 기대할 수 있다. 그렇기 때문에 수업혁신을 하려는 학교라면 교사의 행정업무 부담을 덜어 주어야 한다. 교재연구를 위해 교사에게 행정업무를 경감시켜 주는 것이 필요하다.

지금은 경기도의 전체 학교에 행정업무 전담 실무사가 배치되어 있다. 2011년 12월 경기도 교육청에서 교원업무 경감을 위한 비용을 각 학교로 내려 보냈기 때문이다. 그래서 2012년 3월부터 각급학교에는 두 명의 행정업무 전담 실무사가 배치되게 되었다.

장곡중학교에서는 교무행정 업무는 교감이 총괄하는데, 교무행정을 중심으로 교무행정업무전담팀과 교육활동지원팀을 구성하여 고유의 업무인 공문 처리와 교수-학습 지원업무를 한다. 또한 부장 교사와 비담임 교사 중심으로 교무행정업무전담팀에서 할 수 없는 교무행정업무를 처리하고, 학교체제를 학년 중심 체제로 하여 교수-학습활동이 중심이 되도록 하고 있다. 또한 모든 공문의 결재와 행정업무는 각 부서별로 교무행정업무전담팀에서 업무를 분담하여 운영하는데,

경기도 교육청의 전결 규정을 준수하여 결재도 간소화하였다.

03 직면한 어려움과 극복과정

'배움의 공동체'로서 학교를 만들든, 아니면 다른 비전으로 학교를 만들든 학교를 새로이 재구조화(혁신)하는 데 성공했느냐 그렇지 못했느냐에 대한 기준은 수업이라고 생각한다. 학교혁신을 한다는 것은 기존의 강의식 수업을 바꾼다는 의미이다. 그런데 학교혁신에서 가장 어려운 것이 교사의 수업을 바꾸는 것이고, 바꾼 수업을 해가 바뀌어도 그대로 유지하는 것이다. 그것이 실패냐 성공이냐를 판가름하는 잣대이다.

교육 주체에 대한 연수

많은 교사가 수업을 바꾸려고 수많은 연수를 다닌다. 그런데 그렇게 연수를 받고 돌아와서는 일주일을 버티지 못하고 다시 기존의 수업으로 돌아가는 경우가 비일비재했다. 그 이유는 무엇일까? 많은 이유가 있겠지만, 일차적으로는 모든 교사가 함께하지 않는다는 것이다.

그 다음으로는 수업이 교사와 학생의 협력으로 이루어지는 것임을 알면서도 연수를 교사만 받는다는 것이다. 수업을 바꾸려면 교사도 수업에 대한 연수를 받아야 하지만, 학생도 연수를 받아야 수업이 더욱 자연스럽게 바꾸어진다.

교사가 어떤 연수를 받고 왔다면 학생에게도 그 수업에 참여하는 방법을 상세하게 일러 주고 함께 수업을 만들어 가야 한다. 그런데 지금까지 학생에게 수업에 참여하는 방법에 대해 연수를 시키는 학교가 없었다. 우리가 수업을 혁신하는 과정에 참여하면서 그동안 많은 학교가 학생에게 수업에 참여하는 법을 단 한 번도 가르쳐 준 적이 없다는 사실을 깨닫고는 몹시 놀랐다. 그것은 다른 학교도 마찬가지이며, 아직도 수업을 혁신하고자 하는 학교들에서 학생들이 수업시간에 떠들면서 모둠 활동을 하지 않고 다른 이야기만 한다고 호소하면서 범하는 오류이다.

장곡중학교에서는 배움의 공동체 수업을 하면서 교사 대상 연수와 함께 학생에게도 연수를 실시했다. 당시 장곡중학교의 컨설턴트였던 손우정 교수가 학생연수를 제안하였고, 그에 따라 연수를 실시하였는데 아무도 그런 연수를 해 본 경험이 없었기 때문에 손우정 교수가 직접 학생 대상으로 연수를 했다.

학년 전체를 다목적실에 모아 놓고 하기 때문에 연수가 별로 효과가 없는 것일 줄 알면서도 어쩔 수 없는 선택이었다. 그렇지만 어떤 일을 추진할 때 일의 시작 초기를 어떻게 접근하느냐에 따라 일의 결과가 상당한 차이가 나는 것이므로 연수 효과에 의미를 두는 것보다 학생들에게 연수를 한다는 사실 자체에 집중하기로 했다.

손우정 교수는 혁신학교란 무엇인가에 대해서, 그리고 혁신학교의 수업은 일반 학교와 다르다는 것을 학생들에게 전달하려고 애썼다. 배움의 공동체에 대한 설명도 했고, 배움이 무엇인지, 경청과 배움이 어떤 관계에 있는지에 대해서도 설명했다.

학생연수는 지금까지도 이어지고 있는데, 연수를 하는 방법이나 사용하는 자료나 학생에게 배부되는 활동지가 해마다 다르다. 해를 거듭

할수록 학생연수에 대한 노하우가 쌓여 더 정교해지고 있으며, 연수 일수도 늘어나는 추세이다. 이렇게 달라진 이유는 전 해에 실시했던 연수의 효과를 검증하는 과정에서 부족한 부분을 보완하기 때문이다.

수업을 바꾸는 것이 이렇게 교사와 학생만 함께 노력하면 되는 것으로 생각하기 쉽지만, 의외로 많은 혁신학교가 수업을 바꾸면서 학부모에게 항의를 받았다는 이야기를 들었다. 우리도 초창기에 이 부분에 상당히 신경을 썼다. 학생연수를 마치고 2010년 첫 해에 학부모를 대상으로 수업혁신에 대한, 특히 배움의 공동체에 대한 연수를 세 번이나 진행했다. 그 후에도 학부모총회, 간담회, 아버지회 등 학부모와의 만남이 있을 때마다 배움의 공동체 수업에 대해 연수를 진행한다. 그러나 여전히 일부 학부모는 이 수업에 대해 회의를 표시한다. 자신이 받아 왔던 교수법만 아는 학부모로서는 학생 중심, 배움 중심의 수업을 이해할 수 없는 것이 당연할 것이다. 그렇기 때문에 학부모에 대한 연수가 더 중요하다. 어쨌든 학부모는 학생을 교육하는 데 가장 강력한 파트너이자 주도자이다.

수업혁신의 유지와 정착

수업을 혁신하는 것은 어렵지 않다. 정작 어려운 것은 혁신한 수업을 유지하는 것이며, 그 학교의 수업문화로 정착시키는 것이 마지막 단계이다. 그렇게 되기 위해서는 교사의 수업공개가 자연스럽게 이루어져야 한다. 교사가 수업을 공개하는 것은 정말 쉽지 않다. 교실 속 수업에서 교사가 제왕처럼 군림하지만 어느 누구도 관여하지 않았던 학교의 문화를 한순간에 바꿀 수는 없을 것이다. 이러한 상황에서 관리자가 앞장서서 수업을 바꾸는 데 열정을 쏟는 것은 가장 위험하다. 수업을 하지 않는 관리자가 수업을 하는 교사의 수업에 개입하는 순간, 교사는 항거한다. 절대로 교실 문을 열려고 하지 않는다.

수업의 변화는 관리자가 아닌 교사가 앞장서야 한다. 그리고 앞장 선 사람이 먼저 수업을 열어야 한다. 특히, 부장이 앞장서서 수업을 열어야 나머지 교사들도 저항 없이 수업을 열게 된다. 부장 중에서도 수업을 열었을 때 교사들에게 가장 설득력이 있는 부장은 교무부장이 라고 생각한다. 일반적으로 학교에서 관리자 다음으로 권위를 가지고 있으면서 학교의 업무를 총괄하고 학교에 대해 교사들 중에서 가장 큰 책임을 가지고 있는 교무부장이 앞장서서 수업을 열었을 때, 교사 들은 자신도 반드시 수업공개를 해야 하는 것으로 받아들인다. 가장 바쁘고 연륜도 많은 교무부장이 수업을 열었는데 어느 교사가 열지 못한다는 말인가 하는 인식이 교사들 사이에 퍼져 나가기 시작한다.

가장 기억에 남는 학교가 강원도의 거진중학교이다. 강원도 교육청 은 혁신학교와 같은 의미로 행복플러스학교를 지정하고 있는데, 행복 플러스학교로 지정된 거진중학교 교무부장은 가장 먼저 수업을 공개 하였다. 교무부장이 수업을 공개하는 경우는 그전까지 본 적도 들은 적도 없던 일이었다. 이렇게 교무부장이 수업을 공개하자 나머지 교사 들도 자연스럽게 수업공개를 하게 되었고, 2년 정도가 되자 학교가 배 움의 공동체로 정착이 되었다. "우리 학교는 교사들이 수업공개를 하 려고 하지 않아 힘들다."라고 말로만 하는 경우와 교무부장이 직접 수 업을 제일 먼저 공개하는 경우는 비교가 되지 않는다. 말은 사람을 감 동시키지 못하지만 실천은 보는 사람을 움직이게 하는 마력이 있다.

전문적 학습공동체 구축

앞서 반복해서 이야기했지만 수업은 하루아침에 정착되는 것도 아 니고 정착되었다고 끝이 나는 것도 아니다. 특히 공립학교에서는 해마다 교사의 전출과 유입이 있기 때문에 수업을 유지하기가 더욱 어렵다. 어쩌면 유지하는 일보다 정착시키는 것이 더 쉬울 수 있다. 오로지 수업혁신이라는 목표를 향해 전체 교사가 나아가면 되기 때문이다. 그러나 정착된 수업을 유지하는 것이 밑 빠진 독에 물을 붓는 것 같은 느낌이 든다. 전입해 온 교사들에게도 수업은 큰 고민거리이다. 새로운 학교에 적응하는 것이 얼마나 큰 스트레스인지는 누구나 짐작할 수 있다. 이와 동시에 배움 중심 수업도 익혀야 하니 이중의 부담을 느끼게 된다. 새로운 환경에 적응하는 어려움 위에 늘 하던 수업을 버리고 생소한 수업을 해야 한다는 부담은 혁신학교에 대한 반감을 더욱 더 부채질하기도 한다. 새로운 사람들이 혁신학교에 반감을 가지면 기존에 혁신을 반대하던 사람들과 동조하게 되고 이러한 분위기의 흐름이 열심히 만들어 놓은 수업혁신을 후퇴시키기도 한다.

이런 일이 일어나는 것을 방지하려면 학교가 가진 체계적인 연수 체제와 비공식적인 연구회 활동이 동시에 작동되어야 한다. 학교는 새로 온 교사가 수업에 적응할 수 있도록 전체적으로 연수를 실시하면서 동시에 개인적인 수업 멘토링을 해야 한다. 전체 연수는 학교 실정에 따라 실시하면 되겠지만, 장곡중학교의 경우에는 2월 말에 30시간 직무연수를 개설하였다. 직무연수는 학교에 있는 전체 교사와 전입 오는 전체 교사가 함께 연간 교과과정을 짜고 이해하는 것을 주요 내용으로 하였다.

이런 일이 2013년 2월에 시작되었다. 그동안 신규 교사의 유입에 따라 학교수업이 흔들리고 학교운영의 철학이 공유되지 않는 데에서 오는 불협화음을 극복하기 위해 여러 가지 방법을 시도하던 끝에, 학년말 방학에 직무연수를 개설하는 것이 해결책으로 결정되었다. 전입 교사에게 새로운 학교의 연수를 받으라고 하는 것은 사실 무리가 있다. 해당 학교에서도 2월 말일까지는 그 학교에 속한 교사인데 다른 학교에서 연수를 받으러 오라고 하면 불쾌하게 생각될 수도 있다. 그런데 의외로 직무연수를 개설하고 나니 해당 교사나 학교에서 크게 불쾌해하지 않았고, 부르는 학교 입장에서도 미안함을 덜 수 있었다.

이렇게 전입 교사와 기존의 교사가 모여 5일 동안 교과과정을 함께 만들고 공유하게 되었다. 이 과정에서 새로운 교사들이 혁신학교를 이해하고, 기존의 교사들과도 친분을 쌓은 상태에서 새학기를 시작하게 되었다. 이렇게 되자 학교가 훨씬 빨리 안정되고, 혁신으로 마음을 모을 수 있었다.

그 후로는 수업공개와 연구회, 학년협의회, 교과협의회를 매달 열면서 수업혁신이 유지된다. 그렇지만 학교의 수업수준을 점점 더 높이려면 비공식적인 연구회가 함께 가동되어야 한다. 공식적인 수업공개와 연구회로는 한계가 있다. 모두가 수준이 비슷한 교사들이 모여 수업연구회를 하다 보면 더 이상 연구회에서 배울 게 없어진다. 그렇게 되면 교사는 수업공개와 연구회를 거부하게 된다. 더 이상 배울 게 없는, 계속 반복되는 학생 이야기와 수업 이야기를 더 할 필요가 없다고 생각하게 된다.

수업공개와 연구회는 축제여야 한다. 한 사람의 교사가 동료 교사들의 수업연구를 위해 수업공개를 준비하면서 자신도 수업에 대해 깊이 고민하고 성찰하게 되며, 이러한 계기를 통해 성장이 이루어진다. 그렇게 준비한 수업을 보면서 동료 교사들은 공개한 교사의 고민과 성찰을 마주하게 되고, 자신의 수업을 다시 반성하고 성찰하게 된다. 수업자의 수업에 대한 고민과 성찰을 수업의 장면 속에서 찾아내고 적극적으로 의미부여를 하는 것은 수업을 참관한 동료 교사들이다. 그렇기 때문에 교사들 중에는 그런 눈을 가진 교사가 있어야 한다. 그

것이 비공식적인 연구회의 역할이다.

장곡중학교에는 교사들이 자발적으로 만들어 운영하는 여러 가지 모임이 있다. 수업 보기 모임, 혁신연구회, 자율연수와 직무연수 등을 통해 인근 학교와 다른 지역의 교사도 함께 와서 배울 수 있는 기회를 제공하여 자립할 수 있도록 충분히 돕고 있다. 또한 6년째 독서토론을 진행하고 있다. 한 달에 1~2번, 책 1권을 선정하여 읽고 함께 이야기를 나눈다. 책은 교사들의 생각, 전문성, 철학적 깊이를 고려하여 선택한다. 그리고 읽은 후에 함께 의견을 나눈다. 교사의 성장은 결과적으로 수업의 깊이로 나타난다. 교사가 공부하지 않으면 수업도 성장하지 않고, 학교의 발전도 없다는 것이 우리가 독서토론을 통해 깨달은 것이다.

이와 더불어 매월 3번째 주 토요일 오전 10시부터 오후 1시까지는 장곡중학교 도서실에서 수업 보기 모임도 개최하고 있다. 4년째 지속된 이 모임에는 장곡중학교 교사뿐 아니라 인근의 옹곡중학교를 비롯하여 안산과 안양, 멀리서는 양평에서도 교사들이 온다. 좋은 수업을 동영상으로 본 후 함께 연구를 한다. 이 연구회를 통해 교사들은 수업에 대한 안목을 기르고 수업비평 방법을 배운다. 이런 과정을 진행하다 보면 이 모든 과정에 참여하는 교사가 있는데, 이런 교사는 1년이 지나면 수업 컨설턴트로 활동할 수 있는 능력도 가지게 된다.

교사 개인에 대한 지원도 학교 체제로 정착이 되었다. 전입 온 교사의 경우, 수석교사가 그의 수업을 보고 컨설팅을 한다. 그리고 기존 교사의 교과 수업을 함께 보고 연구회도 한다. 수석교사는 전입 교사가 배움 중심 수업을 할 때까지 활동지 제작은 물론 수업을 세세하게 보고 컨설팅하는 지원을 아끼지 않는다.

또한 학교 전체 수업의 질을 관리하기 위해 수석교사가 한 달에 2번

정도 전체 교실을 참관하고, 학년협의회를 통해 컨설팅을 한다. 이때 수업에 잘 참여하지 못하는 학생이 발견되면 학생 상담과 더불어 학부모 상담을 한다. 이것은 각 학년의 학습참가 지원 연수체제와 맞물려 있으며, 이를 통해서도 진전이 보이지 않는 경우 교감, 교장과 학부모, 학생의 면담이 있다. 장곡중학교의 이런 체제는 학생에게는 '우리 학교는 수업에 참여하지 않으면 절대 안 된다'는 인식을 심어 준다. 그래서 전입생들이 매우 당황스러워하기도 한다. 학생이 멍하게 있는 것을 교사가 바로 알아차리고 와서 돌보아주기 때문이다. 일반 학교에서는 전혀 배우지 않는 학생이 있어도 교사가 모르고 지나치는데, 이 학교는 그렇지 않다는 것과 자신을 제외한 모든 학생이 몰입해서 책을 읽고 있다는 사실을 깨닫는 순간, 전입생이 큰 충격을 받는 것을 여러 번 보았다. 수업의 혁신을 정착·유지시키는 학내체제가 그만큼 중요하다. 그 체제가 제대로 돌아갈 때 학생도 교사도 배움이라는 교육의 본질에서 소외되지 않는다.

04 학교혁신의 과제

많은 교사가 묻는 질문 중에는 묘하게 반복되는 문항이 있다.

"교육청의 지원이 끝난 후에도 혁신학교가 계속될 것이라고 생각합니까?"

"함께 혁신을 이끌었던 선생님들이 다 빠져나가도 학교가 계속 지금처럼 유지될까요?"

"혁신학교가 지속적으로 성공하기 위한 방안을 가지고 있습니까?"

이런 질문을 받을 때마다 중압감과 책임감을 느낀다. 그렇지만 모든 문제에는 해답이 있다고 생각하고 답을 찾으려고 노력하고 있다. 이때 할 수 있는 가장 간단한 답은, 전국의 모든 교사가 학교를 바꾸면 모든 학교는 변할 수밖에 없다는 것이다. 이것이 지속가능한, 가장 확실한 방안이다. 혁신학교에 희망을 갖는 이유도 장기적으로 그렇게 될 것이라는 데 있다.

그러나 장기적으로 가는 과정에서 4년 동안 이루어 놓은 장곡중학교의 혁신을 혁신학교 지정이 끝난 다음에도 지속하려면 어떻게 해야 하는가에 대한 대답은 지금쯤 가지고 있어야 한다고 생각한다.

학교혁신 전문가로서의 교사 성장

교사를 교사로서 남게 하는 것은 스스로 성장하고 있다는 느낌이다. 교사는 승진보다 수업 속에서, 학교에서 스스로가 전문가임을 느낄 때 교사로서 가장 큰 보람을 느끼고 정체성에 대한 확신을 갖는다. 교사는 공공성의 수업철학을 가지고 수업을 보는 사람이며, 민주시민으로서 학생을 길러내는 사람이자 수업을 설계하고 진행하는 전문가이기도 하고, 공교육이 추구하는 교육의 목표 달성을 위해 학부모와 연대 사업도 펼치면서 궁극적으로 학교교육을 개혁하는 종합적인 교육의 전문가를 의미한다. 어떤 이론이나 전문지식을 전달하는 대학교수와는 다른 실천적인 전문가여야 한다.

그러기 위해서는 가장 기본이 되는 교사로서의 역할을 재정립해야 한다. 교사는 수업을 통해 일방적으로 학생을 가르치는 사람이 아니라 학생의 가능성을 이끌어 내는 조력자로서, 학생이 교사의 가르침에 의해 수동적으로 알아가게 하는 것이 아니라 스스로 과제를 해결하는 학습을 할 수 있도록 방향을 제시해 주고 그 과정에서 어려움에 부딪혔을 때 해결할 수 있도록 도와주는 일에 능수능란한 사람이어야 한다. 그 과정을 통해 교사는 수업에서 학생과 서로 협력하며 성장할 수 있어야 한다.

교사는 학생을 일방적으로 가르쳐야 할 대상이 아닌, 함께 성장하는 대상으로 인식하는 것이 중요하다. 학생 한 사람 한 사람을 인격의 대상으로 보고 좋은 관계를 맺으려고 최선을 다하는 것이 필요하다. 모든 사람의 존재 가치를 인정하고 그에 알맞게 한 사람 한 사람을 대하면서 수업을 만들어 가야 한다. 학생을 대상화하지 않고, 교실 안에 있는 모든 학생을 하나하나의 존재로 인정해야 하며, 학생을 교사와 똑같은 존재로 보는 인식도 필요하다.

끊임없는 수업연구를 통해 학생이 가지고 있는 것에서 최대한 끌어낼 수 있는 수업을 설계하고 수업에서 이끌어 내는 것, 학생이 수업 속에서 스스로 배우고 있는 기쁨을 느끼게 하는 것, 교실이 가장 편안한 공간으로 자리 잡아 어떤 이야기도 할 수 있고 그 이야기를 귀담아 들어주는 교사가 있는 곳, 그래서 신뢰를 배우고 내가 어려울 때 누군가에게 기댈 수 있고 그 기댐에서 스스로 일어설 수 있게 되는 곳이 교실이자 학교여야 한다. 그러는 과정에서 교사는 끊임없이 학생을 지원하고 격려하면서 학생이 스스로 일어서서 사회에 나갈 수 있도록 수업을 만드는 수업 전문가로서의 역할 전환이 필요하다.

또한 학부모와의 연대 사업에서 교사는 학생의 배움을 위해 서로 협력할 수 있도록 여러 가지 방법을 고안해 낼 줄 아는 사람이어야 한다. 그를 위해 필요하다면 학부모 아카데미도 기획하고, 학부모와 협력하는 수업도 만들어야 한다. 학생의 폭 넓은 경험을 위해 노작 활동도 교과과정 속에서 만들어 내면서 학교에 근무하는 교사로 학교 상황을 판단하여 거기에 맞게 학부모 협력 사업을 만들어 낼 수 있어야 한다.

결과적으로, 현재 자신이 근무하는 학교를 최적의 교육환경과 체제를 갖춘 곳으로 만들 줄 아는 교육개혁가로서의 교사이자 그것을 실천할 수 있는 교사, 이 지점이 교사로서의 성장이 이루어지는 지점이다. 이 부분에 대한 해답은 교사와 더불어 지역과 학부모가 가지고 있다. 이때 교사와 지역의 역할이 명확하게 구분된다.

지역과 함께하는 마을교육공동체

교사는 학교를 바꿀 수는 있지만 지켜낼 수는 없다. 특히 관리자가 생각이 다른 사람으로 바뀐다거나, 4년에 한 번씩 다른 학교로 발령이 나는 공립학교의 교사라면 더 그렇다. 이런 이유 때문에 학교를 지켜야 한다.

지역에 이름난 명문학교가 하나 있다고 가정해 보자. 이때 학교는 지역을 살리는 역할을 하게 된다. 명문학교에 들어오기 위해 다른 지역에서 이사를 오기도 하고, 좋은 학교를 찾아 다른 지역으로 나가던 사람들이 자신의 지역에 정착한다. 이것은 지역의 경제를 발전시키며, 지역 주민의 삶을 윤택하게 하고 질 높은 삶을 영위하게 한다.

이것은 혁신학교인 보평초등학교나 조현초등학교, 남한산초등학교, 구름산초등학교 등에서 먼저 경험한 일이다. 그리고 언론에도 혁신학교 주변의 집값이 오르고 있다고 보도된 바 있다. 그렇다면 지역의 주민은 누구인가? 바로 학부모이다. 학부모가 학교체제를 잘 알고 있어야 학교를 지킬 수 있으며, 이를 알기 위해서는 학교의 교육활동 참여를 확대하여야 한다.

흔히 교육의 3주체를 '학생, 교사, 학부모'라고 하지만 실제 학교 현장에서 학부모는 설 자리가 없다. 설령 있다 하더라도 물질적인 지원과 학교를 위한 봉사활동 정도의 역할만 할 뿐이다. 그 때문에 학부모는 어떤 일에도 적극적으로 나설 수 없게 되고, 교사와 좋은 관계도 만들 수 없다. 이런 상황은 학부모를 주눅 들게 만들어 학교는 아주 불편한 장소가 된다.

교육이란 지역과 학교가 학생을 키워 내는 일이다. 수업을 바꾸고, 학교를 바꾸고, 교육철학을 바꾸고, 학교운영을 바꾸기 위해서는 학부모의 이해와 협력이 없이는 불가능하다. 이런 시도가 김상곤 교육감 시절에 시도되었고, 일정 부분 성과가 이루어졌다. 그것이 혁신교육지구 사업이다.

경기도에는 경기도 교육청과 지자체(시청)가 MOU를 체결하여 지정한 혁신교육지구가 2017년 현재 12개 있다. 바로 안양, 시흥, 광명, 구리, 오산, 의정부 등인데, 이 지구 지정 사업은 2011년에 시작되었다. 혁신교육지구를 도 교육청에서 지정할 당시 "경기도 교육청이 생긴 이래 이렇게 많은 지자체에서 교육청을 방문한 적이 없었다."는 말이 들릴 정도로 뜨거운 관심을 받은 사업이다.

실제로도 경기도의 25개 교육지원청 중 16개의 교육지원청에서 사업지원서를 제출할 정도로 지역의 관심이 집중되었다. 이들 지구에서는 지구에 소속된 학교를 혁신하기 위해 지자체와 지역 교육청, 도 교육청이 협력하여 학교혁신 사업을 벌인다. 시흥시에서는 23개의 학교가 혁신교육지구로 지정을 받아 학교혁신 사업이 펼쳐지고 있다.

혁신교육지구 안의 학교에는 행정업무 전담 실무사, 상담사, 독서지도사, 수업보조교사가 지원된다. 특히 행정업무 전담 실무사는 교사가 하고 있는 행정업무를 도맡아 하는 사람으로, 교사가 수업에 집중하고 학생을 더욱 가까이 돌볼 수 있는 환경을 만든다. 또한 교사의 역량을 키우기 위해 수업 컨설팅 및 교사 연수를 지원한다.

또한 학교별 특색사업과 체험학습, 초등 계절학기 사업이 진행될 수 있도록 각종 사업비가 지원된다. 이런 사업을 통해 시흥혁신교육지구 내의 학교들은 각 학교마다 특색 있고 창의적인 교과과정을 만들어 진행한다.

학생생활과 자치활동, 학생 동아리 활동과 방과후 교육활동까지, 학교에서 평소에 하고 싶어도 경제적인 이유 때문에 할 수 없었던 많은 사업이 혁신교육지구 사업비로 진행되고 있다. 물론 초기에는 시행착오도 있었다. 사업 초기에는 혁신교육지구에 대한 이해가 부족해서 지원금을 방과후 교육활동 지원에만 사용한다거나, 창의적인 교육활동에 사용해야 할 지원금을 체험학습 나가는 버스 대여료와 입장료로 사용하면서 예산을 낭비하기도 하였다. 그러나 교육지원청의 지속적인 연수와 홍보를 통해 지금은 혁신교육지구의 학교들은 실질적으로 학교를 바꾸고 있다. 지정받아서 학교를 혁신하겠다는 열정이 우러난 것이라고 생각한다. 초등학교의 경우 계절학기 사업을 통해 여름에 학생들이 오카리나를 배워 연주하기도 하고, 수영을 배워 바닷가에서 가족들에게 수영 실력을 뽐내기도 한다.

그리고 수업 컨설팅을 통해 혁신교육지구 내 학교들이 교사 중심의 수업에서 벗어나 배움 중심의 수업으로 전환하고 있다. 혁신학교와 더불어 혁신교육지구는 단지 1개 학교의 변화가 아닌 지구 내 학교 전체의 변화를 통해 한 지역의 교육을 혁신하는 좀 더 통 큰 혁신이라고 할 수 있다. 지금은 혁신교육지구 사업을 이어 받아 시청과 교육청이 협력하여 그야말로 '마을교육공동체'를 만들고자 시도하고 있다.

05 학교혁신의 의의

장곡중학교에 대한 책은 현재 3권이 나와 있다. 『교사는 수업으로 성장한다』, 『희망의 학교를 꿈꾸다』, 『어! 교육과정? 아하! 교육과정 재구성』. 이 3권의 책 제목만 보아도 장곡중학교의 한국 교육사적인 의미가 읽히지 않을까 한다.

지금까지 교육개혁이나 교육정책이 성공하지 못한 가장 큰 이유는 교사를 움직이지 못하였기 때문이다. 아무리 좋은 정책이 만들어져도 그것을 실질적으로 교실에서 펼치는 사람이 움직이지 않으면 그것은 서류로만 존재하게 된다.

그런데 배움의 공동체로서의 장곡중학교 학교개혁은 성공이라 일컬어지고 있고, 이것을 지속하고 일반화하는 것이 과제가 되었다.

수업이 바뀌니 학교가 바뀌고 개혁이 되고 교과과정까지 재구성 되었다. 그리고 그동안 학교에 절망했던 수많은 교사와 학부모와 교육청 관계자가 장곡중학교의 사례를 배우기 위하여 1년에 2천 명 이상이 방문을 하여 배워 가고 있으며, 장곡중학교의 교사들은 학교혁신과 수업혁신을 전국적으로 전파하기 위해 수백 번 강의를 나가고 있다.

현직 교사가 학교에서 깨달은 것을 가지고 전국으로 강의를 나가면서 수업의 전문가, 학교 혁신의 전문가로 자리매김한 예를 일찍이 한국 교육사에서 본 적이 없다. 또한 수업을 통해 교사가 반성적 실천가로 나선 경우도 드문 예이다. 이제 우리나라에서 학교가 전문적 학습 공동체로 구축되고 학교 전체가 학습을 하는, 세계에서도 보기 드문 예가 발견되고 있다. 최근 한국교육개발원에서 연구하고 있는 교원의 시간 이용 연구에서도 장곡중학교 교사들의 시간 이용의 예는 세계에서도 보기 드문 전문성이라는 통계가 발견된다고 한다.

교육부의 정책이 아닌 교사의 자발성으로 교사의 성장이 학교 안에서, 학교 안의 학습조직을 통해 일어나고, 그것이 학교를 개혁하고 전국의 학교개혁의 흐름을 만들어 가고 있는 사례야말로 한국교육사의 큰 획이 아닌가 생각된다.

제 04 장

소통과 협력으로 민주적인 학교문화 만들기

−강명초등학교 사례를 중심으로−

이부영(강명초등학교 교사)

우리나라에 '혁신학교'라는 이름의 교육정책이 본격적으로 시행된 것은 2010년의 일이다. 이름부터 친근하게 다가오지 않는 '혁신학교'. 혁신학교 정책이 처음 도입되면서 사람들이 가장 먼저 묻는 말이, 그동안 학교에서 숱하게 많이 보아 온 '연구시범학교'와 무엇이 어떻게 다르냐는 것이었다. 사람들이 이렇게 묻는 것은 그동안 경험한 '연구시범학교'에 대한 좋지 않은 인식 때문이다. 학교 안팎에서 혁신학교에 대해 먼저 거부감을 느끼게 되는 것은 또 다른 이름의 관 주도 연구시범학교가 아니냐는 의심 때문이 아닐까 싶다. 6개 시·도에서 시작하여 이후 13개 시·도가 혁신학교 정책을 이어가고 있는 시점에서도 여전히 혁신학교와 연구시범학교를 혼동하는 사람들이 많다.[1]

본교가 서울형 혁신학교 지정기간인 4년 동안 깨달은 바로, 혁신학교가 연구시범학교와 크게 다른 중요한 요소 두 가지를 꼽아 보면, 첫째는 민주적인 소통과 협력적인 학교문화이고, 둘째는 수업의 혁신이다. 학교는 학생들의 교육을 위해 존재하기 때문에 민주적인 소통과 협력적인 학교문화도 결국 학생들의 교육을 제대로 하기 위한 것이다. 따라서 혁신학교에서 가장 중요한 종착점은 '수업'이다. 결국 연구시범학교와 혁신학교를 가장 쉽게 구별하는 방법은 '학생들을 위한 수업을 어떻게 운영하고 있는가'로 보면 된다. 이 장에서는 서울형 혁신학교 4년을 지낸 본교가 그동안 혁신학교를 만들면서 교육과정과 수업혁신을 위해 노력해 온 과정을 통해 앞으로 혁신학교를 시작하는 학교는 물론 일반 학교에서도 '배움과 삶이 만나는 혁신교육'에 대한 방향을 잡는 데 필요한 논의를 함께 시작해 보고자 한다.

---

1) 혁신학교를 잘못 알고 하는 말 중 하나가 "돈만 주면 우리도 할 수 있다."는 말이다. 이것은 지원금으로 프로그램을 많이 운영하는 학교를 혁신학교로 보고 있기 때문이다.

교육의 본질을 회복하는 학교

혁신학교 운영 초기에 학부모들에게 가장 많은 질문을 받은 것이 "혁신학교가 뭐예요?", "혁신학교는 일반학교와 어떻게 달라요?" 하는 것이다. 한 학기가 끝날 때쯤 되면 학부모들의 질문이 달라지는데, 그것은 다음과 같다. "혁신학교는 공부 안 해요?" "혁신학교는 시험 안 봐요?" "혁신학교는 상을 왜 안 줘요?" "혁신학교는 왜 경쟁을 안 해요?" "혁신학교 나오고도 대학 갈 수 있나요?" 이런 질문에 이어서 "우리 애가 실험대상입니까?"와 같은 공격적인 질문도 쏟아진다. 이런 질문들은 우리 학교만이 아니라, 전국의 모든 혁신학교에서 볼 수 있는 공통된 현상이다. 거꾸로 말하면 혁신학교를 시작하고 학부모들 한테서 위와 같은 질문들이 쏟아지면 그 혁신학교는 바로 가고 있다고 보면 된다.

서울형 혁신학교 매뉴얼 연구 작업과 혁신학교 준비에 참여한 필자도 처음에는 이런 물음에 어떻게 간단히 대답해야 할지 고민이 되었다. 혁신학교를 4년 운영하고 난 지금, 우리는 "혁신학교가 무엇이냐?"는 물음에 다음과 같이 대답한다.

"학생의 삶을 중심에 두고 교육을 하는 학교입니다."

"교육에 대해 끊임없이 고민하고 질문하는 학교입니다."

"교육의 본질을 회복하는 학교입니다."

혁신학교는 그동안 해 온 교육을 성찰하고, 학생의 삶을 중심에 두고 학생을 위한 가치 있는 교육을 하기 위해 교사, 학부모, 지역이 함께 끊임없이 고민하고 질문하는 학교이다. 그래서 '아니'라고 생각되는 것은 없애고 바꾸고 새롭게 하는 학교이다. 결국 혁신학교는 교육의 기본으로 돌아가는 '교육의 본질 회복'이 목표이다.

무엇을 어떻게 하는 것이 '학생의 삶을 중심에 두는 가치 있는 교육'인지에 대해 서로 다른 생각을 꺼내 놓고 함께 머리를 맞대고 고민하고 논의하는 과정에서 학생뿐만 아니라, 교사도 학부모도 함께 성장하게 된다. 4년이 지나고 난 지금 본교 교사들은 4년 전보다 학생과 교육과 세상을 보는 관점이 많이 달라졌고, 많이 깨닫고 성장했다고 이야기하고 있다. 개인적 경험으로 볼 때도 혁신학교에 오기 전 29년 동안의 교직경력보다 혁신학교 교사로 지낸 지난 4년의 학교생활 경험이 가장 의미와 보람이 있었고, 살아온 50여 년의 세월보다 지난 4년 동안이 가장 많이 깨지고 배우고 성장한 시기였음을 고백하지 않을 수 없다.

민주적인 학교문화의 정착

혁신학교로 지정되고 지원금도 받았으니 뭔가 남들에게 보여 줄 수 있는 눈에 띄는 '성과'를 생각하지 않을 수 없게 되는데, 그러다 보니 먼저 다른 학교에서 진행한 '교육 프로그램'에 관심이 갈 수밖에 없다.

본교도 처음 혁신학교를 시작할 때 앞서 간 다양한 학교의 사례를 보고 연구하고 먼저 실천한 교사들의 이야기를 듣고, 직접 학교를 찾아가 보기도 했다. 다른 학교 것을 살펴보는 것, 이것은 혁신학교마다 초기의 수순으로 꼭 필요하다.

이때 조심해야 할 점은 다른 학교 것을 그대로 가져와서는 안 된다는 것이다. 왜냐하면 그 학교와 자연조건이나 지역상황이나 학교가 처해 있는 조건, 교사들의 역량이 각기 다르기 때문이다. 그것도 교장이나 몇몇 교사의 주도에 의해 일방적으로 프로그램을 들여오는 것은 최악 중에서도 최악이다. 들여오더라도 전체 교사와 충분한 논의를 거쳐서 그 학교 사정에 알맞게 바꾸어서 적용해야 한다.

아무리 훌륭한 교육활동이라고 소문이 난 것이라도 관리자 한 사람이나 몇 사람의 생각에 의해서 일방적으로 들여와서는 안 된다. 이런 일을 충분한 논의 없이 하게 되면 "귤이 해수를 지나면 탱자가 된다."는 말처럼 다른 학교, 다른 나라에서 좋다는 교육도 결국 '나쁜' 교육이 되고 만다. 또 충분한 이해 없이 남의 것을 쓰다 보면 서로 다른 생각으로 교직원들 사이에 불신이 쌓이게 되어 좋은 교육을 지속할 수 없게 된다. 실패했다는 학교들을 보면 내세우기 위한 '성과'를 위해 좋다는 새로운 프로그램을 많이 들여와서 진행하기에 급급했던 경우가 많다.

그동안 혁신학교들이 걸어온 길을 보면, 혁신학교가 성공하는 데는 좋은 교육 프로그램의 실시가 중요한 것이 아니라는 결론을 얻게 된다. 그보다 더 중요한 것은 학교문화를 '민주적인 학교와 교사문화'로 바꾸어 내는 것이다. 본교에서 초기에 다른 학교 사례들을 관심 있게 살펴보면서 깨닫고 가장 먼저 앞세운 것이 '민주적인 학교'였다. 지난 4년 동안 본교가 가장 중점적으로 온힘을 다해 공들여 온 것이 바로 민주적인 학교운영 체제의 정착이었다. 본교가 혁신학교로서 가장 기본에 두어야 하는 것을 민주적인 학교 운영이라고 본 것은 '민주주의'야 말로 모든 교육과 삶의 근본이기 때문이다.

그 결과 본교는 누구 한 사람의 생각으로 움직이거나 일방적인 지시와 전달이 없고 모든 것이 협의로 운영되며, 한 번 결정된 사안이라고 해도 한 사람이라도 이의를 제기하면 다시 논의해서 바꿀 수 있는 민주적인 절차로 운영되고 있다. 또 결과나 성과보다는 만들어 가는 과정에 의미를 두고 있다. 전체 교사가 모여서 충분히 논의하고 협의하다 보면 '집단지성'의 힘으로 개인의 생각보다 늘 좋은 의견으로 결정이 되곤 했다.

본교 교직원들은 일시적인 지원금으로 마련된 학교의 모습은 진정한 혁신학교가 가야 할 길이 아니라고 보고, 새로운 일을 벌이는 것보다 서울형 혁신학교의 철학을 바탕으로 기존의 비교육적이고 비민주적인 학교 운영체제를 바꾸자는 데 뜻을 모았다. 실제로 지난 4년 동안 기존 학교에 많이 존재하는 불필요한 체제를 없애고 새롭게 바꾸었으며, 지금도 계속 바꾸어 가고 있는 중이다.

그러나 그동안 학교가 관리자의 지시 전달을 수동적으로 따르는 체제로 운영되어 왔기 때문에 모든 문제 하나하나를 다 협의하고 결정해서 진행하는 것이 만만치 않아 처음에는 누구나 좌충우돌하고 시행착오도 겪는다. 그러나 서로 다른 의견을 조정하는 과정에서 본교 교사들은 참으로 많은 것을 배웠다고 말하고 있다. 서로 다른 사람들이 모여 힘든 협의과정을 경험하면서 학생을 바라보는 관점이 달라지고, 수업이 저절로 개선되었다고 하기도 한다. 또한 민주적인 교사회의에서 배운 태도가 가족과의 관계를 개선하는 데 도움이 되었다고 고백하기도 한다.

혁신학교가 가야 할 주된 핵심이 '민주적인 학교운영'이라는 것은 우리 학교만의 생각이 아니다. 학생의 삶에 가치 있는 교육을 오래 지속하고 있는 학교들이 공통적으로 갖고 있는 점이다.

본교가 민주적인 학교문화를 만들기 위해 4년 동안 가장 공을 들인 것이 바로 '교사회'이다. 소통하고 협력하는 학교문화를 만들기 위해서는 서로 다른 입장과 관점을 가진 전체 교직원의 뜻을 모으고 조정하고 조율하는 것이 필요한데, 그 장치가 바로 '교사회'이다. 본교는 그 어떤 것도 교사회를 거치지 않고 진행되는 것이 없다. 교사회뿐만 아니라, 다양한 소통과 협력 방법을 활용해 왔고, 지금도 더 나은 방법을 고민 중이다. 교사들이 모여서 다양한 의견을 주고받다 보면 저절로 '집단지성'의 힘으로 학생 교육에 더 가치 있는 내용과 방안이 생겨나게 된다.

'교사회'를 중심으로 학교와 교사문화가 바뀌어 가니 교실 수업은 저절로 바뀌는 것을 경험하게 되었다. 왜냐하면 수업은 기술과 방법보다 관계와 상호작용이 중요하기 때문이다.[2] 소통과 협력을 통한 학교와 교사문화의 변화는 학생과 학부모의 관계를 회복시키고, 결국 수업이 달라져 교육의 본질을 회복하는 학교로 자리매김하게 된다고 본다. 그동안 본교 교사들이 지켜온 가치를 정리해 보면 다음과 같다.

- 민주적인 방법과 절차 지키기
- 지시와 전달의 방법 대신 논의를 통한 합의로 운영하기
- 전례대로가 아닌 '왜?'를 묻기
- 주인으로 살면서, 남의 것을 그대로 갖다 쓰지 않기
- 새로 만들기보다 '비민주적인 것', '비교육적인 것'부터 덜어 내고 바꾸기
- 특색교육을 따로 만들지 않고 일상의 기본 교육에 충실하기
- 상부기관에서 시키는 대로 하는 것이 아닌, 더 좋은 교육정책으로 바꾸어 내는 데 노력하기
- 혁신학교만이 아닌 일반학교에서도 적용 가능한 학교운영

---

2) 최근 '수업이 바뀌면 학교가 바뀐다'는 말을 많이 쓰는데, 이 말에 동의를 하지만, 경험으로 볼 때 본교는 반대로 '학교가 바뀌면 수업이 바뀐다'는 말을 더 많이 앞세우고 있다.

새로 만들기보다 없애기와 바꾸기부터

혁신학교가 일반학교보다 새로운 일거리를 많이 만들어서 하기 때문에 힘들 것이라는 생각을 많이 갖고 있는 것이 사실이다. 그래서 본교 교사들이 처음부터 다짐한 것이 새로운 일거리를 만드는 대신에 수업시간에 수업에 전념할 수 있는 교육과정을 운영하자는 것이었다. 교육과정을 파행운영하게 된 각종 원인을 없애고 그동안 경험했던 비교육적인 것을 없애는 것을, 새로운 프로그램을 만들어서 하는 일보다 우선순위에 두었다. 또 별도의 특색 있는 교육활동을 하지 않기로 했다. 혁신학교는 특정한 '특색교육'만을 하는 학교가 아니라, 학교 운영 전반을 통합적으로 바꾸어 내는 학교이기 때문이다.

다음에 제시하는 내용은 본교에서 없애고 바꾸고 새롭게 한 것으로, 고정적으로 진행하는 것도 있지만 경우에 따라서는 새로운 제안이나 문제점이 발생할 때마다 교사회에서 논의를 통해 계속 보완해 가고 바꾸어 가는 것도 있다.

없앤 것

교훈, 교목, 교화, 행사를 위한 행사, 각종 대회와 시상제도, 보상제도, 각종 인증제, 경시대회, 교관에게 맡겨서 하는 수련회, 학교업체에 맡겨서 운영하는 수학여행, 스티커 제도, 일제고사, 전교어린이회 임원, 학급 임원, 형식적인 전교어린이회와 임원수련회, 독서장과 생활본, 청소년 단체, 강요된 아침자습, 월요방송조회, 간부회의, 부장회의, 강제, 지시와 전달, 직원종례, 개교기념 식수, 개교기념 비석, 학교 안팎에 써 붙이는 교육주의가 만연한 글귀들, '환경미화'라는 것, 영어 단어와 어려운 한자말, ….

바꾸거나 새롭게 한 것

계절별 4학기제, 봄가을에 짧은 계절방학, 80분 블록수업 운영, 30분 노는 시간, 60분 점심시간, 업무 중심의 관례적인 학교교육과정 운영계획, 책을 꼭 필요한 내용 중심으로 과감히 줄여서 구성하기, 업무 중심의 학교교육과정 운영계획 구성방법을 사람과 철학 중심으로, 행정업무 전담팀을 구성하여 6업무부장이 담임을 맡지 않고 교과전담을 맡아서 12시간의 수업을 하면서 교무행정업무를 처리하고 담임교사는 수업과 생활교육에만 전념하기, 신규교사가 학교에 적응하는 1년 동안 업무를 맡기지 않기, 학년 중심의 교육과정 설명회.

스스로 내용을 구성해 가는 '강명배움공책' 사용, 지시와 전달 중심의 '직원종례'에서 논의와 토론으로 교육철학을 공유하는 '강명교사회', 학생들이 학생들의 이야기를 나누는 실질적인 학생 자치활동인 학교학년학급 다모임 '강명어린이회', 학부모들 스스로 꾸리고 참여하는 '강명학부모회'와 '학부모 동아리', 학부모가 주체가 되어 여는 학부모총회, 전체 교원이 참여하는 계절학기별 네 번의 교육과정 평가회, 학기별 학년교육과정 운영결과를 모든 교사와 나누는 '학년교육과정운영 결과 보고회-수업나눔', 새로운 평가방법연구(결과 중심보다는 과정 중심과 활동 중심으로, 서열과 점수보다는 특징관찰 중심으로), 새롭고 다양한 통지(계절학기별 네 번의 평가통지, 봄가을에는 직접 상담통지), 교육과정 재구성하기(주기집중수업, 활동과 체험 중심의 교과통합수업, 주제통합수업, 프로젝트수업), 교사들의 연구공동체 운영(동학년 단위 협력수업을 위한 수업협의회, 교사학습동아리 상시 운영), 기능 익히기 중심이 아닌 감성을 깨우는 문화예술교육(목공·조소·수공예·창의음악, 네 번의 발표회, 연극제, 음악회), 3학년 수영교육, 6학년 자전거 안전교육, 5학년 교실 야영, 6학년 캠프장 캠핑, 5·6학년 소규모 테마형 수학여행.

'**강과 @@산의 정기를 받아'로 되어 있는 획일적인 초등학교 교가에서 부르기 쉽고 정다운 교가로, 남녀 따로 매기던 출석번호를 남녀 통틀어서 '가나다' 순으로 매기기, 획일적이고 형식적인 수업지도안을 실제 수업내용에 알맞게 다양하게 바꾸기, 1회성 보여 주기 위주의 수업공개에서 일상수업 중심의 수업공개로, 특별히 그 수업만을 준비해서 쇼처럼 진행하는 공개수업을 오전 동안 전체 학교를 열어서 일상의 교육모습을 공개하기(학교 여는 날), 교사 '친목회'를 '두레회'로.

미디어 의존 교육 안 하기(클릭교사 지양), 지필평가 점수와 학습지 의존 교육 줄이기, 학생 건강에 해를 끼치는 환경오염 물질이 적은 학교와 유해물질이 적은 학습도구 갖추어서 건강한 교육환경 만들기, ….

교육을 지원하는 학교 교육환경 갖추기

학교환경은 잠재적 교육과정을 생성하기 때문에 매우 중요하다. 학교 안에 교육환경을 갖추기 위해 우리가 애쓴 것은 다음과 같다.

- 기존의 학교 설계도에 나와 있는 교실 배치도를 학생 교육을 원활하게 지원할 수 있는 데 중심을 두고 새롭게 배치했다. 준공 당시 2층에 있는 교육지원실(교무실)을 1층으로 내려서 행정실과 교장실 옆에 배치하여 업무추진의 효율성을 꾀하고, 1층 구석에 있던 보건실을 학생들의 접근성이 가장 좋은 2층 중앙으로 배치했다. 설계에 없던 돌봄교실을 1층에 배치했다.
- 전시성 환경이 아닌 교육적 환경을 중심에 두고 구성했다.
- 복도와 교실 게시판을 단지 꾸미기와 보여 주기가 아닌 소통과

학습과정의 게시판으로 활용하고 있다.

- 학교 안팎에 써 붙이는 교육주의가 강한 글귀들을 최대한 붙이지 않는다. 특히 영어 단어와 어려운 한자말 사용을 지양하고 누구나 이해하기 쉬운 우리말을 사용한다.
- 학급 이름을 한 글자의 우리말 '산·들·강·해·달·별·솔·꽃·숲·꿈'으로 정했다.
- 교문에 현수막 게시를 남발하지 않는다[게시하는 경우 : 계절별 잔치, 학교학년(급)교육과정평가회, 입학식과 졸업식 등].
- 학교 밖의 자연환경도 교육과정과 연계된 교육환경으로 구성했다.
- 분수대를 생태 연못으로 만들고, 잔디밭을 없애고 텃밭으로 만들었다(개교 당시 학교 설계에는 텃밭이 전혀 없었다).
- 학생들에게 안전하며 학습에 효과적인 품질 좋은 학습도구 마련을 먼저 지원했다.

02 ⟋ 학교문화를 바꾸면 수업은 저절로 바뀐다.

그동안 우리나라 학교교육에 문제가 많다고 말하면서 문제점의 핵심을 교사에게만 집중해온 경향이 있었다. '철밥통'인 교사들이 편히 월급만 받으려 하고 노력은 하지 않는다는 것이었다. 그러나 생각해 보면 우리나라 학교교육 문제가 교사만의 탓일까? 교사들이 노력을 하지 않는다면 세계적으로도 '우수한' 수준의 교사들이 왜 그렇게 되었는지 그 근본원인은 따져 보지 않고 해결할 생각도 없었던 것은 아닐까?

4년 동안 혁신학교를 운영하면서 교사 탓보다는 학교교육을 둘러싸고 있는 체제의 문제가 더 크다는 확신이 생겼다. 과연 그동안 학교와 교육을 둘러싸고 있는 체제가 교사로 하여금 수업연구와 수업에 집중할 수 있게 하였느냐 하면 그렇지 않다는 것에 누구나 공감할 것이다. 본교는 교사들에게 수업연구와 수업을 잘하라고 하기 전에 먼저 수업에 집중할 수 있는 학교와 교사문화를 바꾸기 위해 노력했다. 그동안 교사들로 하여금 수업연구를 할 수 없게 하고 수업에 집중하는 것을 방해하는 체제를 먼저 없애고, 그 다음에 수업을 알차게 운영하는 데 꼭 필요한 것을 지원해 주었더니 누가 뭐라지 않았는데도 교사들은 밤늦도록 동료교사들과 머리를 맞대고 수업연구를 하고, 수업이 개선되면서 교사들은 "이제야 비로소 교사가 된 것 같다."고 말한다. 그동안 왠지 위축되기만 했던 교사로서의 자존감을 당당하게 회복했다고도 한다.

최근 혁신학교 사이에서 수업혁신을 이야기하며 "수업이 바뀌면 학교가 바뀐다."는 말을 내세우는 모습을 많이 보는데, 본교의 경험으로 볼 때 이 말과 반대로 "학교문화가 민주적으로 바뀌면 수업은 저절로 바뀌게 된다."는 말이 더 맞다고 확신하게 되었다. 그래서 학교와 교육을 혁신할 때 가장 먼저 해야 할 일이 교사가 수업에 집중하는 체제를 갖추는 것이다. 본교에서 교사들이 수업에 집중할 수 있도록 수업혁신을 위해 우선적으로 갖춘 조건은 다음과 같은 5가지이다.

첫째, 민주적인 원칙에 의한 학교운영

수업혁신을 이야기하면서 웬 '민주적인 학교운영'의 원칙을 먼저 내세우느냐고 할 텐데, 처음에는 잘 몰랐지만 시간이 지나면 지날수록 이 '민주적인 원칙에 의한 학교운영'은 더욱 빛을 발하면서 학교와 교육, 특히 '수업혁신'의 핵심이 되고 있다는 것을 깨닫고 있다.

민주적인 원칙에 따라 학교를 운영하면서, 교사들은 처음으로 학교운영 전반에 대한 자신의 생각을 드러내고 서로 다른 생각을 조정하고 조율하면서 토론하는 법을 배웠다. 교사회에서 논의하고 결정하면서 남의 이야기를 들을 줄 알게 되었고, 자신이 주장하고 싶은 말을 할 수 있게 되었으며, 나와 다른 다양한 의견을 존중할 수 있었고, 다르지만 함께 협력하는 방법을 배웠다.

민주적인 교사회의를 한 달 가량 진행했을 때 여기저기서 교사들의 말이 들려오기 시작했다. 교사회의를 열심히 해 보고 나니 아무 노력도 하지 않았는데 저절로 수업이 바뀌었다고 고백한다. 왜 그럴까? 그 어떤 수업혁신 관련 연수도 받지 않고 교사회의만 열심히 했는데도 수업이 바뀌었다니 놀랍지 않은가?

그동안 우리는 수업에서 수업 잘하는 기술에만 관심을 두었는데, 수업에서 가장 중요한 것은 기술이 아니라 관계 즉 상호작용이기 때문이다. 민주적인 원칙으로 운영되는 교사회의에서 나와 다른 의견을 서로 주고받으면서 상대방의 말에 귀 기울이는 방법을 배웠기에 저절로 아이들 말에 귀기울일 수 있게 되었고, 따라서 학생들과의 관계가 좋아져서 수업시간의 상호작용이 원활하게 이루어지게 된 것이다.

민주적인 학교운영을 위해 가장 먼저 한 일이 학교철학이나 방향설정을 교사회에서 교사들의 의견을 모아서 정하고, 또 부장교사를 선출할 때도 교장이 자기 마음에 드는 사람을 전권으로 임명하지 않고 교사회에서 직접 선출한 것이다. 그동안 초등학교들은 학교교육 방향이 교장의 개인 경영관에 의해 좌지우지되고 있어 교장이 바뀌면 학교가 싹 바뀌곤 했는데, 본교는 학교장 개인 경영관으로 움직이는 학교가 아니라 교장을 포함한 교사와 학부모, 그리고 학생의 생각을 모아서 운영되는 학교이다.

그리고 부장을 교장이 임명하지 않고 교사회에서 공개적으로 선출한 것은 서울시 교육청 역사상 최초가 아닐까 싶은데, 5년째 부장선출을 지켜보니 학교에서 부장을 교사회에서 선출하는 것만으로도 학교가 민주적인 문화로 바뀔 수 있는 부분이 많다는 것을 깨달았다. 그 이유는, 부장을 교장 개인이 밀실에서 결정하면 부장은 교장만을 바라보며 일하고 교사들과 교장의 의견이 서로 달랐을 때 교장 편을 들게 되는 경우가 많지만, 전체 교사회에서 선출하게 되면 교사들 쪽을 더 많이 바라보게 되고 문제가 생겼을 때 교사들과 교장 사이의 의견을 조정하고 조율하는 역할을 하게 된다. 이것이 민주주의의 기본이며 민주주의가 갖는 힘이다.

이 밖에도 학교운영에서 교장 개인이 전권으로 결정하여 지시하고 교사와 학생, 학부모는 일방적으로 따르던 비민주적인 방식들을 모두 없앴다.

둘째, 비교육적인 것 없애기

수업혁신을 위해서 해야 할 일은 새로운 프로그램 도입이 아니고, 그동안 학교에서 해 왔던 비교육적인(또는 교육효과가 적은) 방법을 없애는 것이다. 민주적인 원칙에 따라 혁신학교를 운영하면서 가장 먼저 토론으로 시작한 내용이 새로운 프로그램의 도입이 아니고, 그동안 학교와 교실에서 해 온 '비민주적이고 비교육적인 것 없애고 바꾸기'였다. '수업혁신'을 말할 때 사람들은 '어떤 수업방법을 새로 들여올까'를 가장 많이 고민하는데, 우리는 반대로 무엇을 없앨 것인가를 생각했다.

가장 먼저 없앤 것이 결과 중심, 경쟁과 서열화를 조장하는 교육방법들로, 스티커 제도, 각종 인증제, 각종 경시대회, 물질적 보상, 서열과 점수로 규정하는 평가, 사지선다형 지필평가 중심의 정기적 일제고사, 학년 초 한 번의 지필고사 점수로 하는 진단평가 같은 것들이다. 그 밖에 실제 교육보다는 검사 위주로 진행해 온 '생활본'이라든지 '독서장'같은 것도 없앴다. 또 형식화된 학습지 중심의 교육과 '클릭교사'라고 할 정도로 인터넷 상업 프로그램을 그대로 클릭하는 방법으로 수업지도를 하지 않기로 했다.

우리가 없앤 내용 중에 동의하면서도 대부분의 학교들이 없애지 못하는 것이 바로 '스티커 제도'와 '보상 제도', 그리고 '클릭교사'이다. 이런 교육방법들은 많은 교사가 교직에 들어오자마자 선배교사들에게 배운 '학생들을 쉽게 가르칠 수 있는' 노하우로 가장 많이 쓰는 것들이다. 그래서 교사가 되면 당연히 써야 하는 것으로 알고 있는 교사들도 많다. 그러나 점점 이런 교육방법들이 가져오는 부작용을 알게 된다. 하지만 부작용이 많다는 것을 너무나 잘 알고도 없애는 것에 대한 교사들의 반발이 매우 커서 없애지 못하는 학교가 많다. 이유는 한 가지, 이런 것이 없으면 수업을 하기 힘들다는 것이다. 그러나 우리가 4년 동안 경험해 보니, 이런 것을 없애야만 교육이 제대로 이루어질 수 있다는 것을 알았다.

셋째, 어린이들의 삶을 바탕으로 한 4계절 교육과정 운영

우리나라 대부분의 학교는 공교육이 시작된 이래로 1년 2학기제를 운영하고 있다. 한 학기에 100일 가까이 되는 동안을 쉴 새 없이 수업을 진행하다 보면 여름이 본격적으로 시작되는 6월과 학년말인 12월과 2월이 되면 학생과 교사가 지쳐서 수업에 대한 집중도가 떨어지게 된다. 방학은 여름과 겨울에만 있어서 봄과 가을을 제대로 느낄 겨를이 없다. 여유가 없다.

본교는 계절별 네 학기를 운영하면서 계절별로 쉼과 마디가 있는 교육과정을 운영하고, 봄과 가을에 짧은 방학을 둔다. 계절학기마다 계절에 알맞은 주제로 수업을 운영하고, 계절학기가 끝나면 계절학기 동안 배운 내용을 전시하고 공연하는 발표회를 갖고, 교사는 교육과정 평가회를 가지면서 지난 학기를 성찰하고, 다음 학기를 계획한다. 계절방학 동안에는 지친 몸과 마음을 쉬면서 다음 학기를 준비한다. 계절학기로 마디를 두다 보니 교육과정 운영에서 저절로 계절학기별로 주제를 정해서 주제통합수업이 이루어지게 되었다.

하루 일과 운영도 40분 수업 뒤 10분 휴식시간이 아닌, 80분 블록수업 뒤 30분 노는 시간을 두었다. 80분 블록수업을 하니 활동 중심 수업을 충분히 집중해서 할 수 있고, 10분씩 휴식시간을 주던 때와 다르게 30분 노는 시간을 주니 충분히 놀아서 수업에 집중도가 높다.

놀 시간이 충분하지 않은 학생들에게 충분히 놀 시간을 주면 쉼과 마디가 있어서 학생들이 지치거나 지루하지 않게 된다. 수업에 집중할 수 있게 학사일정을 편성하는 것도 수업의 질을 높이는 데 매우 중요하므로 수업혁신에서 빠뜨려서는 안 될 중요한 사항이다.

넷째, 수업에 전념할 수 있는 체제 마련

학교 안팎에서 교사들이 수업에 전념할 수 없는 학교풍토를 보고하는 말 중에 "학교는 교육기관이 아니라 행정기관이다."라는 말이 있다. 교사라면 누구나 느끼듯이 교사는 교실에서 '수업하는 틈틈이 업무처리를 하는 것이 아니라, 일하는 틈틈이 수업한다.' 그만큼 그동안 학교는 교사가 수업에 전념할 수 없는 조건이었다. 따라서 수업에 전념할 수 있는 체제를 마련하지 않으면 그 어떤 수업혁신 방법도 공염불일 수밖에 없다.

수업에 전념할 수 있는 체제를 만들기 위해 본교에서 가장 먼저 만든 것이 '교무행정업무 전담팀'이다. 상급기관이나 타 기관에서 학교로 오는 공문을 포함한 모든 행정업무는 교무행정업무 전담팀에서 다 맡아서 하고 담임교사는 행정업무 없이 수업과 생활교육에만 전념하는 것이다. 교무행정업무 전담팀 교사는 특수부장 중심으로 구성되고, 교무행정업무 전담팀 교사들은 담임을 맡지 않고, 12시간 내외의 교과전담수업을 담당한다. 교무행정업무 전담팀을 만들어서 운영하니 교사들은 1년 동안 공문 한 장 쓰지 않고 오로지 교실에서 학생들과 지낼 수 있게 되었다.

그 밖에도 그동안 학교가 진실로 학생들을 위한 학교가 맞는지 의심이 들 만큼 전시성·보고성 학교행사를 위해 교육과정을 파행운영하는 일이 많았는데, 이런 것들을 교사회에서 협의를 통해 다 없앴다. 예를 들면, 월요일마다 방송으로 하는 아무도 듣지 않고 수업시간만 빼먹게 되는 전체 방송조회, 상 주기 위한 각종 대회, 보여 주기식 학예회와 운동회 같은 것들이다.

그리고 모든 행사는 학년학급 교육과정 속에 녹여서 운영하고, 학예회를 발표회로 운영하여 교육과정으로 실시하는 계절학기별로 네 번 진행하고, 학교교육과정 운영계획서를 포장과 군더더기를 빼고 간결하게 구성하고, 학교교육과정 운영을 학교가 아닌 학년교육과정 중심으로 운영하는 것으로 바꾸기도 했다. 또한 대부분의 학교들도 시행하고 있지만, 학생이 학교에서 학습에 필요한 학습재료와 도구는 안전하고 품질 좋은 것으로 무상 제공하고 있다.

다섯째, 교사들의 연구 풍토 마련하기

경험에 의하면, 교사의 수업혁신을 위해 아무리 훌륭하다는 강사를 불러와서 연수를 많이 시킨다고 해도 수업은 결코 달라지지 않는다. 그래서 우리 학교에서는 교사를 연수시키는 것에서 스스로 연구할 수 있는 분위기 마련에 역점을 두고 있다.

교사들이 연구할 수 있는 분위기를 마련하는 첫 번째 방법은 바로 교사의 행정업무를 없애 주는 것이다. 우리 학교에서도 행정업무 전담팀을 구성해서 교사들에게 행정업무를 없애 주었더니 저절로 수업에 대한 연구에 집중하게 되었다. 대부분의 학교가 동학년 회의시간에는 부장회의에서 결정된 사항을 전달받는 것으로 끝나는 일이 많은데, 본교는 전체가 모인 교사회의에서 모든 내용을 합의로 결정하다 보니 별도로 업무를 전달할 필요가 없다.

교사 연구조직은 동학년 연구조직을 기본으로 하고 이와는 별도로 학년과 상관없이 주제별 학습동아리를 조직해서 활동하고 있다. 동학년 연구조직과 학습동아리에서는 연수, 연구작업과 함께 수업공개도 이루어지는데, 이때 학년과 학습동아리의 벽을 헐고 모든 교사에게 공개로 진행했다. 학습동아리 운영을 위해 예산을 확보해서 지원하거나, 서울교육연수원이 진행하는 '맞춤형 직무연수'를 가져와서 운영하기도 했다.

한 학기와 1년 동안 진행한 학년 운영과 학습동아리 운영 내용은 다른 교사들과 공유하기 위해 여름학기 교육과정 평가회와 1년 교육과정 평가회에서 전체 교사 앞에서 발표할 기회(학년교육과정 운영결과 보고회 '수업나눔')를 갖고 발표한 내용을 중심으로 토론해서 그 다음 학기와 학년교육과정 계획을 세울 때 요긴한 자료로 사용한다.

그동안 대부분의 학교에서는 교육과정 평가회 때 부장을 중심으로 그것도 업무 중심으로 교육평가회를 실시하는데, 한 학기나 1년 동안의 학년 운영내용과 학습동아리 운영내용을 발표하는 자리를 마련하는 것은 함께한 교사들과 토론하며 정리하는 작업과정에서 스스로 성찰하는 기회를 가질 수 있기 때문이다.

그 밖에 교사들이 수업을 위해 필요한 연수를 받을 수 있도록 예산 확보를 통해 학교 운영비에서 적극 지원하고 있다.

03 서울형 혁신학교 운영 내용

본교에서 운영하고 있는 것 중 핵심적인 몇 가지 내용을 소개하면 다음과 같다.

4학기제

우리나라 학교 대부분은 2학기제로 운영되는데, 이렇게 쉼 없이 길게 학기를 운영하면 학생과 교사가 지치게 되어 학기말이 되면 수업이 제대로 이루어지지 못하는 경우가 많다. 본교는 학생이나 교사가 중간에 쉴 수 있는 기간인 봄, 가을 계절방학을 두어, 이전 학기를 성찰하고 다음 학기를 준비하는 4계절 학기를 운영하고 있다. 한 계절학기가 끝날 때마다 교육활동 결과를 나누는 계절잔치(봄: 새싹잔치, 여름: 푸름잔치, 가을: 열매잔치, 겨울: 맺음잔치)를 열고, 학생 평가내용을 통지하고(봄·여름학기는 직접 상담통지, 가을·겨울학기는 통지표 통지로), 전체 교사가 모여 운영하는 교육과정 평가회를 가진다. 봄·여름학기와 가을·겨울학기가 끝날 때는 전체 학년 교사들이 모여 다른 학

표 4-1 2014년 4계절 학기 운영 모습

학기	내용과 기간
봄	3. 3(월)~4. 30(수), 봄학기 학부모 상담통지, 새싹잔치 주간: 4. 21~25, 봄학기 교육과정 평가회(4. 29)
	봄방학 기간: 5. 1(목)~5. 7(수)(7일간)
여름	5. 8(목)~7. 25(금), 학교 여는 날: 5. 21(수), 여름학기 통지표 통지, 학년 교육과정 운영결과 보고회 '수업나눔': 7. 9(수), 16(수), 여름학기 교육과정 평가회: 7. 14(월), 21(월), 푸름잔치: 7. 18(금)
	여름방학 기간: 7. 26(토)~8. 24(일)(30일간)
가을	8. 25(월)~10. 24(금), 학교 여는 날: 11. 18(화), 가을학기 학부모 상담통지, 열매잔치 주간: 10. 20~24, 가을학기 교육과정 평가회: 10. 23(목)
	가을방학 기간: 10. 25(토)~11. 2(일)(9일간)
겨울	11. 3(월)~12. 26(금), 1. 26(월)~2. 13(금), 맺음잔치: 12. 19(금), 학년말 통지표 통지, 학급 발표회, 교육과정 평가회(12월 중), 학년교육과정 운영 결과 보고회 '수업나눔: 12. 10(수), 17(수)
	겨울방학 기간: 12. 27(토)~1. 25(일)(30일간), 학년말방학 기간: 2. 14(토)~2. 28(토)(15일간)

년교육과정 운영 결과를 함께 나누는 '수업나눔' 보고회를 연다. 1·2·3학년 하루, 4·5·6학년 하루로 한 학기에 이틀씩 진행하면서 학년교육과정 운영내용에 대해 서로 궁금한 점에 대해 질의 응답하는 시간을 갖는다.

행정업무 전담팀 운영

담임교사가 각종 공문서 처리와 행정업무 처리로 수업과 학생생활 지도에 소홀해지기 쉽기 때문에, 행정업무 전담팀이 학교 내의 실무사와 함께 학교의 모든 공문서 처리와 행정업무를 전담하여 처리하고 학급담임은 수업과 생활교육에만 전념한다.

행정업무 전담팀은 6개 부서의 부장과 교무행정지원사, 각 교육실무사로 구성되고 있는데, 행정업무 전담팀 부장은 12월 말에 진행되는 학교교육과정 평가와 다음 연도 교육과정 편성과 수립을 위한 교육과정 평가회 마지막 날에 교사회에서 선출한다. 선출 원칙은 해마다 교사회에서 협의를 거쳐 그해에 가장 알맞은 방식으로 조정하여 정한다. 교사회에서 행정업무 전담팀 부장을 선출한 뒤, 이어서 다음 학년도 학년배정을 교사회에서 공개적으로 결정하고, 학년부장은 2월 중순 교사발령 완료 뒤 동학년에서 추대한다.

행정업무 전담팀의 담당업무도 행정업무 전담팀끼리 모여 협의를 해서 해마다 조금씩 바꾸었다. 행정업무 전담팀 부장은 담임을 맡지 않고 주당 12시간(2014년) 교과수업을 담당한다.

블록수업, 30분 노는 시간, 배움공책

학습목표, 방법, 형태, 평가 등을 학생의 발달단계에 맞게 재구성하여 활동 중심으로 통합교육과정을 운영하여 학생들이 깊이 있고 폭넓

표 4-2 하루 일과 운영 모습

구 분	내 용
08:50~09:00	등교와 하루 준비
1블록 09:00~10:20(80분)	아침 열기(몸과 마음을 깨우는 시간)
1블록 09:00~10:20(80분)	넓고 깊은 배움 1
노는 시간 10:20~10:50(30분)	자유놀이
2블록 10:50~12:10(80분)	넓고 깊은 배움 2
점심 시간 12:10~13:10(60분)	점심 시간
3블록 3:10~14:30(80분)	넓고 깊은 배움 3(예술·체육·노작 교과)
방과후 활동 14:50~	방과후학교 활동 및 자율 동아리 활동

은 배움의 기회를 갖고, 종합적 사고력을 키울 수 있도록 80분 블록수업을 운영하고 있다. 직접체험활동과 토론활동 등으로 80분 동안 충분히 몰입하여 깊이 있는 학습이 가능하도록 하였다. 여기에 학습한 내용을 자신의 언어로 재구성하여 배움공책 쓰기를 하도록 하여 80분 동안 넓고 깊은 배움이 되도록 하였다. 이와 함께 1블록 뒤에 30분의 노는 시간을 배치하여 집중과 쉼의 리듬이 살아 있도록 하였다.

학생평가와 통지방법

개인의 성취 수준을 파악하여 학생의 발달을 이끌고, 과정 중심의 질적 평가 내실화로 교수-학습을 개선하고, 학생의 발달을 돕기 위해 상담 및 다양한 통지를 통해 학부모와 소통하는 평가를 한다. 평가는 교육활동의 과정으로 실시한다. 수업과 평가가 분리되는 일제고사를 지양하고, '수업이 곧 평가'로 진행한다. 교육활동과 일관성 있는 평가를 위하여 교사가 가르친 내용을 중심으로 평가를 한다.

통지방법은 계절학기별 연 4회 통지를 원칙으로 하며, 봄과 가을 학기에는 상담을 통한 면담통지, 여름과 겨울학기에는 문서통지를 원칙으로 한다. 서열화하지 않고 개별 특징을 통지한다. 통지표의 형태는 학년에 알맞게 의논하여 결정하는데, 해당학기의 평가결과를 가장 적절하게 담아낼 수 있는 통지양식으로 학년마다 학기마다 다를 수 있다.

특히 본교는 3월 초에 전국의 학교에서 단 하루 실시하는 주지교과 지필평가 중심의 '진단평가'를 하지 않고, 3월 한 달 동안 다양한 교육활동 속에서 학생들과 만나는 '진단활동'을 실시한다. 전 영역을 교육활동 속에서 지속적으로 관찰하고 기록하여 1년의 학급운영과 교수학습 계획을 세우는 기초자료와 봄학기 학부모 상담 때 학부모와 소통하는 자료 중 하나로 활용한다.

문·예·체 교육

본교는 단지 기능 위주가 아니라 학생들이 아름다움을 느끼며 활동하는 과정에서 문화와 예술에 대한 감수성을 키우고, 천천히 오랫동안 작업하는 과정을 통하여 삶의 의지력을 형성하고 완성 뒤 창조의 기쁨을 맛보게 하기 위한 '감성을 깨우는 문화예술교육'을 진행한다. 전교생을 대상으로 감각체험이 상반되는 목공, 조소, 창의음악, 수공예의 네 가지 활동으로 구성한다. 이 네 가지 영역은 혁신학교 지원금으로 이 분야에 전문성을 갖추고 있는 협력강사를 초빙해서 담임교사와 협력수업을 하고, 학년마다 창의적 체험활동과 관련 교과시간과 연계해서 운영한다. 그 밖에 문화예술교육진흥원에서 파견하는 문화예술교육강사를 통해 해마다 국악, 연극, 애니메이션, 영화 수업을 진행하고 있다. 또한 학년별 교육과정과 연계한 문학교육, 연극제, 음악

제, 음악감상회를 진행한다.

　그 밖에 아이들의 심신발달을 위해 학년별로 다음과 같은 다양한 활동을 하고 있다.

　농촌체험활동(1·2학년), 수영교육(3학년), 서울지역 공부(3·4학년), 텃밭과 텃논 교육(5학년), 1박2일 교실 야영(5학년), 1박2일 캠핑 활동(6학년), 주제가 있는 소규모 수학여행(5·6학년), 스케이트 교육(5·6학년), 자전거 안전교육(6학년)

04 나가며

　혁신학교를 처음 시작할 때부터 학교교육과정을 민주적인 원칙으로 운영하는 본교가 가지는 가장 큰 장점은 교사들이 함께 토론하는 분위기가 조성되어 있다는 것이다. 4년 동안의 경험으로 볼 때 토론을 하고 함께 협력하면 그 어떤 교육활동도 '나쁜' 교육활동이 될 수 없고, 그 어떤 교육활동이라도 학생들의 발달과 성장을 지원하는 교육활동이 될 뿐더러 교사 역시 성장하게 된다. 특히 우리 학교가 남다른 것은 모든 교육활동을 누군가의 지시에 따르지 않고 교사들 스스로의 힘으로 교사들이 함께 찾아가고 만들어 가고 있다는 것이다. 수업 역시 학교에서 조급하게 "새로운 수업을 보여 줘!" 하고 닦달하지 않고, 연구하면서 수업에 전념할 수 있는 조건만 마련해 주면 교사들이 스스로 길을 잘 찾아간다는 것이다. 수업에서 가장 중요한 것은 학생을

잘 가르치는 기술이 아니라 관계와 상호작용이기 때문에, 주어진 과제를 함께 찾아가는 과정에서 학생은 물론 교사도 성장하는 것이다.

특히 교육청과 학교 차원의 교육혁신에서 조심해야 할 점이 성급한 결과 중심의 조급증에 의한 지시와 강제가 아닐까 싶다. 특히 결과를 얻기 위한 관 주도 또는 관리자 중심의 지시로는, 그동안 연구시범학교에서 그래 왔듯이 보고용으로 작성한 학년교육과정 형식은 남 보기에 훌륭한 모습으로 짜여지고, 몇 번 보여 주는 공개수업은 근사하게 진행될지 모르지만, 평상시의 수업은 결코 예전 수업과 달라지지 않는다. 그동안 경험해 왔듯이, 오히려 보여 주기 수업을 한다고, 보고성 교육과정 재구성 자료를 만든다고 평상시 수업을 못하게 할 수 있다.

우리가 지난 4년 동안 경험으로 깨달은 것은 대화와 토론이 살아 있는 민주적인 학교문화 없이 수업혁신은 없다는 것, 누군가 강제하거나 형식화된 매뉴얼로 접근해서는 수업이 절대로 달라지지 않는다는 것이었다. 진정한 수업혁신을 위해서는 새로운 수업방법을 들여오는 일보다 학교 안에 전해 오는 비민주적이고 비교육적인 문화를 먼저 바꾸는 데 힘써야 한다는 것을, 그래서 교사의 삶의 태도가 민주적으로 먼저 바뀌어야 한다는 것을 절실히 깨달았다. 학생뿐 아니라, 교사가 먼저 민주적인 삶의 태도를 새로 익혀 가면서 성장해 가는 학교가 바로 혁신학교이다.

66

학생들을 잘 가르치는 일에 주목하다 보면, 이 일이 학교 안에서 노력하는 것만으로는 충분하지 않다는 것을 실감하게 된다. 학생들은 학교 안에서 생활하기도 하지만, 사실은 많은 시간을 학교 밖에서도 보내기 때문이다. 그러므로 학교의 교육력을 높이기 위해서는 반드시 지역의 교육력이 뒷받침되어야 한다. 이에 대해 학교가 수동적인 자세를 취하지 않고 적극적으로 지역과 소통하고, 학교에서 해 온 일을 지역과 함께함으로써 학교를 말 그대로 지역의 학교로 만들어야 한다. 제2부에서는 학교 안에서 밖으로 눈을 돌리고 지역과 함께하면서 다양한 연계 속에서 온마을학교로 새롭게 위상을 변화시켜 나가는 모습을 다룬다.

99

2

· 제 2 부 ·

학교 안에서
밖으로

제 05 장

지역과
함께하는
온마을학교

－홍동중학교 사례를 중심으로－

양도길(홍동중학교 교사)

학교 현황

지역 현황

홍동중학교가 속해 있는 충남 홍성군 홍동면의 인구는 2017년 기준 1,591세대 3,495명이다. 벼농사, 밭농사 등 전통적인 농업지역이면서도 축산 밀집지역으로 한우와 젖소, 돼지, 닭 등 대규모 축산업이 발달되어 있다. 친환경 농업으로 이름난 홍동지역 농민활동가들은 지난 1990년대 이후부터 약 20여 년 동안 친환경 유기농업을 실천하고 있으며, '돌아오는 마을공동체 만들기' 시범사업도 성공적으로 수행하여, 전국에서 1년에 약 2만여 명이 견학 오는 모범지역으로 자리 잡게 하였다. 홍동면에는 매년 10여 가구 정도의 가정이 귀농 또는 귀촌하고 있다.

농민조합인 홍동농업협동조합과 생산자와 소비자를 직접 연결해 주고 있는 풀무생활협동조합이 작목반을 만들어 오리나 우렁이를 이용한 벼농사를 조직적으로 이끌고 있다. 오리나 우렁이를 이용하는 벼농사 면적은 약 800ha(약 240만 평) 정도이며, 농약이나 화학비료를 쓰지 않는 채소 등 작물을 생산하는 작목반은 60개가 넘는다. 또한 최근에는 마리당 일정한 사육공간을 확보해 주면서 항생제를 쓰지 않고 유기농 사료를 만들어 먹이는 친환경 축산도 늘어나고 있다.

홍동지역에는 주민들이 자발적으로 만들어 운영하는 기관과 단체가 많다. 제2 금융기관인 신용협동조합, 지역에서 생산된 농산물을 도시 소비자들에게 직접 연결해 주는 생활협동조합, 제과제빵시설, 재생비누공장, 목공소, 출판사, 마을 카페 등이 협동조합 형태로 운영되고 있다. 갓골어린이집, 밝맑도서관, 교육농업연구소, 문당리환경농업교육관 등은 주민들의 모금과 정부의 지원금을 모아 지역주민들이 자치적으로 운영하고 있는 대표적인 기관이다. 이 외에도 마을 자립지원센터, 여성농업인센터, 뜰, 마을활력소 등이 주민들의 손으로 운영되고 있는 단체와 기관이다. 또한 홍동농협은 2014년 지역농산물을 직거래하는 로컬푸드 매장을 개설해 지역주민들로부터 좋은 호응을 얻고 있다.

홍동에는 놀이방, 어린이집, 유치원, 초등학교, 중학교, 고등학교, 전공부(2년제 사회교육기관) 등 교육기관이 반경 500m 안에 밀집되어 분포하고 있는데, 이 같은 교육환경은 농촌생활을 꿈꾸는 도시 사람들에게 특히 매력적인 요소이다. 실제로 귀농 혹은 귀촌을 희망하는 사람들은 살고 싶은 지역 중 첫 번째로 홍동면을 꼽기도 한다.

학교 현황

홍동중학교는 1면 1중학교 정책이 추진되면서 1971년에 개교한 공립중학교로서 현재 6학급(특수포함 7학급) 149명의 학생이 재학하고 있다. 농촌지역의 인구감소 추세 속에서 1980년 15학급 991명의 학생이던 규모가 2008년에는 97명으로 줄어 3학급으로 축소될 위기에 있었다. 또한 학교교과과정이 차별화되지 않아 읍지역의 큰 학교로 보내는 상황이 이어지고 있었다.

홍동중학교 활성화의 전환점은 홍동지역 교사들의 모임인 홍동범교과연구회(초·중·고)에서 지역특성을 반영한 교과과정(창의적 재량활동)에 대한 고민을 하고 있던 중에 내부형 공모교장(2007. 9. 1~2011. 8. 31) 및 농어촌전원학교(2009~2011)로 이어지는 기간 중 학교운영의 혁신을 꾸준히 추진한 결과 학생 수가 증가하여 현재의 규모를 유지하게 되었다. 또한 읍지역 학교의 거대화·과밀화로 지역교육청이 중학교 학구를 조정함(2011년 3월 1일부터)에 따라 홍성읍 지역학생들도 거주지 이전 없이 본교 진학이 가능해져 학년당 2학급으로 안정적인 학생 수 유지가 가능해졌다.

표 5-1 홍동중학교 2014학년도 SWOT 분석

내적 요인 외적 요인	강점(Strengths)	약점(Weaknesses)
	• 학교장과 교직원의 교육의지 강함 • 교사 간 협력교육활동 경험 풍부 • 학부모 학교교육 참여 의지 양호 • 교육프로젝트 수행 경험 많음 • 대부분 교원 인근 지역 생활	• 교사업무 과중 • 학생 간 학력격차가 큼 • 취약한 가정환경 학생 다수 • 학부모의 의식편차가 큼 • 교육복지 학교재정 빈약
기회(Opportunities)	S-O(적극적 활성화) 전략	W-O(체계화) 전략
• 친환경 교육인프라 많음 • 교육협력 네트워크 구축 • 농촌소규모학교 지원 정책 • 다양한 교육사업 지원 정책 • 도시지역으로 학구 확대 • 입시제도의 다양화	• 교과과정의 다양화 특성화 운영 • 교과연계 창의적 체험활동 운영 • 학교 밖 연계 교육 활동 활성화 • 융합형 문화예술 체험교육 • 연중 돌봄 야간공부방 운영 • 지역/학부모 교육기부 확대	• 교육기부 적극 유치 활용 • 기초학력 보정 개별화 지도 • 지역인프라 연계 교육 확대 • 적기 적시 학부모 상담 • 재정지원 사업 적극 유치 • 진로중심 진학지도
위협(Threats)	S-T(차별화) 전략	W-T(지속적 보완) 전략
• 면내 학생 수 지속 감소 • 대중교통 수단의 불편 • 소규모학교 통폐합 정책 • 도농 사회문화 격차 심화 • 가정의 교육 기능 약화 • 외부사회 교육적 영향심화	• 교과과정의 특성화, 지역화 • 독서, 영어교육 활성화 • 학생참여 자치활동 활성화 • 수업공개, 연찬을 통한 수업혁신 • 학부모 역량강화 컨설팅 • 문화예술교육으로 자존감 회복	• 교육재정 지원 사업 확보 • 교육도우미 적의 활용 • 교육네트워크 프로그램 활용 • 교육기부 프로그램 운영 • 대중교통 신설 및 증편 요청 • 학교 교육활동 홍보 강화

표 5-2 홍동중학교 학생 및 교직원 현황 (2017학년도)

구분 / 학년	학생현황				구분	교원					행정	계
	학급수	남	여	계		교장	교감	보직교사	교사	소계		
1	2	11	16	27	남	1	1	2	4	8	—	8
2	2	28	18	46								
3	2	14	18	32	여	—	—	2	6	8	1	9
특수학급	(1)	(4)	2	6								
계	6(1)	53(4)	52(2)	105(6)	계	1	1	4	10	16	1	17

표 5-3 홍동중학교 학생 거주지 현황 (2017학년도)

지역명	홍동면	홍성읍	기타	계
학생 수	57	37	11	105

홍동중학교 교육의 지향

공교육은 인간과 사회에 대한 고뇌를 필수로 한다. 인간도 자연과 같이 다양함 속에서 조화를 찾으며 사회를 형성해 나간다. 사람마다 적성과 품성이 달라서 각자의 향기를 가지고 사회적 역할을 분담한다. 공교육의 교과과정도 각기 다른 학생들의 발달단계와 개인차에 맞추어 교수-학습활동이 이루어지도록 구성되어야 한다.

교과 중심의 지식기반 교과과정만으로 통합적 사고능력과 지성·인성·감성이 풍부한 세계적인 지역(glocal) 인재를 양성하기는 어렵다. 이제는 역량 기반 교과과정을 보완하여 미래를 이끌어 가는 인재를 육성하여야 한다. 미래에 요구되는 통합을 학교교육에서 구현하기 위해서는 지성·인성·감성이 풍부한 인재양성을 위한 교과과정, 교과 간 통합교육 및 지역과 함께하는 다양한 창의적 체험활동과 방과 후 학교를 통하여 가능하다고 본다. 이에 홍동중학교는 통합적 사고력을 통한 문제해결능력 향상, 원활한 소통을 위한 인성교육, 행복한 생애설계를 위한 특성화 교과과정 운영, 삶의 의미를 발견하는 인문학적 소양 교육, 자연과 함께하는 생명·평화교육 및 창의력과 공감 능력 향상을 위한 문화·예술·체육 교육에 중점을 두고 교과과정을 운영한다.

중학교 시기에 명료한 자기 진로 전망을 세울 때 학생의 학습동기는 유발된다. 그러므로 학생들에게 학습동기를 부여하려면 학습을 통해 자기 전망과 생애 설계를 할 수 있도록 지도하는 것이 중요하다. 이러한 과정을 거쳐 자기 전망이 확실해졌을 때 학교수업에서 학생들에게 교수요목을 제시하고 효율적 학습방법을 안내하면 바로 기초 학력과 교과과정상의 학습목표를 달성할 수 있게 된다.

또한 지역을 배우고 지역의 여러 구성원과 어울려 지속 가능한 삶, 지역공동체를 꿈꾸는 삶을 살아가기 위해서는 지역의 특색에 맞는 생태교육이 필요하다. 생태교육은 곧 인간과 자연이 공존하는 삶의 교육이며, 평화교육이고, 또한 지역에 대한 학습, 지역과 함께 만들어 가는 지역화 교과과정 구성의 첫걸음이다. 지식의 양이 늘어나는 단계가 될수록 소통과 배려를 기본으로 하는 인간관계 형성이 절실하다.

표 5-4 홍동중학교 교육의 지향

교육비전		지역사회와 함께하는 푸른 꿈 교육
교육지표		지성(知性)·인성(人性)·감성(感性)이 조화로운 인재 양성
지향점	학생	배움을 즐기며 꿈을 갖고 도전하는 학생
	교사	가르치는 일이 보람 있고 행복한 교사
	학부모	자녀를 믿고 맡기며 참여하는 학부모
	학교	상생과 평화, 자연과 생명을 존중하는 학교

청소년기에는 인간성 함양과 올바른 가치관 형성을 위한 체계적 인성 교육이 필요한 시기이다. 진로—학력—생명·평화—인성을 주제로 하는 홍동중학교 푸른 꿈 교과과정 모형은 이런 원리를 바탕으로 구성되었다.

학교 교과과정을 이렇게 구성한 밑바탕에는 지역 구성원들의 요구와 급격하게 변화하는 농촌 지역의 현실을 공교육에서 담아내야 하는 고민이 담겨 있다. 급격하게 늘어가는 조손가정, 다문화가정, 장애가정, 한부모가정 등과 함께 귀농·귀촌 가정이 공존하는 농촌 지역의 소규모 학교에서 기초학력을 확보해 주고, 문화예술체육, 인성 교육과 돌봄 등 교육복지까지 교과과정에 담아내야 하는 어려움을 해소하기 위한 교과과정 특성화로 볼 수 있다. 학교 교과과정은 '지속 가능한 농촌 소규모 학교에 대한 전망을 세우고, 지역의 요구를 반영하여 체계화하려고 노력한 교과과정'이라는 점에서 의미가 있다고 할 수 있다.

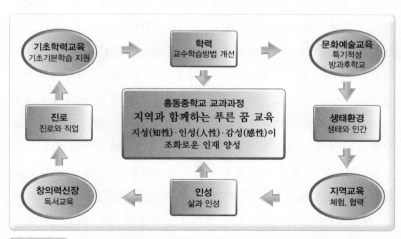

그림 5-1 지역화 교육과정을 꿈꾸는 홍동중학교 〈푸른 꿈 교과과정〉 순환 모형

지역과 함께하는 교육

지역과 함께하는 학교의 교과과정

지역화 교과과정을 도입하게 된 배경은 첫째, 농어촌 인구감소에 따른 농어촌 학교의 '과소규모화 현상'을 극복하기 위해서는 학교교육의 변화도 필요하지만 지역과 함께 해법을 찾을 필요성이 있다고 판단한 점, 둘째 홍동면으로 귀농·귀촌한 이주민들은 지역의 학교가 귀농 귀촌해서 살고자 하는 가치관과 맞는 교과내용을 반영해 주기를 원한다는 점, 셋째 인근에 위치하고 있는 풀무농업고등기술학교의 영향으로 마을공동체 사업과 유기농 활성화 등 지역재생 노력이 활발히 진행되면서 학생들에게 이러한 마을의 노력과 가치에 대한 교육을 요청하고 있다는 점이다. 홍동면 지역에서는 위와 같은 지역의 필요와 요구가 늘 상존해 왔지만 2007년 이전까지 지역의 초·중학교가 이를 학교 교과과정에 반영하지 않았다고 할 수 있다.

홍동중학교가 지역화 교과과정을 본격적으로 도입할 수 있었던 직접적인 계기는 지역의 실태와 주민의 교육적 요구를 파악하여 공모교장으로 부임해 온 L 교장의 학교경영 방침이라고 할 수 있다. L 교장은 2005년부터 지역화 교과과정의 초기 프로그램을 운영해 온 이 학교 교사들의 노력에 힘을 실어 주며 이를 학교교육계획에 반영하였다.

지역화 교과과정은 지역과 마을이 공동체학교 개념인 '온마을학교' 실현을 목표로 하여 '지역의 인적·물적 자원을 활용한 특성화 교과과정, 학생생활지도, 방과후학교, 위기가정 학생에 대한 기초안전망 지원 운영', '지역과 학부모 조직의 역량강화를 통해 지역의 교육적 역량 증대'라는 운영 방향으로 구체화되었다.

지역화 교과과정의 구체적인 프로그램으로 '지역의 교육망(Edu-

표 5-5 〈생태와 인간〉교과과정

프로그램	일자	체험내용	장소	비고
생태학습원 활동	아래 일정 이외	흙의 소중함, 농업의 가치, 바른 먹을거리, 익충과 해충, 채소 재배 등의 노작활동	교내	본교 교사 2인 공동수업
교육농장 활동	4.10(목)	임영택 농장 방문, 농업의 가치와 딸기 수확	임영택 농장	마을교사
홍동의 식물조사	4.24(목)	홍동천 주변의 식물조사	홍동천 일대	마을교사
우리지역 어류조사	5.22(목)	홍동천에 살고 있는 물고기 알기	홍동천	마을교사
논 생물조사	6.19(목)	논에 서식하는 생물 조사	풀무전공부 논 주변	마을교사
홍동천 살리기	6.26(목)	EM발효액 만들기, EM흙공 만들기	홍동천	마을교사
논 식물조사	9.18(목)	논 주변에 사는 식물조사	풀무전공부 논 주변	마을교사
우리지역 조류탐사	9.25(목)	홍동천 주변에 살고 있는 조류 탐사	홍동천	마을교사
바른 먹을거리	10.23(목)	정다운 농장 방문, 바른 먹을거리에 대한 학습 및 소시지 만들기	정다운 농장	마을교사
꽃 누르미 작품 만들기	11.20(목)	꽃 누르미를 활용, 책갈피, 엽서, 열쇠고리 만들기	교내	마을교사
김장하기	12.4(목)	생태학습원에서 재배한 김치를 이용하여 겉절이 담그기	교내	본교교사

Network)을 활용한 교육활동'을 들 수 있다. 지역의 교육망을 활용한 교육활동은 다음과 같다.

먼저 특성화 교과 1학년 〈진로와 직업〉 직업체험 단원에서 지역 인사를 초청하거나 지역을 방문하여 직업체험 활동을 하고, 2학년 〈생태와 인간〉 시간에는 지역의 생태전문가와 함께 홍동지역의 생물을 조사하고, 홍동천 주변 탐사활동을 통하여 인간과 생태환경에 대한 고민과 자신이 실천 가능한 일들을 찾아본다. 3학년의 〈삶과 인성〉 시간에는 청소년기 가치관 형성에 필요한 교육을 지역 인사를 초청하여 실시하고 있다. 〈표 5-5〉에 제시된 내용은 2학년 〈생태와 인간〉 교과

표 5-6 지역과 함께하는 교육활동

활동명	내 용
농업 체험	• 전교생 손모내기 체험활동에서 생명의 존엄성, 농업의 가치에 대해 교육 • 2학년 〈생태와 인간〉 시간을 활용하여 채소를 재배하고 수확한 농산물을 전교생이 함께 나누어 먹음으로써 공동체 의식 함양 • 유기농업과 생태환경의 상호작용에 대한 이해와 학생들이 살고 있는 지역의 가치에 대한 교육
향토 문화답사	• 지역의 풀무신용협동조합이 제공하는 홍성지역 문화답사 • 2005학년도부터 매년 1회 2학년 대상으로 실시 • 답사 경비(차량, 중식, 문화 해설사, 간식 등) 전액 지원
환경체험	• 지역의 환경 관련 시설이나 단체에서의 체험활동 • 충남교육연구소와 연계하여 환경부 지원 환경체험프로그램 운영 • 주변 하천 생태환경 조사를 통하여 지속가능한 환경보존 의식 함양 및 실천 가능한 생활태도 형성 • 월 1회 희망자를 대상으로 주로 토요프로그램으로 운영
농장체험	• 마을에서 배우는 생명·평화교육 • 건강한 먹을거리 만들기 및 농사체험 • 순환농업의 이해와 농촌지역의 해충과 익충 관찰

에서 지역과 함께하는 내용이다.

다음은 지역의 교육적 인프라(유기농업으로 경작하는 논과 밭, 지역의 문화유산, 환경관련 시설이나 단체, 교육농장 등)를 활용하여 실시하는 교육활동으로 농업 체험활동, 홍성지역의 역사를 알아보는 문화유적 답사활동, 지역의 환경시설이나 단체에서의 체험활동, 그리고 지역의 교육농장에서의 농장체험활동 등이 있다(표 5-6 참조).

또한 2014학년도 1학년 2학기 자유학기제 교과과정의 일환으로 〈마을 알아보기〉 강좌를 개설하여 학생들이 마을에서 배움을 찾아가는 프로그램을 운영하고 있다(표 5-7 참조). 마을의 가치를 여러 측면에서 알아보는 이 프로그램은 학생으로 하여금 지역에 대한 자긍심을 높이고 지역에서 자신의 꿈을 펼칠 수 있도록 하는 진로설계에 도움을 주고 있다. 마을이 아이들의 미래 설계를 지원하는 활동으로서 인구 4천

표 5-7 1학년 자유학기제 〈마을 알아보기〉 교육활동 내용

주 제	내 용	비 고
유기농업의 역사	희망농부에게 듣는 홍동의 유기농업 역사 이야기	
논 생물 조사	논 생물조사를 통하여 생태환경의 중요성 인식	
마을병원 이야기	우리마을에 살고 있는 의사샘께 듣는 의료생협 이야기	
마을 책방(출판사)	환경 관련 전문 출판사 그물코 이야기	
갓골목공실로의 여행	나도 내가 필요한 간단한 가구는 만들 수 있어야지요	
홍동이 고향이래요.	홍동에서 태어나 지금까지 홍동의 변화를 이야기할까	
'꿈이 자라는 뜰' 농장	장애를 가진 친구들도 지역에서 잘 살 수 있어요	
우리마을 도서관	마을 분들의 성금으로 지은 마을도서관 이야기	

여 명의 면지역에서는 특별한 교육활동이라고 할 수 있다. 이 프로그램은 자유학기제 평가에서 학생과 학부모로부터 가장 높은 점수를 받았다.

동아리 활동과 연계한 금요일 문화예술 특기적성 방과후학교에 지역 인사 10여 명이 학생들의 문화예술적 감성교육을 위해 애쓰고 있으며, 주말 포함 12명의 지역 인사가 본교 방과후학교 프로그램에 참여하고 있다. 방과후학교에 참여하는 지역 인사는 주로 귀농·귀촌한 마을교사로 귀농(귀촌) 직전 직업의 전문성을 살려 학교교육에 참여하고 있다.

표 5-8 2014학년도 지역과 함께하는 방과후학교

요일	프로그램	교육활동 내용	비 고
화, 목	학습(교과)	희망 강좌 선택하여 1학기 수업(단과식)	
	쉬운공부-이룸	읽기, 쓰기, 셈하기 기본학습	
	점프업	낮은 단계에서 다음 단계로 점프하기 위한 학습	
수	뮤지컬	뮤지컬 공연을 목표로 노래, 춤, 연기의 교육	청운대강사
	컴퓨터자격증	워드, 엑셀, 포토샵, 파워포인트 관련자격증 대비	마을교사
금	만화애니메이션	만화 작가 직접 지도	문화예술 진흥원 강사
	수공예	퀼트, 비즈공예 작품, 인형만들기를 통한 수공예	마을교사
	마음속으로 떠나는 미술여행	그림으로 자신의 내면 돌아보기	마을교사
	플루트	악기 개인 준비. 플루트 기초 연주 기능 습득	마을교사
	드럼밴드	드럼, 기타, 베이스, 건반 등으로 구성된 밴드	마을교사
	UCC제작반	영상, 편집기초를 기본으로 영화를 만들어보기	마을교사
	문화시뮬레이션반	세계의 흥미로운 문화탐구활동	
	사진기가지고놀기	사진기 이용 기초, 구도연습 및 출사	마을교사

	영어회화반	원어민 선생님과 영어선생님이 함께하는 회화	
	나도 소설가	뮤지컬 대본작성을 위한 기본 글쓰기 교육 및 작품완성	
	과학탐구	실험, 실습 등 창의적인 과학탐구 활동	
	미술	데생, 수채화, 판화, 디자인 등 미술 창작 활동	
	수학탐험대	수학적 원리와 수학의 문화를 찾아가는 세계여행	
	청소년난타	타악기의 리듬 속에 스트레스 해소와 건강관리	마을교사
	뮤지컬	뮤지컬 공연을 목표로 노래, 춤, 연기의 교육	청운대강사
토	청소년 밴드	드럼, 기타, 베이스, 건반 등 연주기능 습득	마을교사
	햇살요리교실	여러 가지 요리와 나눔 봉사	마을교사
	농구	농구 기초 기능과 경기 운영에 대한 요령 습득	

지역 기관의 사회적 환원사업 및 시설을 활용하여 지역기관·단체 간 공교육 지원체제를 구축하고, 지역과 마을이 '온마을학교' 개념 확산으로 지역학교를 구현하고자 다양한 체험활동을 실시하였다. 이를 위하여 홍성군농업기술센터, 청운대학교(방송예술대학), 영농조합법인 홍성환경농업마을 등 총 16개 기관과 MOU를 체결하여 학생들의 교육활동을 지원하고 있다.

표 5-9 홍동중학교 교육활동 지원을 위한 MOU 체결 기관

연번	기관명	협약내용	주소	비고
1	한국농어촌연구원	환경생태관련 강사 및 각종 검사 지원	경기도 안산	
2	공주대학교 농촌교육연구소	농촌소규모학교 운영 사례 연구	충남 공주	
3	청운대학교 예술대학	학교뮤지컬운영 강사 지원	충남 홍성	
4	충남교육연구소	환경교육프로그램 운영 지원	충남 공주	
5	홍성군농업기술센터	환경생태와 연관된 각종 작물 재배 지원	충남 홍성	

6	풀무신용협동조합	홍성지역문화유적답사 지원	홍성 홍동	
7	홍성환경농업마을	환경체험프로그램 운영 지원	홍성 홍동	
8	홍성여성농업인 지원센터	방과후학교프로그램 및 봉사활동 지원	홍성 홍동	
9	홍동 밝맑도서관	방과후학교, 인문학 강좌 및 봉사활동 지원	홍성 홍동	
10	홍동농업협동조합	경제교육 및 봉사활동 지원	홍성 홍동	
11	홍동장곡파출소	학교폭력예방 활동 및 학생안전귀가 지도	홍성 홍동	
12	홍성유기농영농조합	환경생태 수업 지원 및 유기농업 지도	홍성 장곡	
13	지역센터 마을활력소	학교와 지역의 연계프로그램 및 봉사활동 지원	홍성 홍동	
14	갓골 생태농업 연구소 (홍동 논 학교 밭 학교)	환경생태 수업 지원 및 생태농업 지도	홍성 홍동	
15	풀무농업고등 기술학교	학교시설 이용 및 방과후학교 멘토링 지원	홍성 홍동	
16	풀무학교 생활협동조합	방과후학교(제과제빵) 프로그램 지원	홍성 홍동	

지역의 교육공동체

최근 들어 농촌을 중심으로 학생들의 가정 배경을 살펴보면 낮은 소득과 낮은 교육 성취, 불안한 가족 관계 등 복합적인 문제가 소외계층 학생들에게 동시에 일어나는 경우가 많이 확인되고 있다. 이러한 복합적인 교육 소외 현상이 학교의 교사들에게 학생에 대한 학습지도나 생활교육에 어려움을 겪게 한다.

이에 따라 홍동중학교에 주로 진학하는 홍동면과 장곡면 지역의 초·중학생을 대상으로 교육소외 극복 및 정서적 안정을 위한 지원을 필요로 하게 되었으며, 지역의 초·중·고, 청소년의 성장을 도와주는 여러 단체(장곡아동센터, 밝맑도서관, 여성농업인센터 등)가 연계한 프로그램의 필요성이 대두되었다.

이러한 연계 프로그램과 각급 학교의 농촌교육에 대한 지원을 위하여 삼성꿈장학재단사업의 지역연계사업 주체인 〈햇살배움터교육네트워크〉를 중심으로 상시적 지역교육 지원을 위한 연계체제가 구성·운영되고 있으며, 연계활동가 중심의 역량강화 프로그램과 각 학교별 교육프로그램, 가정의 돌봄 기능을 보완할 멘토링 프로그램을 진행하고 있다. '햇살배움터 교육네트워크'의 활동을 살펴보면 다음과 같다.

첫째, '농(農)'을 중심으로 하는 지역특성화 교육프로그램 연구와 지원활동이다. 생태교과과정 연구모임(원예조합 가꿈, 생태교육단체 논배미와 연계 사업), 마을교사 양성과정(꿈이 자라는 뜰, 논배미와 연계 사업), 마을교육 작은 공부방(비폭력대화, 책 읽는 아마들[1]과 연계 사업), 역량강화사업(밝맑도서관과 연계) 등이 이에 해당된다. 단순히 활동만 하는 데 그치지 않고 자료를 정리하는 매뉴얼 작업을 함께하며, 이를 예비 마을교사를 양성하는 밑거름으로 활용한다.

둘째, 홍동 청소년쉼터 '햇살만화방' 설립 및 운영이다. 충분한 여론수렴 과정과 논의를 거치고, 유사한 단체와 공간들을 견학하고, 실무자들과의 만남을 통해, 지역 청소년들의 거점이 될 수 있는 '청소년쉼터-햇살만화방'을 설립하였다. 햇살멘토링과 마을작업장학교를 통해 돌봄을 받던 학생들이 홍동이나 장곡 지역 외의 학교로 진학하게 되면서 돌봄을 받지 못하고 있는 상황이다. 이런 학생들을 포함한 지역 청소년들이 '만화'라는 매개를 통해 내 집처럼 편안하게 와서 쉴 수 있고, 나아가 진로를 자유롭게 탐색하며 마을 작업장과 연계할 수 있는 교육 프로그램을 만든다. 만화방을 통하여 지역의 학부모, 마을

---

1) 홍동초등학교에서 방과후에 학생들에게 책을 읽어 주는 아빠, 엄마들의 모임

교사들이 지역교육 현안을 논의할 수 있는 구조를 만든다. 이는 2015년, 2016년의 중점 사업인 '햇살배움터 교육협동조합' 설립의 기초가 될 것이다.

셋째, 지역의 초·중학생 중에서 가정의 돌봄이 취약한 학생들을 지원하는 멘토링 제도를 들 수 있다. 이 멘토링 프로그램은 아이들의 학업관리, 정서치유, 생활지원, 진학설계를 상담전문가가 아닌 평범한 이웃 어른들이 맡아서 일상적으로 진행하는 프로그램이다. 이 과정에서 인터넷중독이나 상담치료 등 전문적인 접근이 필요하다고 판단되면 관련 치료상담 기관으로 바로 연계시켜 주는 역할을 한다.

다음으로 마을의 장애학생들을 위해 지역과 학교가 함께 가꾸어 가는 배움터와 일터인 '꿈이 자라는 뜰'이 있다. 2004년 즈음, 홍동중학교 학생들이 학교 밖으로 나와 풀무전공부에서 산책도 하고, 마을주민교사와 함께 원예활동을 하던 것이 첫 시작이었다. 이 활동이 매년 이어지면서 정기적인 수업이 되었고, 초등학교 학생들도 참여하는 프

표 5-10 특수교육 직업교과과정 '꿈이 자라는 뜰' 운영 개요

항목	내용
운영방향	지역과의 연계를 통해 홍동지역 장애학생 직업교과과정 운영
교육대상	홍동지역 초·중·고 특수교육 대상 학생
교육내용	원예, 농작물 재배, 농산물 가공, 요리, 제과·제빵, 목공, 풍물, 초·중 어울림활동 등
장소	홍동초, 홍동중, 풀무농고, 풀무전공부, 작은 가게, 갓골목공소
네트워크 형성	홍동초·중학교, 풀무농업고등기술학교(전공부), 풀무유기영농조합법인, 하늘공동체, 홍성특수교육지원센터, 장애인부모회, 갓골생태농업연구소, 갓골목공소, 지역주민 교사, 지역협의체
평가방안	자체 평가기준 마련

로그램으로 조금씩 확대되었다. 그러다가 2009년에 홍동초등학교, 홍동중학교가 전원학교 사업을 시행하면서, 농업을 바탕으로 하는 '특수교육 대상 학생을 위한 직업교과과정'을 만들게 되었고, 이제는 홍동초등학교, 홍동중학교, 풀무농업고등기술학교 학생들이 학교가 아닌 지역의 농장에서 매주 정기적으로 마을 주민교사의 지도에 따라 활동하는 단계에 이르렀다.

꽃밭교실, 꽃나무교실은 텃밭과 농장에서 꽃과 나무, 허브와 채소 등을 직접 키우고 수확하여, 요리를 해서 먹거나, 가공해서 상품을 만드는 공부를 한다. 꽃밭교실은 풀무학교 전공부에 있는 텃밭에서, 꽃나무교실은 풀무학교 고등부 온실과 '꿈이 자라는 뜰' 농장에서 활동을 하고, 어울림교실은 다양한 신체활동과 사회성 발달을 목적으로 산, 들, 내, 논길을 오랫동안 걷거나, 강강술래와 같은 공동체 놀이를 하는 활동시간이다. 목공교실은 갓골목공실에서 목수선생님과 함께 필통, 수납장 등을 만들며 도구를 사용하고 나무를 만지는 법을 배우고, 풍물교실은 학생들이 점점 실력이 좋아져서 최근에는 마을축제에서 학생들끼리만 무대에 올라 공연을 하였다.

'꿈이 자라는 뜰'은 유기농업에 생태교육과 직업교육을 더한 '전인교과과정'을 지향하고 있으며, 학생들이 초·중·고등학교 12년 과정을 거치면서 농사일을 머리가 아닌 몸으로 자연스럽게 익혀 갈 수 있도록 돕고 있다. 아울러 마을 주민교사들과 함께 생태적인 환경에서 꽃과 채소를 돌보는 농업활동을 통해 정서적인 안정과 고른 신체 발달, 원만한 대인관계를 키워 나갈 수 있기를 기대하고 있다. 우리 아이들이 마을이라는 든든한 울타리 안에서 배우고, 익히고, 관계 맺고, 자기 자리를 찾아서 제 몫의 일을 하며 이웃과 더불어 살아가는 모습이 바로 '꿈이 자라는 뜰'이 그리는 내일의 모습이다.

03 교육공동체 마을을 꿈꾸며

성 과

지역과 함께하는 교과과정의 틀을 만든 2008년 이후 본교는 지속가능한 농촌학교로 잘 유지되도록 노력하여 왔다. 학교가 지역의 중심센터가 되어 학생과 지역주민들에게 부족한 사회적·문화적 자본을 제공하고 도시와의 격차를 줄일 수 있는 가능성을 모색하였다. 그 결과 학교의 위상이 매우 높아졌으며, 학교와 지역의 결합 정도도 무척 강화되었다. 무엇보다도 입학을 희망하는 인근 지역의 학생들이 늘어나고 있다.

본교는 〈표 5-11〉과 같이 최근 5년간 학생 수가 꾸준히 증가하였다. 그 결과 2009학년도에 3학급 규모에서 현재는 6학급 규모가 되어, 학교 교과과정의 정상적인 운영에 필요한 최소학급 규모를 유지할 수 있게 되었다.

지역과 함께하는 교과과정을 운영한 결과 나타난 의미 있는 변화 중 하나는 졸업생의 진학이 다양화되었다는 점이다. 이전까지는 상위권 학생 대다수가 명문대 진학을 목표로 홍성고나 홍성여고에 진학하

표 5-11 홍동중학교 학생 수 변화 추이 (단위 : 명)

연도	2009	2010	2011	2012	2013	2014
학생 수	97	116	140	150	163	150
증가 수	–	19	24	10	13	-13
전년대비 증가율(%)	–	19.5	20.6	7.1	8	-8

였으나, 최근에는 무조건적인 선택(성적에 의한 학교 선택)이 아닌 자신이 앞으로 하고 싶은 일을 찾아 고등학교로 진학하는 학생이 늘어났다. 특히, 농업 관련 학교인 풀무농업고등기술학교나 인근 지역의 식품 관련 학과에 진학하여 지역을 위해 일하겠다는 학생이 많아졌다는 것이다. 학생들의 진로·진학에 대한 관점이 다양하게 변화하고 있는 점은 교과과정의 특성화와 지역화를 통해 지식위주 교육 내지 학업성취도 중심 서열화에서 탈피하였음을 보여 주는 것으로 볼 수 있다. 이는 지역 재생의 관점에서도 의미 있는 변화에 해당한다.

학교의 변화는 지역의 변화와 무관치 않다. 홍동면 지역이 귀농·귀촌 선호지역으로 전국적으로 알려지면서 유입인구가 늘어나고 이들의 자녀교육에 대한 희망이 표출되었으며, 학교는 이런 변화를 능동적으로 수용하였다. 이와 동시에 학교의 이런 변화에 발맞추어 지역 토착민은 물론 이주민들 중 학교교육에 도움을 줄 수 있는 사람들의 학교 참여도 자연스럽게 늘어났다. 학교와 지역의 순환 공생 관계가 형성된 것이다.

과 제

지역과 함께하는 온마을학교로서 지속성을 유지하기 위해서는 내·외부적인 과제를 안고 있다.

먼저 학교 내부적인 과제로는 서로 배려하며 함께 성장하도록 유도하는 다양한 지역화교육활동이 알려지면서 교과 중심의 교육활동에서 소외되기 쉬운 학생들이 본교에 입학을 하여 학업성취도 및 문제해결 능력 향상에 어려움을 겪고 있다. 지속적 농촌교육복지 실현을 위한 안정적 재정 마련이 매 학년도 주요과제로 나타나 이를 확보하기 위해 갖가지 공모사업에 응모를 하는 번거로움이 있다. 그리고 체험 중심의 교육활동 다양화로 교사의 업무가 가중되고 있다. 이와 함께 지역과 함께하는 온마을학교를 지향하고 있지만 교사들이 지역과 관계 맺기에 소극적이고 지역활동 참여도가 낮은 편이다.

　다음으로 지금 진행되고 있는 다양한 교육활동을 하나로 통합할 수 있는 교육협동조합의 설립이 시급한 과제이다. 다행히 〈햇살배움터교육네트워크〉를 통해 조성된 교육협동체가 협동조합으로의 전환을 모색하고 있다. 다만, 지역에 협동조합으로 운영되는 단체나 기관이 많아 지역주민들에게 어떤 전망을 제시할 것인가는 차분히 생각해야 할 문제이다. 홍동중학교를 둘러싼 지역은 앞에서도 언급했듯이 도시 못지않은 다양한 경험을 가진 사람들이 많은 곳이다. 이러한 사람들을 활용한 학교 중심의 교육활동과 지역 중심의 교육활동이 얼마나 조화를 이루어 지역 청소년들의 성장발달에 도움을 줄 것인지는 지속적인 과제이다. 사회의 변화와 청소년의 변화에 앞서 준비하는 교육공동체 홍동지역이 그런 마을이었으면 좋겠다.

제 **06** 장

문화예술교육으로
바라보는
마을-학교의 소통

― 세월초등학교 사례를 중심으로 ―

김지연(세월초등학교 문화코디네이터)

예술은 사람을 변화시키고, 그 사람은 자신의 삶을, 자신의 이웃을, 자신의 지역을, 사회를, 그리고 세상을 변화시킨다. 예술 하나만으로 모든 사람을 변화시킬 수는 없다. 깨어 있는 의식이야말로 변화의 핵심이며, 예술은 바로 그 의식이 깨어나도록 돕는 것이다.

―토니 쿠시너(Tony Kushner)―

01 문화예술교육이란 무엇일까?

문화예술교육은 매우 많은 것을 담고 있다. 그래서 더 정의내리기 어렵기도 하다. 하지만 다르게 보면, 우리 주변의 모든 것이 문화예술교육으로 이야기될 수도 있다고 생각한다.

나는 처음에 '문화예술교육이란 무엇일까?'를 생각하다가 우연히 책한 권을 읽게 되었다. 보리출판사에서 나온 『작은 학교가 아름답다』(보리편집부 편, 1997)라는 책이었다. 그 책에서 사티쉬 쿠마르의 "작은 학교가 아름답다"에 이어 비노바 바브의 "참다운 교사는 가르치지 않는다"를 읽으며 '아, 내가 하고 싶은 게 이거였구나!' 하고 깨달았다.

'문화예술교육'이라는 조합의 단어를 알기 전에 먼저 교육연극이라는 것을 알게 되었다. 처음 연극판에서 공연을 기획하고, 공연을 만들면서, 기획자의 시선에 관객이 먼저 들어왔다. 그들이 좋아하는 것은 무엇일까? 내가 예술을 통해 그들을 즐겁게 해 주고, 느끼게 해 주고 싶은 건 무엇일까? 내가 함께 만든 공연에 와서 그들이 희로애락을 느낄 때 오는 행복으로 예술판에 있는 것이 행복했다. 그런데 어느 날이 모든 것이 거품 같았다. 일방적 짝사랑 같은 ….

그러다가 '사다리 연극놀이연구소'에서 연극놀이로 교감하는 아이들, 스스로 아이가 되는 교사들을 만났고, 모두가 그 속에서 몸과 마음이 열리는 것을 배우게 되었다. 생각이 열리고, 표현이 열리는 아이들, 하나의 생각이 아닌 다양한 생각을 갖고 있는 아이들, 그 아이들이 모든 사물과 대화를 하며 교감하는 모습을 보면서 그런 아이들의 생각과 상상을 계속 키워 줄 수 있는 교육환경을 만들어 주고 싶었다.

2003년, 2004년에는 대안교육을 고민하는 분들을 만났고, 정부 차원의 문화예술교육 정책이 마련되는 시간을 함께 보내며, 같은 꿈을 꾸는 많은 사람을 만나게 되었다. 그리고 어느새 10년이 지났다.

그 시간 속에서 많은 문화예술교육 프로그램이 만들어졌고, 많은 예술강사가 생겼고, 예술의 사회적 역할에 대한 많은 논의가 일어나고 실행되었다. 하지만 급하게 추진되는 과정에서 우리는 문화예술교육 프로그램의 옳고 그름을 이야기하게 되었다. 가치의 진정성, 효과, 성과의 문제에 대한 이야기가 끊임없이 오가기도 하였다.

물론 이 논의가 매우 중요했고, 그 속에서 문화예술교육은 많은 성장을 하였다. 그리고 오늘날 "새로운 사회를 여는 키워드, 문화예술교육"이라는 말처럼 문화예술교육은 사회 곳곳에서 다른 과제와 맞물려 중요한 의미를 만들어 내고 있다. 그래서 이제 어디까지가 문화예술교육의 역할과 과제이며, 어디까지가 예술, 복지, 교육, 지역성장, 노동/실업 문제 해결의 과제인지에 대해 혼선이 있는 것 또한 하나의 과정이라 여겨진다.

이 모든 혼돈의 과정 속에서도 나는 문화예술교육의 가장 중요한 화두는 '사람', 그리고 사람들 간의 '소통'이며, 이것을 잃지 않는 것이 문화예술교육의 가장 중요한 핵심이라는 생각이 들었다. 그렇기 때문에, 현장에 있는 예술가, 예술강사, 교사, 기획자, 운영자의 태도, 그리고 거기서부터 확장되는 시선, 그 시선을 넓혀 주는 다양한 작업을 생각하게 된다. 그리고 그 작업들이 다시 체제와 맞물릴 때 성장할 수 있는 힘이 될 수 있음을 깨닫게 되었다. 한편 그 체제는 작을수록 그 안에 다양하게 존재하는 갈등의 가치를 찾고, 그것을 인정하며, 다시 해결해 나가는 과정을 밟아 나가게 된다.

그리고 그것을 고민하고 찾아온 지난 15년의 시간 중에서 학교 문화예술교육, 마을학교를 고민하게 했던 7년여의 긴 시간은 그전까지 프로그램 중심의 고민에서 예술의 태도, 시선, 일상 속 문화예술교육을 생각해 보는 시간이었고, 그 자리에 양평 세월초등학교와 선생님들이 있었다.

02 마을학교를 꿈꾸는 세월초등학교 이야기

세월초등학교, 세월마을과 함께 어울려 사는 마을을 꿈꾸다.

2007년 양평지역 교육연극 교사연수가 인연이 되어 알게 된 세월초등학교에서 아이들을 위해 작은 학교로 모인 5명의 교사들을 만났다.[1] 당시 세월초등학교는 많은 농촌학교가 그렇듯 전교생이 60명이 되지 않는 분교/폐교 위기의 학교였고, 동문·마을주민의 노력으로 간신히 유지해 나가고 있었다.

---

[1] 세월초등학교는 1개 학년 1개 학급의 작은 학교로, 교장·교감 선생님과 교무부장, 그리고 6명의 담임교사가 있다.

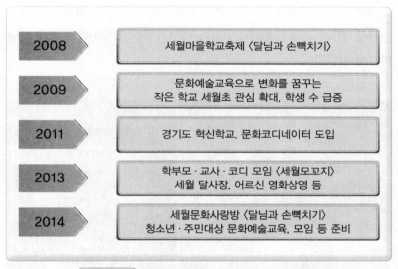

2008	세월마을학교축제 〈달님과 손뼉치기〉
2009	문화예술교육으로 변화를 꿈꾸는 작은 학교 세월초 관심 확대, 학생 수 급증
2011	경기도 혁신학교. 문화코디네이터 도입
2013	학부모 · 교사 · 코디 모임 〈세월모꼬지〉 세월 달사장, 어르신 영화상영 등
2014	세월문화사랑방 〈달님과 손뼉치기〉 청소년 · 주민대상 문화예술교육, 모임 등 준비

그림 6-1 문화예술교육과 만나는 마을 만들기

당시 교사들, 예술가들과 함께 폐교 위기에 놓인 농촌의 작은 학교를 살리는 길로 우리는 문화예술교육을 선택하였고, 그 방법의 하나로 마을학교축제를 생각했다. 우리가 '마을학교축제'라는 이름을 내걸었던 것은 농촌에서 마을과 학교는 불가분의 관계라 여겼고, 마을이 살아야 학교가 살고, 학교가 살아날 때 마을이 힘을 받기 때문이다. 1년의 과정 속에서 학년별 교사들은 각자 하고 싶은 예술을 교육 속에 담았고, 마을의 이야기를 모아 전교생과 마을주민들이 함께 참여하는 공동체 연극을 만들고, 동문 주민들을 통해 마을과 학교의 옛날 사진들을 모은 사진전을 열었고, 1~3학년의 공동 프로젝트로 농촌의 빈집을 예술 공간으로 꾸미는 '꿈꾸는 작은 미술관'을 만들었다. 그 1년의 과정이 '달님과 손뼉치기'라는 세월마을학교축제로 모아진 것이다. 그 후로 교사들의 아이들 사랑, 마을학교축제, 작은 학교 살리기로 세월초등학교가 외부에 알려지면서 타지에서 여러 가족들이 이사를 왔고, 이제는 120~130명의 학생과 70여 가족이 주변에 사는 마을이 되었다.

그림 6-2 꿈꾸는 작은 미술관

7년의 시간

2008년 세월마을학교축제 '달님과 손뼉치기'를 시작으로 2010년부터 현재까지 6회에 걸쳐 세월초등학교는 매년 축제라는 이름으로 주제 중심의 교과과정을 고민하며 문화예술교육 교사모임을 가진다.[2)]

세월초 문화예술교육 교사모임은 전 학년 교사들이 모여 '문화예술교육'에 대해 공부도 하고 축제를 준비하는 과정이다.

축제를 준비한다는 것은 1년의 교과과정과 접목할 '주제'를 정하고, 우선 주제에 접목할 수 있는 학년별 문화예술교육 프로그램을 구상한다(이때 교사는 교과과정 재편성—국어, 사회, 미술, 음악, 창체 등—방안도 마련한다). 일반적으로 연극, 미술, 애니메이션, 영화와 연계한 프로그램을 구성하게 되며, 그 과정에서 교사가 직접 실행하기도 하고, 예술강사와 협력하여 진행하기도 한다.

다음으로는 학년이 함께할 수 있는 프로그램을 구성하기도 한다. 2008년에는 빈집프로젝트로 1~3학년이 함께하고 공동체연극으로 학생·학부모·지역주민이 함께했다면, 2009년에는 마을달인 만나기, 2010~2011년에는 마을 탐사, 2012~2013년에는 농사짓기를 통해 고민들을 모아 갔다.

이 외에도 세월초 문화예술교육 교사모임은 매일 학교에서 아이들 사이에 일어나는 여러 일들을 함께 논의하는 장이 되기도 하였다.

2009년에는 세월마을학교축제를 하지 못했다. 일부에서 학력신장에 집중하지 않는다는 비난이 있었기 때문이다. 그래도 교사들은 마

---

2) 2008~2011년까지 문화예술교육 교사모임은 8명의 교사(병설 유치원 교사 포함)와 본인(문화기획자), 정원철 교수(학교 운영위원, 공공예술전문가, 추계예술대학교 미술과 교수)가 매주 모여 진행하다가, 2012년부터는 문화예술교육과 혁신학교를 분리하여 격주로 진행하고 있음.

을에서 배움을 키운다는 생각을 계속 가졌고, 그 일환으로 주기 집중 기간[3]을 통해 추진했던 것이 '마을의 달인' 프로젝트이다. 교사들이 직접 나서서 마을의 달인을 찾았다. '짚풀 할아버지', '마차 만드는 아저씨', '대금 선생님', '판화 교수님', '젖소 달인' 등이었다. 그리고 아이들과 함께 그분들을 찾아다니거나 학교로 초빙하여 주기 집중기간에 다양한 만남을 시도하기도 했다.

2010년 9월 혁신학교를 준비하면서 세월초등학교는 세월마을학교 축제를 다시 준비하였고, 학교 문화코디네이터[4]를 도입하여 좀 더 공식적인 역할을 통해 마을-학교 문화예술교육에 대해 고민을 확대해 보고자 하였다. 세월초등학교는 매년 학기를 시작할 때 그해의 주제를 정하고, 학년별로 교사가 생활이나 예술에 접근하는 방법을 찾는다. 2010년 '나눔', 2011년 '돌봄-마을÷학교', 2012년 '마을', 2013년 '울타리', 2014년 '친구'라는 주제를 가지고 각 학년별로 농사, 책, 연

---

3) '주기 집중기간'이란 교과과정을 재편성하면서 1주일간의 문화예술교육과 관련된 수업만을 할 수 있도록 마련한 것이다. 전체 학년이 1주일간 교과서 수업이 아닌 '주제' 중심 문화예술교육과 연관된 프로그램을 각 학년 담임선생님들이 계획하는 것이다. 이 기간 동안 마을/학부모 달인들을 초청하여 수업을 진행하기도 하고, 축제를 위한 주제 중심 문화예술교육의 마무리를 짓기도 한다.

4) '학교 문화코디네이터'는 문화예술교육을 이해하고 있는 기획자로서, 교사가 아이들이 좀 더 흥미롭고 즐거워할 수 있는 교과과정을 구성하도록 지원하고, 교육의 과정에서 나타나는 학생들의 변화에 대해 관찰하고 지원한다. 또한 외부 문화예술 전문가들이 학교에 지원되어 좀 더 활성화된 교육을 실현할 수 있는 환경 및 네트워크를 구성한다. 학부모 및 지역주민들과의 관계를 확대하고 학부모 및 지역 주민들의 주체적 활동프로그램 개발을 지원한다. 또한 교과과정에서 요구되는 지역협력에 대한 계획을 세움으로써, 학교의 교과 과정이 좀 더 지역이나 문화예술교육과 연계할 수 있도록 모색한다. 또한 문화코디네이터는 결과물들이 전시성 중심에서 벗어나 다양성과 참여의 가치를 높일 수 있도록 다양한 활동(축제, 발표 등)을 구성한다. 이처럼 마을학교가 활성화되기 위해서는 교사 중심의 교과과정에서 다양한 사람들이 협력할 수 있도록 매개하는 역할이 필요하며, 이를 세월초등학교에서 '학교 문화코디네이터'로 이름 짓게 되었다.

극, 영화, 애니메이션, 디자인 등 다양한 접근을 시도해 보았다. 어떤 학년은 교사 스스로 진행하기도 하고, 예술강사와 협업으로 진행하기도 한다. 교과시간을 만드는 것도 교사의 재량으로 이루어진다. 교육 목표와 내용을 풀어가는 방식으로 창체 시간[5]을 활용하기도 하지만, 국어, 사회, 미술 등 교과시간과 연계하기도 한다. 그리고 그 경험들을 모아 10월 세월마을학교축제 기간이 되면, 전시, 체험, 공연으로 만들어 낸다.

2012년에는 새로운 시도를 하였다. '마을로 나가자!'.

아이들은 교사와 함께 마을 산책을 많이 한다. 농사를 지으러 마을로 나가기도 했고, 마을회관에서 어르신들을 만나기도 했지만, 학교와 마을의 관계가 마음처럼 가까워지지 못했다. 외지에서 많은 학부모가 전학을 오면서 학생 수는 늘어났지만, 마을주민이 낯설기만 하다. 예전에는 마을주민들이 우리 할머니, 할아버지, 친척이었는데, 그런 연고가 없는 가족이 많이 이사를 온다. 이들은 마을에 잘 정착하기보다 그냥 거주하게 된다. 심지어 아이들이 자주 나가는 '느티나무', '빨래터'도 새로 와서 살게 된 부모들에게는 낯설기만 하다. 그러다 보니 축제기간에도 학교에 오는 마을주민이 점점 줄어든다. 그래서 2012년에는 마을로 나간 전시, 체험으로부터 새로운 경험을 갖게 하였다.

마을길을 따라 걷다 보면 아이들과 학부모들이 다양한 공간을 마련하고, 지난 교과과정을 보여 주는 전시 및 체험도 하고, 먹거리도 만들

---

5) 초·중·고등학교의 교과과정 중 국어, 수학, 영어, 사회, 과학 등 교과서 중심의 교과가 아닌 자율, 동아리, 봉사, 진로 등의 주제로 자율적 운영을 통해 학생과 학교에 맞는 다양한 교육활동을 할 수 있는 활동을 엮어 '창의적 체험활동(창체)'이라 한다. 이 과정을 통해 학교와 교사의 재량권이 늘어나면서 문화예술교육에 대한 관심도 많이 확대되었다.

어 준다. 아이들이 1년간 힘들게 농사를 지었던 밭도 보여 준다. 그 속에서 어르신들은 아이들을 좀 더 유심히 관찰하기도 하고, 맛난 음식도 들면서 세월마을학교 축제날을 기억하게 된다.

그림 6-3 | 세월마을학교 축제

새로운 시작, 그리고 '세월모꼬지'

사실, 6~7년간 마을과 학교의 동행을 꿈꾸면서 몇몇 교사와 함께 고민했지만, 학교라는 울타리가 매우 답답하다는 것을 느꼈다. 전입하는 아이들이 늘어 학생 수는 늘어 갔지만, '마을주민에게 세월초등학교란 무엇일까?'를 생각하면 학교와 점점 멀어지는 느낌도 들었다. 예전에 마을공동체 연극을 올리면 어르신들이 "그래, 우리 얘기야." 하면서 느끼던 공감대는 사라지고, 지금의 아이들은 점점 동네의 버릇없는 아이들로 비쳐지고, 학교를 바라보는 데도 거리가 생긴다.

학교는 아이들이 중심이다. 모든 계획은 아이들에 맞추어 만들어져야 한다. 그러나 그것조차 쉽지 않으니, 그것을 위해 싸우고 만들어 가는 것만으로도 벅차다. 마을에서 아이들은 구성원의 하나이다. 마을에 아이들이 있기에 할 수 있는 많은 것이 생기고, 에너지가 솟아나고, 마을에 사는 사람들 모두가 행복하고 건강하기를 바라는 게 모두의 꿈일 것이다. 탓하기보다, 배려하고 이해하고 존중해 주는 마을 ….

그것을 고민하면서 교사·학부모·예술강사·기획자가 '세월모꼬지'로 모였다. 우리가 마을에서 주민들과 행복하기 위해 할 수 있는 것이 무엇일까? 처음에 우리는 공부모임처럼 시작하여 점차 마을에 행사를 만들게 되었다. 학부모회가 주축이 되어 1년에 2회 실시하는 아이들의 나눔 행사인 벼룩시장을 마을로 가지고 나와 '달시장'이라는 이름으로 마을주민과 함께하는 것을 시도했다. 달시장을 핑계로 마을 어르신들에게 음식도 대접하고, 나눔의 확대도 시도했다. 그것을 어르신들이 농산물을 내놓을 수 있는 기회로 활용하고자 했다. 그리고 농한기에는 가족, 어르신을 위한 영화 상영회를 갖기도 하였다.

그림 6-4 세월문화사랑방

　2013년에는 우리의 노력에 힘이 되는 일이 생기기도 하였다. 면사무소의 도움으로 세월마을회관 2층을 문화사랑방 '달님과 손뼉치기'로 리모델링하는 계기가 마련되었다. 문화사랑방을 제안한 첫 출발은 청소년이었다. 세월초등학교를 졸업하는 청소년들, 마을에 살고 있는 아이들을 보면 중·고등학교를 다니면서 힘들어하는 모습이 보였다.

경쟁만 해야 하는 학교에서 낙오자가 되고 있다고 느끼는 아이들. 마을 어르신들은 청소년이 농촌에서 끼리끼리 모여 나쁜 짓을 할 수 있다고 말한다. 그래서 마을에 청소년들의 공부방 겸 쉼터가 생기고, 마을에서 아이들을 돌볼 수 있는 환경이 마련되면 좋겠다는 생각을 하게 되었다. 더불어 그 공간이 아이들의 공부방 외에도 어른들이 모여 이야기하고 다양한 일을 모색하는 이야기 공방, 문화사랑방이 되면 좋겠다고 생각했다.

6월 공사를 마치고 개관식을 하고 이제 6개월, 아이들과 마을주민들에게 문화사랑방을 알리는 시간은 되었다. 그러나 공간을 만드는 건 역시 사람이며, 사람의 손이다. 마을에서 사람들이 어울리게 하려면, 마을에서 일을 벌리려면 역시 사람이 필요하다. "안 돼"라기보다 "궁금해" 하고 무수하게 질문을 던질 수 있는 용기, 그리고 돌아오는 이야기들로 다시 시작하고 새로운 이야깃거리를 만들며 이야기를 던지는 용기를 가지고 그것을 함께할 사람이 만들어지는 것이 마을이다.

03 | 세월초등학교 교육의 지향, 그리고 남은 과제

나뿐만 아니라 세월초등학교의 교사들은 세월초등학교를 중심으로 한 마을학교 이야기를 지난 과정의 경험을 중심으로 먼저 풀어 나가게 된다. 그리고 교사회의는 학습활동을 점검하기보다 아이들의 경험, 갈등의 이야기로 먼저 시작하게 된다. 가끔 기획자로서 그 시간을 구조화하기 어려운 것이 힘들기도 했지만, 배움도 있었다. 반면 이제 7년이 지난 시점에 다시 더 멀리를 바라보고 고민해야 하는 시간이기도 하다. 과연 우리가 세월초등학교에서 추진하고자 했던 것은 무엇이었을까?

세월초등학교 교육변화의 출발은 '학교를 살리자', '오고 싶은 학교를 만들자'는 것이었다. 그러면서 택한 것이 문화예술교육이었고, 축제와 소소한 행사들을 통해 학교를 알리는 것이었고, 그것을 지속하기 위한 마을학교여야 한다는 필연성이 있었다.

주제 중심의 문화예술교육

학교에서의 문화예술교육 하면 제일 먼저 떠올리는 것은 예술동아리 활동, 예술교육과 발표, 전시, 또는 교과목표를 예술교육으로 체험해 보는 것이다. 이때 각 활동들이 어떤 내용을 선택할 것인가는 핵심목표가 되지 않는다.

반면 세월초등학교는 축제를 학교교육 활동의 전면에 세우면서 학기 초에 그 축제를 위해 매년 주제를 찾았다. 그 주제를 중심으로 학년별 교과과정을 재편성할 수도 있다. 예를 들어 '나눔'의 주제를 갖고 일년의 교과과정을 보게 되면 각 주제의 교과, 교육활동 속에서 다양하게 연계되는 활동들을 찾아낼 수 있다. 나눔시장을 열고, 친구를 도와주고, 마을 어르신을 만나 재능나눔을 할 수 있다. 교과 속에서도 국내외 봉사, 나눔을 하는 사례들을 배울 수 있다. 그리고 그 과정에서 관찰하게 되고, 느끼는 것들이 다양한 문화예술활동으로 표현된다. 역으로 문화예술 프로그램은 '나눔'의 주제에 대해 학생들이 지적 이해를 넘어 감성으로 받아들이기 위한 접근을 시도할 수 있다. 상황

극을 만들어 역할을 바꿔 보기도 하고, 합동작품을 만들면서, 그리고
친구를 직접 관찰하며 그려 보는 과정에서 '나눔'의 다양한 가치들을
자신의 것으로 좀 더 깊이 들여다볼 수 있다.

'마을'을 통한 배움의 확대

2008년 처음 축제를 준비할 때의 주제이기도 했던 마을학교, 이것
은 당시 중장기적으로 학교를 살려야 하는 필요성에 의한 것이었다.
첫해에는 아이들이 살고 있는 농촌마을의 공간, 이야기를 찾아가고
공유하는 자리였지만, 이것이 한 번의 '주제'일 수는 없었다. 마을은
아이들의 배움이 확대되는 삶의 현장이기 때문이다.

교과서 속에서 함께 사는 공동체의 중요함을 배우지만, 현실에서는
경쟁과 성공을 위해 농촌마을을 떠나야 하는 사람들을 본다. 마을의
일상은 아이들이 몸으로 겪고 살아가는 것임에도 타자화되어 버린다.
일상에서 벌어지는 많은 놀이들이 있음에도 놀이공원을 가야만 놀이
를 하는 것처럼 삶이 분절되어 버린다.

그래서 일상의 주변에서 바라보는 것을 교과과정에서 바라봄으로
써 삶과 교육을 연계해 나간다. 마을의 달인을 만나면서 마을의 모든
일과 삶의 소중함을 배우고, 마을 폐가를 새롭게 꾸미면서 흉가로 잊
혀지는 것이 아닌 삶의 흔적을 찾고, 마을 사람과 길에 이름표를 붙이
면서 작은 골목에 이야기를 만든다.

한편 아이들과 학부모가 타지에서 이사를 오면서, 마을 정주성이
강한 농촌에서 마을학교는 좀 더 의미를 가진다. 마을에 새로 들어온
학부모는 도시와 달리 마을의 도움을 받으며 살아야 한다. 마을에 머
물 이유들이 만들어지지 않는다면, 아이의 교육을 위해 또 떠난다. 그
들이 마을에 들어와 다시 마을을 키우는 힘이 되고, 마을에 젊은 세대

가 많아지고, 아이들이 졸업 후에도 마을에서 살 수 있게 하는 환경을 만드는 것 또한 마을학교의 과제이다.

세월초등학교의 과제

학교의 교과과정을 구조화하고 정의를 내리며, 그것을 학교의 특성으로 당연히 받아들이도록 하여, 새로 오는 교사, 학부모들이 분명한 공감대를 갖고 출발하도록 했어야 할까?

지금은 체제를 만드는 것, 그 안에서 역할분담을 하고 점검하고 평가하는 것에 대한 장단점을 돌이켜 보아야 할 시간이다.

7년여의 시간을 지내면서 초기에 함께 세월마을학교축제를 생각하고 주제를 논의하고 교육방법을 고민하던 교사들이 이제 하나, 둘 다른 학교로 전근을 가고, 새롭게 세월초등학교를 바라보는 교사들이 모이고 있다.

초기에 함께했던 교사들은 교육연극 연수를 하고 다양한 행사를 함께 만들며, 그 가능성을 몸으로 체험해 나가는 과정에서 그 가치를 느꼈다. 주제 중심 문화예술교육과 마을의 중요성에 대해 학습을 구조화하기보다 각자의 몫으로 두었다. 그 과정에서 프로그램을 먼저 찾지 않았는데, 교사들의 열린 고민은 예측하지 못했던 새로운 발견들로 나타나기도 했다. 그 대표적인 첫 번째 사례가 폐가를 바꾼 '꿈꾸는 작은 미술관'이었다.

2010년 9월 혁신학교로 지정됨으로써 그간의 가능성과 체제 속에 주제 중심의 문화예술교육, 마을에 대한 구체적 접근을 시도하였다. 그러나 계속 전학을 오는 학생들, 학부모들의 학교 적응과정에서 오는 다양한 갈등 문제 또한 교과과정 안에서 접근해야 하는 과제로 다가왔다.

그러다 보니 7년이 지난 현재 세월초등학교 교사들 간에 주제 중심의 문화예술교육이 축제를 위한 하나의 주제로만 비쳐지거나, 마을에 대한 고민의 깊이, 관심이 달라 이것이 교과과정 안에서 야외활동으로 머무는 경우도 많이 있다.

2014년 9월 처음 부임한 초빙교장은 근간의 세월초등학교가 가진 목표—문화예술교육, 마을—를 세월초의 교육방향으로 세우고 있기 때문에 이제 다시 지난 과정을 점검하고 새로운 가능성을 계획해야 하는 시기이기도 하다.

처음 모였던 교사들이 이전의 각자의 경험 속에서 세월초등학교의 목표를 함께 만들어 나갔다면, 지금은 그 가치를 공감하고, 그 속에서 방법을 찾기 위한 다양한 워크숍을 마련해야 할 필요성이 느껴지고 있다. 그 과정에서 교사들이 필요성을 공감하고 스스로 방법을 모색하는 과정이 공유되지 않으면 이것 또한 학습에 그칠 뿐, 각자의 교과 과정을 새롭게 만들어 내는 데 한계가 있을 것이다. 돌이켜 보면 지난 시간의 세월초등학교의 목표는 교과서 중심 교과과정의 근간을 흔드는 과정이었고, 교사들의 주체성으로 만들어 낸 시간이기도 하였다.

한편 마을학교의 과제도 남아 있다. 7년간 2배로 늘어난 학생 수는 현재 정체되거나 감소되고 있다. 학생 수가 늘고, 이주가족이 늘어나는 것만으로는 마을공동체의 확장이라고 보기 어렵다. 학교의 문제의식이 마을과 소통되지 못하고 있다. 학교와 학부모가 외딴섬이 되지 않기 위해 마을과 새로운 관계를 맺으려면 아이들과 어른들이 마을의 구성원이 되어야 하는 것이다. 2013년 말에 시작된 '세월모꼬지'는 그 고민을 시작하고 있다. 세월초등학교에서 인식한 '마을의 중요성'이 학교의 필요만이 아닌 마을의 가치로 확대되기 위한 방법들을 모색하게 된다.

04 | 세월초등학교에서 다시 깨우친
문화예술교육

이 고민들은 3~5년 전 혁신학교, 새로운 교육을 꿈꾸며 시작했던 많은 학교들에서 초기 교사, 학부모들과 시간이 지나며 새롭게 찾아오는 구성원들과 겪게 되는 2차 성장과정의 하나이다. 세월초등학교의 과제는 지난 시간 속에서 발견한 것과 놓친 것을 새롭게 재구성하는 것이다.

지난 7년여의 시간을 함께하면서, 체제를 고민하기 이전에 아이들을 생각하는 세월초등학교 교사들을 통해 문화기획자로 새로운 것을 더 많이 배웠다. 아이를 보는 교사의 시선, 일상의 삶을 일구어 가는 태도, 그 속에서 끊임없이 생기는 갈등을 오로지 아이들을 위해 겪으며 대안을 찾아가는 모습을 보았으며, 또한 마을/학교라는 것이 교과서 속 이야기로 되는 것이 아니라 품을 팔고 맘을 팔고 함께 만들어 갈 때 가능한 작은 공동체임을 배웠다.

몇 년 사이 문화예술교육은 지역, 작은 학교를 찾아가고 있다. 문화예술교육으로 지속 가능한 삶까지 연계할 수 있는 가능성을 바라보고 있는 것이다. 물론 나도 그것을 믿는다. 그러나 마을에서, 작은 학교에서 문화예술교육은 프로그램이 아님을 배우게 된다. 무엇보다 아이를 인정하는 교육의 태도, 삶의 다른 방식을 내 몸으로 받아들여야 하는데, 이것은 문화예술교육의 방법이 아닌 지향점과 맞닿아 있다. 마을/학교가 살아난다는 것은 모두가 주체가 되는 것이다. 시키는 대로 하는 것이 아니라 좋아서, 스스로 함께 만들어 가는 것이다. 이때 문화예술교육 프로그램은 사람들을 엮어 주고, 소통의 고리를 만들어 주는 좋은 매개임을 다시 느낀다.

아이들이 교육의 과정에서 가졌던 다양한 생각을 축제를 통해 무대에서 본다. 온가족이 대동놀이를 하며 함께 뛰노는 과정에서, 아이들이 만든 것을 마을 곳곳에 전시하고, 놀이를 하면서 아이와 부모가 마을주민들과 만나려는 시간 속에서 마을의 즐거움을 찾는다. 거기에는 연극, 영화, 애니메이션, 미술, 음악, 이야기, 전통놀이 등 모든 것이 엮어져 있다. 하나하나가 문화예술교육 프로그램일지 모르지만, 그 전체를 엮는 것은 사람을 만나는 것이고 소통을 하는 것이다. 그리고 다른 사람들에게도 그렇게 지내자고 손을 내미는 것이다.

그 시간은 천천히 간다. 떠나는 이도 생기고 다시 들어오는 이도 생긴다. 기대가 컸던 자신을 돌아보기도 하고, 서운함을 표현하기도 한다. 그럼에도 그 시간이 가치 있음은 시키는 대로 따르는 것이 아니라, 조약돌을 쌓아 가듯 하나하나 함께 쌓아 가고 그것을 몸으로 느낄 수 있기 때문이다. 자본주의 교육 속에서 효율성에 기반한 하나의 방법을 찾기보다 다양성을 인정할 방법을 모색하는 과정이다.

지난 시간 속에서 소중하게 배운 문화예술교육은 프로그램이라기보다 태도와 시선이다. '안 돼'라는 부정보다 '무엇일까?' 궁금해하는 마음, 그 궁금함을 풀어 보려고 시도하는 용기, 그리고 그것을 다시 관찰하고 새로운 것을 발견해 가는 고리가 필요하다. 2005년 워크숍에 참여했던 한 특수교사의 이야기가 지금도 기억에 남아 있다.

> "저는 이전까지 우리 반 친구들이 악기를 배우고, 예술을 하면서 잘할 수 있기를 바랐어요. 그래서 멋진 모습을 남들에게 보여 주기를 바랐어요.

그러나 제가 이 악기를 배우는 과정에서 이렇게 웃을 수 있고 즐거움을 느끼면서, 우리 아이들을 보는 시선이 달라진 거 같아요."

아직도 우리는 '문화예술교육'이라는 이름을 내세우면서도, 한눈에 보이기를 원하고, 성과가 드러나기를 원하고, 모든 아이가 다 같은 체험을 동일하게 하기를 바란다. 그것을 체제라고 말한다. 그리고 교사, 부모 또한 내 아이가 그 안에 있어야만, 멋지게 보여야만 성공했다고 생각한다.

우리는 다양성을 이야기한다. 아이 하나하나, 사람 하나하나는 다 다르다고 이야기한다. 생각하는 것, 경험하는 것, 느끼는 것, 하고 싶은 것, 모든 것에서 그 다름을 인정해야 한다고 한다. 그렇다면 다르기 때문에 '하지 않는다', '하기가 어렵다'가 아니라 그 다양성을 보여주는 방법이 달라야 하고, 그 다름을 읽어 내는 모든 사람의 시선이 필요하다. 그래서 문화예술교육은 모든 사람에게 필요한 일이고, 그래서 어려운 일이다.

이 모든 것이 과정이다. 성과는 우리의 꿈이다. 그 성과를 만들어 내기 위해 모두가 주체가 될 수 있도록 사람을 모으고 재미나게 놀자고 한다. 같이 살면서 행복한 마을공동체를 만들자고 달시장도 열고, 예술가도 끌어들이고, 아이들과 엄마들과 원정대 활동도 한다. 그 시간을 함께 만드는 것은 내가 문화예술교육에서 지향하는 가치 실현이기에 나에게는 굳이 연극을 하지 않아도, 영화를 찍지 않아도, 오케스트라를 만들지 않아도 문화예술교육이다. 마을에서 사람들이 소통하는 데 문화예술교육은 가치 있는 활동이며, 문화예술교육 프로그램은 좋은 매개체이다.

"한 아이를 키우는 데는 마을 전체가 필요하다."

그림 6-5 세월마을과 아이들

제 07 장

교육복지를 위한
학교-지역기관
연계

－관악교육복지네트워크
사례를 중심으로－

최윤정(관악교육복지네트워크 사무처장)

01 | 시작하는 말

———

　1991년 10월 27일 결혼을 하면서 남편과 함께 신림동 달동네에서 신혼살림을 차리게 되었다. '천주교 도시빈민회'라는 단체에 소속되어 있는 선배가 함께 일해 보지 않겠느냐고 남편에게 제안을 하여 살게 된 것이다. 내가 빈민지역에 들어간 것은 가톨릭 신앙인으로서 '가난한 사람이 행복하다는 말이 정말일까?' 하는 의구심에서였다.

　IMF 전에는 가난한 사람들의 삶이 참으로 행복했다. 옆집 앞집 숟가락이 몇이고, 가정사가 어떤지, 부부 사이는, 가족은 등등 서로를 알며 문턱 없이 지냈다. 아이들을 함께 키우며, 비오는 날은 막걸리에 김치전을 나누어 먹고, 보리밥과 열무김치를 나눠 먹기도 했다. 동네 사람들이 함께 계를 해서 가족 여행도 갔었다. 도시 속의 농촌이라고 할까! 나는 동네 아이들의 공부를 봐주고, 동네 사람들은 나의 두 딸아이를 키워 주었다. 동네잔치를 하면 물김치 담가서 오시는 분, 떡을 해 오시는 분 등 각자 자신이 할 수 있는 역할을 했고, 노래자랑 대회는 밤이 깊어 가는 줄도 모르고 진행되었다.

　그렇게 행복했던 동네가 IMF로 인해 몸살을 앓기 시작했다. 대부분의 주민이 일용직 노동자였는데, 새벽 인력시장에서 일거리를 찾지 못한 사람들이 아이들 보기가 민망하여 집에는 들어가지 못하고 아침부터 술을 마시게 되고, 골목마다 아저씨들이 누워 자는 상태가 되었다. 그리고 아줌마들이 집을 나가고, 자식들이 부모에게 자신의 어린아이들을 맡겨 놓고 사라져 버리는 상황이 벌어졌다. 굶는 아이들이 나타나기 시작했고, 가정이 파괴되기 시작했다. 거기다가 달동네가 철거되기 시작하면서 황폐해질 대로 황폐해져만 갔다.

오래전부터 활동가들이 많았던 터라 '난곡지역 단체협의회'를 만들어 여러 가지 활동을 전개했다. 그러나 동네 사람들이 철거로 인해 하나 둘 떠나기 시작하면서 그들의 삶을 지원해 줄 방안이 없어졌다.

02 | 빈민지역에서의 활동

나는 1995년부터 난곡주민회관에서 간사로 활동하게 되었는데 한글교실, 풍물교실 등 주민을 위한 교육을 담당하고 있었고, 아이들의 방과후 프로그램(그 당시 학교에는 방과후 프로그램이 없었음)을 열어 활동하였다.

IMF가 되면서 지역의 단체들과 함께 방학 때 120명의 아이들을 위해 '사랑의 학교'를 개최하면서 내가 담당한 것은 식사였다. 그 당시 굶는 아이가 많아졌기 때문이다. 또한 지인들의 도움을 받아 중학교에 입학하는 학생들의 학비를 조달했고, 중학교 육성회비를 내지 못해 유급에 처해 있는 아이들을 위해 모금운동을 했으며, 어린이집에 보육료가 밀려 다닐 수 없는 아이들을 위해 보육료를 지원했다. 그러다가 1998년 '결식아동 사랑의 도시락 나누기' 운동을 펼치면서 급식소를 만들었다. 어렵사리 운영을 하다가 우연히 방송에 나오게 되면서 많은 사람이 후원을 해 주었고, 그 급식소가 2013년까지 운영되었다. 많을 때는 200명이 넘는 아이들에게 도시락을 나누어 주기도 했다.

2000년부터 철거가 시작되면서 빈민지역이 해체되고, 저소득층 가정, 위기가정이 지하방, 옥탑방, 창고방 등으로 이주하게 되어 위기 아동·청소년을 발굴하기가 어려워졌다. 이러한 상황에서 2002년 교육부에서 '교육복지 투자우선지역 지원사업'(현재 교육복지 특별지원사업)이라는 저소득층 학생을 지원하는 사업이 논의되기 시작했고, 2003년 서울 6개 지역, 부산 2개 지역에서 시범적으로 운영되기 시작하여 12년 동안 진행되고 있다. '태어난 집은 달라도 배움은 같아야 한다'는 모토를 가지고 시작한 사업이 처음에는 2년 시범사업으로 진행되다가 현재 서울 지역만 하더라도 292개교에서 실시되고 있는 사업으로 성장 발전했다. 이에 많은 활동가가 학교와 교육지원청에 들어가 활동하는 것이 타당하다고 생각하여 학교와 교육지원청에 비정규직으로 들어가 활동하였다.

03 학교에서의 활동

2003년 7월부터 난곡에 있는 특히 가난한 아이가 많이 다니는 중학교에 '지역사회교육전문가'란 이름으로 근무를 하게 되었다. 이 이름이 무슨 일을 하는 사람인지 왜 학교에 있는 건지 이야기하자면 너무 길지만 잠시 설명해 둔다.

2002년 12월부터 교육인적자원부의 제안으로 '교육복지 투자우선지역 지원사업'이 추진되었는데, 지역단체와 지방자치단체, 학교 교장단, 전교조교사 등 관심 있는 사람들이 모여 논의를 하면서 여러 번 난항을 겪은 끝에 부산은 3월부터, 서울은 7월부터 44개교 초·중등학교에서 2년 동안 시범사업으로 진행되었다. 쉽게 말해 교육·복지·문화적인 여건이 열악한 지역의 학교를 지정하여 예산과 사람을 투여해서 아이들이 평균 수준의 교육·복지·문화 혜택을 받을 수 있도록 하자는 것이다.

원래 초창기에 논의되었던 것은 교육이 단지 학교에서 가르치는 것만으로는 한계가 있기 때문에 보건복지부, 지방자치단체, 교육부, 문화관광부 등 학교와 국가, 지역이 함께 아이들의 미래를 열어 가자는 것이었다. 그러나 여러 가지 문제로 인해 교육부와 교육지원청의 사업으로 진행되고 있다. 더 이상 아이들의 교육은 학교 안에서만, 또한 교육지원청이나 교사만 책임져야 하는 문제가 아님을 인식하고, 아이들에게 교육·복지·문화적인 서비스를 좀 더 확대해서 공교육을 정상화하고 지역의 책임의식을 강화하기 위해 이 사업이 실시되고 있다.

지역사회교육전문가가 하는 일은 우선 대상자(교육복지 대상자, 도움이 필요한 학생들)를 조사하고, 그 학생들의 특성에 따라 어떤 도움이 필요한지 파악하고, 지역단체들에 도움을 요청하여 문제를 해결해 나가는 것이다. 또한 대부분이 가난하고, 불안정한 집안 사정 때문에 문화적 혜택을 받지 못하는 것을 해소하기 위해 무료로 영화관람을 간다거나 캠프를 간다거나 현장체험을 하는 등 학생들이 즐거워하고 학생들에게 도움이 될 만한 문화프로그램을 교사들과 함께 운영하고 진행해 나가고 있다.

'지역사회교육전문가'란 이름 속에는 많은 의미가 숨어 있다. 각 학교에 1명씩 배치가 되는데, 대부분은 적어도 지역에서 2~10여 년 동안 NGO로, 혹은 복지사로, 혹은 상담사로 활동해 왔고, 지역연계 사업을 했던 사람으로 이루어져 있다. 즉 학교와는 거의 연계가 없이 독자적으로 운영되는 공부방이나 급식소, 방과후 아동지도나 각 복지관의 프로그램을 아이들에게 도움이 될 수 있도록 학교의 필요와 결합하여 연계하는 역할을 하는 사람이라고 생각하면 이해하기 쉬울 것이다. 사실 이 이름을 만들어 낸 사람들 역시 그 역할에 대해 막연하게 규정해 놓았기 때문에 다들 헤매고 있는 실정이다.

지역사회교육전문가가 보살피는 아이들은 학교에서 보통 '부진아', '부적응아'라고 불리는 아이들이다. 대충 이런 아이들 중 많은 아이가 내가 달동네에서 '결식아동 도시락 나누기'를 할 때 밥을 나누어 주었던 아이들이다. 처음에는 학교에서 아이들을 만났을 때 그 아이들의 행동들을 전혀 이해하지 못했다. 아이들이 말도 정확하게 하지 못하고 내가 하는 말 역시 아이들이 알아듣지 못해 마치 벽에다 이야기하는 듯했다. 판자촌에 살 때 내가 본 아이들은 단지 가난이란 질곡으로 인해 밥을 굶고, 부모에게 폭행을 당하는 그런 정도인 것으로 알았다. 그런데 학교에서 만난 그 아이들은 너무나 많은 아픔을 지니고 있었다.

한 아이는 중1학년인데도 몸집은 초등학교 4학년, 똑같은 말만 되풀이하고, 남의 말을 듣지도 않고, 목욕을 얼마나 하지 않았는지(집에 목욕시설이 없는 곳이 많은 지역이다) 몸에서는 지독하게 냄새가 나고, 사람을 거부한다. 학원을 다니다가 강사에게 100대를 맞아서 그 학원을 피해 다니느라 골목골목 돌아서 집을 간다. 교복바지의 지퍼가 고장난 지 벌써 몇 개월 되었지만 고칠 생각도 못한다. 아빠는 없고, 엄마가 직장을 다니는데 밤 11시에 들어오고, 어린 여동생들을 보살펴야 하고 밥도 먹여야 한다. 학교에서는 공부시간에 엎드려 자고, 친구들에게는 왕따를 당하고 그러면서도 다른 사람이 다가가는 것을 거부한다. 나와 관계가 좋아지면서 이 아이는 쉬는 시간마다 복지실을 찾아와서 알아듣지도 못할 말들을 내뱉고 갔다.

또 한 아이는 너무나 멋지게 생겼는데 항상 얼굴이 창백하다. 겉으로는 멀쩡한데 몇 가지 검사를 해 본 결과 뇌에 손상이 있는 것 같다는 소견을 받았다. 그래서 공부를 못하는 것인데, 엄마는 이 아이를 밤늦게까지 수업하는 엄격한 학원에 보낸다. 아빠는 새아빠인데 이 아이가 공부를 못하는 것에 대해 이해하지 못하고 무작정 목욕탕에 가두어 패고, 문을 열어 놓고 불을 켜 놓지 않고는 잠을 자지 못하는 아이를 어두컴컴한 방에 가두어 밤을 새도록 만든다. 그래서 이 아이에게는 행복한 가정을 이루는 것이 삶의 최상의 목표이다.

71일이라는 긴 기간을 무단결석하여 유급당하는 아이들(중학교가 의무교육으로 되면서 퇴학이란 제도가 없어졌다), 학교가 지옥인 아이들을 본다. 이러한 아이들을 보면서 가슴이 마구 아팠고, 이들을 도와줄 수 있는 방법이 없어 내 자신이 무력하다고 느꼈다. 이 아이들의 아픔은 단지 학교 안에서 해결될 수 없는 문제이기에 지역 단체에 부탁하기도 하고 함께 도와주려고 하지만 도움을 줄 수 있는 지역체계가 형성되어 있지 않은 상태라 그저 아이들이 나를 찾아와 편안하게 지내다 갈 수 있게 하는 것이 전부였다.

내가 몇몇 아이의 예를 들었지만 2003년 당시 전체 학생 923명 중 정말 아파하고 있는 아이가 10%를 넘었다. 대부분 '부적응아', '부진아'라고 일컬어지는 아이들, 이런 아이들이 이제 더 이상 방치되어서는 안 된다. 이들이 그렇게 된 것은 어른들의 무관심, 폭력성, 이기심 때문인데, 상처받고, 아파도 아프다고 하지 못하고, 그렇게 죽어 가고 있다. 당시 엄마의 주검을 안고 6개월 동안 살았던 아이에 대한 기사가 여기저기 나오면서 사회문제가 된 일이 있었다. 그러나 내가 보기에는 그러한 아이들이 곳곳에 많이 잠재되어 있다. 이러한 문제를 조금이나마 풀어 보자고 시작한 사업이 '교육복지 투자우선지역 지원사업'이다.

04 동작관악교육지원청에서의 활동

1년 반 동안 학교에서의 활동을 마감하고 2005년 1월부터 2013년 6월까지 지역교육지원청에서 프로젝트 조정자로 선발되어 활동하게 되었다. 교육복지 투자우선지역 지원사업에서 조정자 역할을 담당하는 '프로젝트 조정자'는 학교와 지역기관을 아울러 교육복지 안전망을 구축하는 임무를 가지고 있다. 내가 가장 주력했던 것은 학교와 지역기관이 서로 만나 교육복지 안전망을 구축하는 것이었다. 가장 중요하게 생각했던 것은 사람과 사람과의 만남이었다. 그래서 수많은 만남의 장을 마련했고, 그 덕분에 현재 '관악교육복지네트워크'라는 조직을 만들게 되었다.

8년 반 동안 진행해 왔던 사업을 정리하면 다음과 같다.

2005~2012년 연수를 통한 만남

서울시 동작관악교육지원청에서는 2005년부터 2012년까지 매년 1월에 학교와 지역기관이 함께 1박 2일 연수를 실시하였다. 연수의 가장 큰 목적은 학교 관계자와 지역기관의 관계자가 서로 만나 이해하고 소통하는 계기를 만드는 것이었다.

표 7-1 동작관악교육지원청 연수 연혁

연 도	일 시	장 소	참가인원	비 고
2005	1.5(수)~6(목)	대천임해수련원	29	신림지역(학교 관계자)
2006	1.5(목)~6(금)	강원도 만해마을	40	신림지역
2007	1.29(월)~30(화)	충청남도 태안군	80	신림지역
2008	1.3(목)~4(금)	대천임해수련원	35	신림·봉천지역(학교관계자)
2009	1.15(목)~16(금)	강화도 서해유스텔	100	신림·봉천지역
2010	1.12(화)~13(수)	강원도 숲체원	100	신림·봉천지역
2011	1.6(목)~7(금)	수안보 KT&G 수련원	124	신림·봉천지역
2012	1.26(목)~27(금)	하이서울유스호스텔	200	신림·봉천지역

동작교육지원청의 연수 연혁은 〈표 7-1〉과 같다.

교육장이 함께 동행하여 연수에 힘을 실어 주었고, 그 공신력으로 유치원장, 학교장, 교사, 지역의 기관장, 그리고 실무자(지역사회교육 전문가, 지역기관 실무자)가 1박 2일을 함께 보내면서 해가 갈수록 점점 서로를 이해해 나가는 성과를 거두었다. 연수에서는 사업을 설명하기보다 각 분과 모임에서 서로의 입장들을 나누고 이해해 나가는 과정이 더욱 큰 효과를 가져왔다. 분과모임은 학교장 및 기관장 분과를 비롯해 8~10개로 이루어지고, 분과에서 토론된 내용을 발표시간을 통해 공유하게 하였다. 각 분과에서 나온 이야기는 서로 바라보는 시각에 따라 많은 차이가 난다는 것을 공감하게 되었고, 서로의 입장을 이해하는 데 많은 도움이 되었다.

분과에서 토론된 내용은 〈표 7-2〉와 같다(2012년 관계자 연수 분과 토론 내용).

표 7-2

순	모임(명)	내용	사회자	기록자
1	기관장 (교장 및 기관장) (40)	• 학교와 지역기관의 관계 맺기 • 2012학년도 지역공동사업에 대한 추진 방향 및 목표 수립	○○중 ○○○교장	프로젝트 조정자
2	행정실장 (30)	• 예산집행상의 갈등 요인 및 문제점 분석 • 효율적인 운영방안	○○○주무관	○○초 ○○○실장
3	초등교사 (16)	• 초등학교 운영의 특성 • 대상 아동 선정과 관리 • 사업 제안	○○초 ○○○부장	○○초 ○○○부장
4	중등교사 (13)	• 중등학교 교육복지투자 운영의 특성 • 대상 아동 선정과 관리 • 사업제안	○○중 ○○○부장	○○중 ○○○부장
5	유치원 (20)	• 유치원 및 공동사업 평가 • 예비초등학생 학부모교육 • 사업 제안	유아교육 복지전문가	유치원 교사
6	사서 (26)	• 교육복지특별지원사업에서의 도서관 사업의 의미 • 사서의 역할 • 사업제안	○○도서관 문화운동 네트워크 ○○○대표	사서
7	아동분과 (30)	• 학교와 지역기관의 관계 맺기 • 2012년 사업 제안	○○초 ○○○지역사회 교육전문가	지역사회 교육전문가
8	청소년분과 (30)	• 학교와 지역기관의 관계 맺기 • 2012년 사업 제안	○○중 ○○○지역사회 교육전문가	지역사회 교육전문가

분과에서 토론된 결과를 몇 가지 예를 들어 본다면 다음과 같다
(2012년 관계자 연수).

기관장 분과 토의 내용 요약

1. 현 황

- 교육복지특별지원사업은 지역네트워크가 관건이다.

  지역사업은 학교와 괴리가 있고, 학교에서 복지관까지 학생들이 다
  니기에 거리가 너무 멀다. 또한 단위학교 학생의 필요와 욕구를 채우
  기에는 지역기관의 사이즈가 너무 크다. 지역기관에서 사업의 크기
  를 조금씩 좁혀서 단위학교 학생들이 실질적으로 도움 받을 수 있도
  록 노력했으면 한다.

  그 대안으로 학교강사를 지역기관으로 지원하는 방법이 있다.

- 지역기관은 "학교로부터 소외당한다"라고 얘기하는데, 교육의 수요
  자인 학생들의 입장에서 어디가 좋은지 먼저 논의해야 하고, 그 학생
  들을 지속적·체계적으로 관리하여야 한다.

  아이들 입장에서는 많은 프로그램에 참여하기가 바쁜 실정이다.

  방과후학교는 참여하고 싶은데 학교와 지역의 프로그램에 참여해야
  하므로 교육의 흐름이 깨지는 것이다. 굉장히 실제적인 부분에서 필
  요한 부분이다.

- 문제는 나중에 감사받을 때 행정적 지원이 필요하다. 지역기관은 돈
  이 부족하기 때문이다. 학교에서는 적극적으로 열어 주고 감사에서
  는 꼭 "학교에서만 사업을 해야 되는 것은 아니다"라고 이해해서 개
  방적으로 융통성 있게 운영했으면 좋겠다.

- ○○초등학교의 경우 동아리 활동으로 지자체에 음악동아리 만드는
  것을 공모했다. 공모사업이 확정되면 지역기관에 아이들을 보내서
  동아리 활동을 할 수 있도록 지원할 예정이다. 단, 학교교육복지 예
  산으로 임용된 강사를 지역기관에 파견하는 것이 합리적인 행정인지
  감사에서 그 타당성을 알아봐야 된다.

지역교육지원청에서 알아본 후 가능하도록 서울시교육청에 건의해 주시면 좋겠다.

서울시교육청 기본계획 강의 시 예산집행이 탄력적이지 않을까 생각된다.

아이들에게 효과적이라면 교육지원청을 설득해서 바꾸어 나가야 한다.

• 저소득층 아이들의 학력이 떨어지고 문화적 혜택이 부족해서 다양한 교육복지투자를 해 주었는데, 아이들의 여러 가지 문제행동을 보게 되었다. 특히, ADHD 학생이나 학교폭력 가해자도 있었는데, 그런 아이들의 치료비로 지원해 주었으면 좋겠다.

문제학생의 학부모 연수경비로 교육복지투자 예산을 집행할 수 있는지…,

2. 문제점

• 학교를 찾아가는 지역으로 전문적인 관리가 되어야 하는데, 학교와 지역기관 간 정보교환과 공동 케어 부분이 가장 어렵다. 적극 요청한 학교와는 프로그램을 공유하고 있으나, 어떻게 연계할 것인가? 어느 정도 맞춰야 하는지? 공동으로 고민할 필요가 있다.

사례로 최근에 스키장을 다녀왔지만 학생들은 변화가 없었고, 예산 대비 효과가 없었다. 학교 밖에서 지역사회교육전문가와 프로젝트 조정자가 학교로 찾아가서 사각지대 아이들을 포함하여 프로그램을 지역기관과 연계하는 방법이 좋겠다.

• 지역기관의 경우 사업예산이 많이 부족한 실정이다. 치료비가 많이 소요되는 아이들이 있는데, 고비용으로 치료를 못해 주어 안타까운 점이 있다.

3. 개선방안 및 사업제안

• 교육지원청 홈페이지를 이용하여 지역기관과 사업을 연계
   – 지역기관 사업을 영역별로 교육지원청 홈페이지에 링크시키면 학

교에서 12월 교육과정 계획 시 좋은 사업을 활용할 수 있을 것이다.

- 지역기관에서는 12월까지 정리해서 홈페이지에 올려놓으면 학교
  는 탑재된 자료를 활용하고 있다.

• 교육복지사업을 오래 경험한 학교의 프로그램을 공유

- 다년간 경험으로 생긴 노하우와 프로그램, 시스템을 주변학교와
  공유했으면 좋겠다.

- 학교구성원의 교육복지에 관한 열정과 즐겁고 긍정적인 마음가짐
  이 중요하다.

• 학교와 지역기관의 협력관계 구축

- 지역기관에서 학교와의 입장 차이에 대한 어려움을 많이 이야기한다.

- 교육복지는 교육에 주목적이 있다. 지역기관도 그 특성을 이해하
  면서 접촉을 했으면 한다. 소통의 어려움이 가장 크다. 그 대안으
  로 원칙 내에서 유연성을 발휘하면 효율적인 사업이 될 것이다.

• 학생 전학과 전출 시 체계적인 학생상담자료 활용

- ○○초등학교의 경우 전학 올 때 아이와 학부모와 지역사회교육전
  문가와 교감선생님이 함께 상담하면서 학교 내에 다양한 프로그
  램을 소개하고 있다. 그렇게 해서 발굴되는 사례가 있었다. 치아
  치료비도 고비용이었는데 졸업 전까지 치료를 완료했다.

- 전학 갈 때도 지역사회교육전문가가 교무실로 내려와서 적극적
  상담을 하여 아이에게 실제적 도움을 줄 수 있어 좋았다. 전학 갈
  때 상담내역 및 참여했던 프로그램을 전출 학교로 보내 주면 학생
  이 필요로 하는 프로그램을 연속해서 진행할 수 있을 것이다.

• 교육복지사업을 전교직원에게 적극 홍보

- ○○초등학교 사례를 보면 매달 첫째 주 월요일에 전체 교직원 모
  임 시 교육복지사업을 미리 알려 주고, 사업 후 만족도 조사를 실
  시하여 평가 및 환류를 실시하고 있다. 교사들에게 전달이 되었는
  지, 담임교사가 얼마나 잘 인지하고 있는지를 점검하고 있다.

• 지역사회교육전문가들끼리 노하우를 알아서 학교별로 공유했으면
  좋겠다.

유치원 분과 토의 내용 요약

1. 현 황

- 교육복지 프로그램에 대한 호응도가 높아졌다.
- 소극적인 아이들이 밝아졌다.
- 부모 연수 이후 부모들이 자발적인 모임을 갖고 아이들을 위한 공연
  도 하였다.
- 원예체험을 학부모 연수로 진행하고 연수를 받은 학부모들이 아이
  들에게 원예수업을 진행하였다.
- 거친 언어표현으로 문제가 되었던 아이가 정서지원활동을 하면서
  언어표현이 부드러워져서 자연스럽게 학부모들에게 홍보가 되었다.

2. 문제점

- 적극적인 홍보가 부족하여 학부모들이 교육복지사업과 전체 사업에
  대한 구분을 못하는 경우가 있다.
- 예산 문제로 프로그램이 짧게 진행되었다.

3. 개선방안

- 아이들을 프로그램의 대상으로만 인식하지 말고, 아이들에게 필요
  한 프로그램을 발굴하면 좋겠다.
- 아이들을 개별 맞춤형으로 지원해야겠다.

4. 2012 사업 제안

- 지역과 연계한 프로그램으로 확대가 되면 좋겠다(예 : 시소와 그네 부
  모교육).
- 유아교육복지사업 확대에 따른 연수가 있었으면 좋겠다.
- 조부모들을 위한 프로그램이 개발되면 좋겠다.
- 사업계획 수립과정에서 유치원 전체 대상 설명회 및 워크숍이 있으
  면 좋겠다.

조직을 통한 만남

신림지역은 2003년에, 봉천지역은 2007년에 교육장과 구청장, 시
의원, 교육위원, 학교장, 지역기관장이 참여하는 사업운영위원회를
구성하여 활동을 전개하였다. 1년에 2회 혹은 3회 정도 이루어지는
사업운영위원회에서는 각 기관의 사업 현황에 대해 공유하고 위원들
의 생각을 나누는 시간을 가졌다. 사업운영위원회 구성에서 원칙으
로 삼은 것은 교육복지 대상 유치원장, 학교장이 모두 참여하게 하는
것이었다. 그러다 보니 위원회는 25명에서 33명까지 모이는 자리가
되었다.

사업운영위원회에서는 학교사업과 민간경상이전사업에 대한 결의
를 하게 되어 있어 1년의 사업이 어떻게 진행되는지 인식하고, 사업에
대한 관심을 가지게 되면서 실무자들에게 힘을 실어 주는 역할을 하
게 되었다. 또한 사업운영위원회에서 만난 학교장과 지역기관장은 지
역에서 서로 초대하는 자리를 가지고, 학교운영위원회에 참여하거나
지역기관의 위원회에 참여하게 되면서 학교와 지역기관이 함께 연계
하는 통로를 만들어 나가게 되었다.

사업운영위원회가 발전을 하여 현재는 신림지역 3권역, 봉천지역 3
권역으로 나누어 중심학교가 사업운영위원회를 주최하고 있다. 사업
운영위원회를 뒷받침할 실무위원회는 30~40개 기관이 모여서 실질적
인 사업을 논의하고 협력해 나가는 소통의 장이 되었다. 실무위원회
는 격월로 열려 물적·인적 자원이 원활하게 왕래할 수 있는 계기가
되었다.

연구지원단을 통한 만남

서울시 동작관악지원청에서 가장 핵심적인 역할을 한 것은 연구지원단이다. 사업계획서 심의·컨설팅·평가를 1년 동안 실시하였는데 학교장 및 교사가 지역기관을 방문하고, 지역기관 관계자들이 학교를 방문하면서 아이들을 함께 키우고 있다는 공감대를 가지게 되었다. 학교장 및 교사가 지역기관에서 자신의 학생들을 만나고, 지역에서 아이들을 훌륭하게 돌보고 있다는 경험을 하면서 지역기관에 대한 이해의 폭이 훨씬 넓어졌다. 지역기관 역시 학교의 여러 관계자를 만나면서 학교를 이해하게 되었고, 학생들이 학교에서 어떻게 생활하는지 경험하게 되어 학생들을 지역기관에서 돌보는 것에 대한 여러 가지 방안을 모색하는 계기를 갖게 되었다.

현재 서울시 동작관악교육지원청의 연구지원단은 25명으로 교장, 교감, 교사, 지역기관장, 지역기관 담당자로 구성되어 있으며, 서로 간의 신뢰가 탄탄하다. 연구지원단은 한 차원 더 높은 논의를 진행하고 있다. 즉, 학교와 지역기관이 더욱 튼튼한 협력관계를 가지고 아이들을 키울 수 있는 방안에 대해 고민하고 연구하고 논의하고 있다.

만남을 통해 이루어진 사례

사례 1

연구지원단의 일원으로 지역기관으로 컨설팅을 나간 부장교사는 그곳에서 자신의 반 학생을 만나게 되었다. 그 아이가 지역기관에서 행복하게 지내는 것을 보고 교사는 감동을 받았다. 그 다음 해 교사는 같은 학교 교사들에게 지역기관을 방문하자고 제안하였고, 그해에는 20명이, 그 다음 해에는 모든 교사가 그 지역기관을 방문하게 되었다.

이 소식을 사업운영위원회에서 듣게 된 교장들은 각 학교에 돌아가 교사들에게 지역기관을 방문하도록 권유하였다. 교사는 자신의 학생들이 다니는 지역기관을 방문하였고, 지역기관에서 만난 학생들에 대한 관심이 높아졌다. 지역기관에서 만남을 가졌던 아이들 역시 교문이나 학교에서 교장, 교감, 교사를 만나면 기쁘게 안기고 학교에서 즐겁게 생활할 수 있게 되었고, 지역기관과 교사가 아이에 대해 전화를 하고, 서로의 행사에 초청하며 함께 아이를 키우는 동질감을 가지게 되었다.

사례 2

지역아동센터 연합에서 어린이 행사를 할 장소를 빌리기 위해 근처 학교 교장을 만났다. 그동안은 지역기관이 학교 운동장을 빌린다는 것은 꿈에도 생각을 못했는데, 사업운영위원회에서 교장들과의 만남이 빈번히 이루어지자 운동장을 빌리기 위해 근교의 중학교 교장을 만나러 갔다.

예전에는 학교의 문턱이 높아 교장을 만난다는 것은 꿈과 같은 일이었다. 그러나 그동안의 안면으로 교장은 흔쾌히 만나 주면서 장소를 빌려 주었다. 뿐만 아니라, 학교 시설을 사용할 때 불편함이 없도록 교장이 쉬는 날인데도 불구하고 체육교사 2명에게 행사가 잘 진행될 수 있도록 지원해 주라고 당부하였다. 교장은 지역기관에서 준비한 것보다 훨씬 체계적으로 운동회를 진행시켜 주었고, 이에 지역기관들과 학부모들은 감동을 받았으며, 참여한 학생들 역시 뜻 깊은 시간을 가지게 되었다. 이것이 사례가 되어 다른 지역기관에서도 학교

교장을 만나 강당이나 교실, 운동장을 사용하게 해 달라는 요청을 용감하게 할 수 있었고, 이에 학교 교장들 역시 흔쾌히 장소를 빌려 주었다.

이를 계기로 여러 가지 사업에 대한 이야기, 아이들에 대한 이야기를 함께 나눌 수 있게 되었고, 소통 그 자체가 아이들의 성장에 많은 도움이 되었다.

○○초등학교에서는 강당이 새로 지어졌는데 돈을 받고 지역주민에게 임대하는 대신 우선순위로 지역아동센터 아이들이 방과 후에 배드민턴을 치거나 여러 가지 운동을 할 수 있게 장소를 제공해 주어 학교가 지역 안에서 존경받는 계기가 되었다.

사례 3

지역기관을 방문하거나 지역기관들을 1년에 2회 정도 학교에 초청하여 간담회를 가졌던 ○○초등학교에서는 지역기관의 애로사항을 듣고 방과 후에 교사를 지역기관에 파견하여 학습을 지원하였다. 또한 지역기관에서 아이들에게 악기를 가르쳐 주고 싶다는 의견을 받아들여 학교의 예산으로 음악강사를 지역기관에 파견하여 아이들을 함께 돌보는 모범을 보이고 있다. 지역기관에서는 예산 문제로 아이들에게 다양한 경험을 지속적으로 지원해 줄 수 없는데 이를 안타깝게 생각한 학교 교장의 배려로 인력 및 예산을 지원해 주어 아이들의 성장에 많은 도움을 받게 되었다.

사례 4

○○중학교 교장은 매년 3~4월에 자신의 학교에 다니는 학생이 1명이라도 있는 모든 기관을 방과 후에 담당교사, 지역사회교육전문가와

함께 방문하여 그 학생에 대한 사례회의를 개최한다. 학교에서 지내는 아이의 정보 및 가족에 대한 정보를 기관에 알려 주고, 지역기관에서는 아이가 지역기관에서 무엇을 하며 지내는지 알려 준다. 아이에 대한 맞춤형 지원을 하기 위해 아이 하나하나에 대한 섬세한 논의가 이루어지고 있는 것이다.

사례 5

○○초등학교에서는 주변 지역기관에 그 학교 학생 100여 명이 다니는 것을 알고 교장이 협의회를 개최하여 지역기관과 학교가 서로 프로그램을 공유하고, 시간을 안배하여 방과 후 및 방학 때 프로그램이 겹치지 않게 운영하고 있다.

사례 6

○○학교 교장이 새로 부임하여 사업운영위원회에 참석한 후 음료수를 사들고 학교 근처에 있는 기관을 방문하고, 아이들을 잘 부탁한다는 말까지 남기고 갔다. 지역기관들은 감동을 받았으며, 새로 부임해 왔음에도 의논할 일이 있으면 교장실로 찾아간다.

05 지역네트워크에서의 활동

관악구는 교육복지특별지원사업[1]에서 학교 및 교육지원청이 중심이 되는 교육복지네트워크를 조직하였다. 대부분의 연계사업은 지역기관 중심으로 진행되는 경우가 많은데, 관악구에서는 2003년부터 2007년까지 준비과정을 거쳐 2008년 '신림지역교육복지네트워크'를 학교와 지역교육지원청이 중심이 되어 발족하였다. 여기서는 학교 중심의 연계체계를 조직할 수 있었던 배경과 역사, 그리고 그 과정에서 나타난 여러 가지 사례를 살펴보면서 학교와 지역이 어떻게 협력할 수 있는지를 알아본다.

지역공동체의 형성[2]

교복투[3] 초기 : 사업의 공유

교복투 사업은 가정-학교-지역의 연계라는 모토를 가지고 진행되었다. 처음에는 위기에 처한 학생들을 지원해 주기 위한 체계로서, 학

---

1) 서울지역은 '교육복지우선지원사업'을 '교육복지특별지원사업'이란 이름으로 진행하고 있다.
2) 교육복지 지역공동체를 만들고자 노력해 왔던 10여 년간을 초기, 발전기, 성숙기로 나눈 것은 2003년 서울 관악구 신림지역, 2007년 서울 관악구 봉천지역, 2009년 서울 동작구의 교육복지 사업을 추진하면서 각 지역의 발전단계를 관찰한 경험에서 비롯된 것이다. 그러나 이러한 경험이 모든 지역에 해당된다고는 볼 수 없다.
3) 초기는 교육복지 투자우선지역 지원사업으로 진행되었던 시기라고 판단되기 때문에 '교복투'라고 명명한다.

교와 지역기관 간의 모임을 형성하거나 지역기관에 예산을 투입하여 교육청과 학교의 요구에 따라 사업을 진행하는 방식으로 이루어졌다. 초창기에는 빈곤 학생을 위한 지역기관이 많지 않아서 사안에 대해 모임을 만들기가 비교적 수월했다. 물론 학교와 지역기관 간의 이해 차가 심해서 많은 난관에 부딪히기도 했지만 실무진들의 모임은 지속적으로 진행되었다. 우여곡절 속에 민간경상이전사업이라는 명칭으로 지역기관에 예산을 지원하여 학교에서 요청하는, 그리고 학교에서는 할 수 없는 사업을 진행할 수 있게 되었다. 그러나 이해의 차가 여전히 좁혀지지 않았기 때문에 의사소통의 구조가 필요함을 인식하고 여러 가지 방식으로 조직체계를 구성해 나가기 시작하였으며, 이를 통해 교복투 사업의 원래의 취지, 즉 '교육공동체'를 서로 이해하고 협력하기 시작하였다.

발전기 : 양적 확산

교복투 사업이 발전하면서 정부의 여러 기관에서 교복투 전체 사업 중 각 기관(정부 부서)에서 좋다고 생각하는 꼭지들을 자신의 사업으로 진행시키면서 교육복지사업은 양적으로 확산되었다. 예를 들면, 방과후학교, 도서관 활성화 사업, 멘토링 사업, 돌봄교실, 야간 돌봄, 체험활동 등이다. 양적으로 확산된 것이 나쁘다는 것은 아니다. 그러나 종합적으로 교육복지사업을 기획하고 조정할 부서가 없는 상황에서 산발적으로 이루어지는 교육복지사업은 학생들을 위한 사업이 아닌 각 기관 혹은 부서의 성과를 내기 위한 수단에 불과한 것으로 변질되어 갔다. 즉, 빈곤학생들은 정부에서 만들어 준 사업에 무조건 참여해야 하는 수혜자 신분이 되어 버렸다.

요즘에는 지자체까지 나서서 여러 가지 사업을 직접 수행하게 되면서 학교에 공문을 통해 빈곤학생들을 모집하도록 하고 있다. 토요일의 경우 너무나 많은 프로그램 때문에 학생들을 채워 넣기 위해 교사들도 힘들어하고 학생들 역시 피곤해한다. 그리고 정신건강 문제가 심각하게 대두되면서 '희망복지센터', '교육복지센터', '정신보건센터', '청소년상담복지센터', 'Wee센터', '드림스타트' 등 센터 전성기가 이루어지고 있다. 이 사업들이 주장하는 것은 모두 다 연계를 통한 지원이다. 지역마다 수많은 사례회의가 열리고, 중복의 문제가 나타나고 있지만, 복합적인 문제를 가지고 있는 학생들에 대해서는 해결방안이 없는 상태로 돌아가고 있다.

성숙기 : 질적 변화

중복의 문제가 있고, 위기 학생들(복합적 문제를 가지고 있는)에 대한 방안이 없는 상황에서 지역 안에서는 이러한 문제를 해결하기 위해 고민하기 시작하였다. 또한 사례관리 측면에서 여러 모임이 지역 내 미션과 비전을 만들어 내기에는 구조상 힘든 상황에 처하게 되었다. 수많은 회의와 협의체가 있지만 해결하지 못하는 답답함이 활동가들 사이에서 발생하면서 몇 가지 방안을 마련하기 시작하였다. 정부 진행으로 이루어지고 있는 사업의 실무자들이 모이기 시작하면서 서로 협의하고 조정하기 시작하였다. 그리고 지역의 교육복지 미션과 비전을 찾기 위한 모임이 만들어지기 시작하였다.

아직 지역은 어수선하다. 서로 전달체계가 다르고, 성과를 내야 한다는 강박관념 때문에 기관 간에 조심스러움이 있다. 그러나 아이들의 문제를 한 기관이 독자적으로 해결할 수 없다는 것을 활동을 통해 뼈저리게 느낀 활동가들이 협력체계를 이루기 위해 노력하고 있기 때문에 전망은 밝다고 생각한다.

지역공동체의 역할

교복투의 장점은 유치원-초등학교-중학교를 연결하는 체계를 가지고 있어 적어도 3년, 길면 10년 동안 한 아이를 돌볼 수 있는 체제를 가지고 있다는 것이다. 빈민활동이 오래된 지역일수록 아주 오래된 지역기관이 많은데, 그 아이들이 성장하여 자신이 돌봄을 받았던 기관에 봉사자로 활동하는 경우가 종종 생기고 있다.

프로그램이 중요한 것이 아니라 위기에 처한 학생, 빈곤지역 학생, 부적응 학생을 오랫동안 지켜보고 지지해 주면서 기다려 줄 수 있는 그런 사람이 필요하다. 이러한 것을 프로젝트 조정자나 지역사회교육 전문가가 해야 한다고 주장하고 싶지 않다. 하지만 오랫동안 학생을 지켜봐 줄 수 있는 체제를 만들기 위해 노력은 할 수 있다고 본다.

요즘 유행하고 있는 '마을 만들기' 사업이 있다. 어쩌면 우리가 그동안 이야기했던 지역공동체가 마을공동체와 연관된 것은 아닐까 하는 생각이 든다. 마을을 통해 아이들의 안전망을 구축하여 그들이 건강한 사회인으로 살아갈 수 있는 그날까지 지켜 주는 것이 지역공동체의 역량이 아닐까?

지역공동체를 만드는 핵심

지역공동체를 만드는 것은 생각만큼 쉽지 않은 일이다. 20년 넘게 지역에서 활동하고 있지만 딱히 지역공동체라고 말할 수 있는 실체를 만들지는 못했다. 하지만 교육복지 활동 6년이 되던 2008년에 '신림지역교육복지네트워크'를 만들었고, 9년이 되던 2012년에 '관악교육복지네트워크'를 만들게 되었다. 이를 통해 그간 단순히 사업과 사업, 일과 일로만 만났던 사람들이 가치를 공유하고, 미션과 비전을 찾고,

지역의 과제를 탐색하고 실험해 나가게 되었다.

그간 사업을 위해 급급했다면 이제는 너무나 많은 사업이 있기 때문에 군이 프로그램이나 사업에 돌진하기보다는 교육복지사업을 어떻게 지역공동체 중심으로 끌고 들어가야 할지 고민해야 할 시점이라고 생각한다. 20여 년간 수많은 동네사람, 지역사람을 만나 왔지만 아직도 만나야 할 사람이 너무나 많다. 내가 생각하는 지역공동체의 핵심은 사람을 만나고, 그 사람이 교육복지사업에 참여할 수 있도록 권유하는 것이다.

미션과 비전 가지기

같이 꿈꾸고, 같이 만들어 가야 비로소 공동체를 이룰 수 있다. 각 기관별로 역할만 분담하는 것이 아니라 아이들을 위해 함께 무엇을 할 수 있을지 고민하고 실천하는 것이 중요하다. 고민하고 실천할 때 먼 시점을 보고 계획을 하면 좋겠다는 생각이 든다. 3년 후, 5년 후, 10년 후 지금 하고 있는 일들이 어떻게 발전할 것인지, 어떤 모습으로 이루어지는 것이 바람직할지 생각하지 않으면 매년 사업이 바뀔 수밖에 없다.

교육복지사업 10년 동안 지금에 와서 뒤돌아보면 실패한 일도 있고, 잘한 일도 있다. 가장 잘한 것은 10년 동안 꿈을 가지고, 많은 사람과 함께 이야기하고 함께 노력했기에 부족하지만 교육복지사업에서 많은 성장을 하였다는 것이다. 조그만 일을 시작하더라도 그것이 세월이 쌓이면 큰 일이 되듯, 어떤 일을 할 때 그 일이 앞으로 미래에 어떻게 될 것인지 생각하면서 공동체를 이룬다면 '아이들이 행복한 세상'은 꼭 이루어지지 않을까!

관악교육복지네트워크의 연혁

○ 2008년 1월 5일~6일 교육복지 투자우선지역 지원사업 관계자 연수에서 신림지역 교육복지네트워크 모임에 관해 논의

○ 2008년 3월 27일 신림지역교육복지네트워크 준비위원회 결성

○ 2008년 4월 11일 발족식－2008년 12개 공동사업 실시

○ 2009년 3월 1일 실무자 근무 시작. 서울 원신초등학교에 교육복지실 사무실 개소

○ 2009년 3월 8일 제1차 사업운영위원회

○ 2009년 3월 12일 삼성꿈장학재단 배움터 공동사업 지원증서 전달 (8,000만 원)

○ 2009년 3월 17일 2009년 제1차 실무위원회

○ 2009년 3월 18일 비영리단체등록

○ 2009년 3월 25일 덩더쿵 역사문화교실 담당강사 배치. 15개 기관 28교실, 초등 저학년 107명, 초등 고학년 135명, 중등 43명, 고등 2명 총 287명 참가

○ 2009년 4월 4일 굿네이버스 후원 학부모 연수 '아동학대 및 성폭력 예방'과 '지구촌 사랑나누기 나눔교육'을 주제로 300여 명의 학부모 참가

○ 2009년 4월 8일 신림지역교육복지네트워크 현판식

○ 2010년 1월 삼성꿈장학 배움터 공동사업 2년차 사업 지원 (7,000만 원)

○ 2010년 3월 학교 공동사업, 위기 아동·청소년 지원사업, 정서지원사업, 장학사업, 문화·체험사업, 학부모 연수, 실무자 역량 강화 연수 진행

○ 2010년 12월 2일 민관협력포럼 시민단체부분 민관협력우수상 수상

○ 2011년 3월 삼성꿈장학 배움터 지역네트워크 1년차 사업 지원 (2억 원)

- 2011년 4월 봉천지역교육복지네트워크 발족
- 2011년 12월 관악교육복지네트워크 운영위원회 회의
- 2012년 4월 관악교육복지네트워크 발족
- 2012년 8월 사무실 개소식(남서울중학교 내 관교넷 사무실 개소)
- 2012년 3월~2013년 2월 집담회, 워크숍, 아동개인성장 지원사업, 청소년 지원사업, 위기청소년 지원사업, 조직체계 정비사업 등
- 2013년 3월~2014년 2월 개인성장지원, 청소년 사업모델, 강사양성, 연계 활성화
- 2014년 3월~2015년 2월 아동 개인성장 지원, 청소년 개인성장 지원, 위기아동·청소년 지원, 연계 활성화
- 2014년 9월 사단법인 등록
- 2014년 9월 14일 관악구청으로부터 관악구 청소년상담복지센터 위탁 받음

06 마치며

교육복지특별지원사업을 하면서 많은 지역기관을 방문할 수 있는 기회를 가졌고, 연계를 통하여 공동사업도 많이 했다. 지역기관에서 활동하고 있는 대표나 실무자를 만날 때마다 학교는 참으로 많은 것을 가지고 있다고 느꼈다. 지역기관은 근무하는 사람들의 사무실조차

제대로 갖춰져 있지 못하고, 몇 평 되지 않는 공간에서 교사들과 자원봉사자들이 일하고, 아이들이 뒹굴고 공부하고 있다. 어떤 기관은 운영비가 없어 문을 닫아야만 할 처지여서 지역기관들이 후원조직을 구성하여 겨우 겨우 회생시킨 적도 있다.

학교에는 인적 자원이 풍부하다. 학생과 학부모, 교사, 교직원. 마음만 먹으면 할 수 있는 일이 참으로 많다. 물적 자원도 풍부하다. 운동장, 시청각실 및 강당, 교실, 시청각 자료, 도서관 등 우리 아이들에게 제공되는 많은 것이 지역기관에는 없는 경우가 많다. 이러한 물적·인적 자원을 지역기관과 함께 공유한다면 아이들에게 더 큰 행복을 줄 수 있을 것이다.

학교 교사나 직원은 5년이면 그 지역을 떠나게 된다. 하지만 아이들은 그곳에 남아 있다. 교육은 하루아침에 이루어지는 것이 아니다. 그러기에 몇 년 혹은 몇 십 년씩 활동하고 있는 지역기관의 역할은 참으로 크다. 아직 지역기관의 학교에 대한 선입견은 강하다. 대부분의 학교가 그동안 많은 실망을 주었기 때문이라고 생각한다. 하지만 적어도 교육복지특별지원사업에서 '학교와 지역기관'은 지역교육복지공동체를 만들어 가는 운명공동체로 묶일 수밖에 없다.

빈곤가정의 아이들을 함께 돌보고, 위기가정의 아이들을 함께 지키기 위해 서로가 힘이 되어 주고, 신뢰감이 싹트면서 선입견이 하나 둘씩 사라지기 시작했다. 지역기관이 아이들을 위해 만나자고 하면 언제든지 학교 문을 열고, 교장실의 문을 열고 대화할 때, 학교에 대한 새로운 희망을 가지게 되고, 서로의 장점을 더욱 상승시킬 수 있고, 이를 통해 빈곤가정 아이들에게 맞춤형 서비스가 가능해질 수 있다.

학교와 지역기관이 의사소통이 되지 않았을 때 우리는 아이를 제대로 돌볼 수 없었다. 지역기관에서 잘 지내는 아이가 학교에서는 문제

아로 돌변해 있고, 지역기관에서의 문제아가 학교에서는 모범생이 되어 있는 참으로 이상한 현상들이 있었다. 반쪽의 모습만을 가지고 서로 비난하고, 손가락질하고, 이상한 나라라고 생각했다. 그러나 이젠 그렇지가 않다. 한 아이를 온전하게 제대로 볼 수 있게 되었다. 그래서 그 아이가 무엇이 필요한지 분명히 알게 되었고, 이를 위해 학교와 지역기관이 함께 노력할 수 있게 되었다.

지역기관들도 한 모습, 한 모양이 아니다. 여러 형태의 기관이 섞여 있다. 이해관계가 얽혀 있기도 하고, 크기가 다를 수도 있다. 이 경우 학교의 역할은 참으로 크다. 학교에는 아이들이 있기에 학교 중심으로 지역기관들이 모이는 것이 지역기관끼리만 만나는 것보다 쉬울 수 있다. 그리고 아이들에 대한 정보도 많이 나눌 수 있다. 또한 지역기관들의 역량을 조정할 수도 있다.

"학교는 꽉 막혀 있다."

"지역기관은 교육을 모르는 업체일 뿐이다."

지역기관은 지역기관대로 학교는 학교대로 서로를 이해할 수 없는 집단으로 생각하는 이야기를 심심치 않게 듣는다. 그러나 학교와 지역기관의 만남을 10년 동안 진행하면서 학교도 변하고 지역기관도 변해가는 것을 체험할 수 있었다. 의논할 일이 있으면 교장실로 찾아가 의논하고, 교장도 지역기관을 방문하게 되었다. 서로 아이들을 어떻게 잘 키울 수 있을지 의논하고, 학교가 지원해 줄 수 있는 일은 지원해 주고, 지역기관이 지원할 수 있는 일은 지원해 주는 관계가 이루어졌다. 현재 관악교육복지네트워크가 교육지원청으로부터 독립하였지만 여전히 이사진으로 교장과 지역기관장이 함께하고 있다.

10여 년 동안 학교와 지역교육지원청에서 학교와 지역기관을 연결하는 노력을 참으로 많이 했다. 돌이켜 생각해 보면 참으로 많은 만남을 주선했고, 그 모임 속에서 관계가 형성되고, 그 관계 형성으로 인해 자연스럽게 학교와 지역기관이 연결되고, 이로 인해 아이들을 학교와 지역기관이 함께 키운다는 마음이 모여 네트워크를 구성하게 되었다. 학교-지역기관의 협력관계를 형성하기 위해서는 먼저 신뢰와 존경이 이루어져야 한다. 협력 방안이 따로 있다고 생각하지 않는다. 많은 계기를 마련하여 서로 방문하고, 만나서 이야기하고, 이해해 나가는 과정이 바로 협력을 이끌어 나가는 방안이 아닐까 생각한다.

“

    학교 밖에는 어떻게 하면 아이들이 잘 성장해 갈 수 있을까에 대해 끊임없이 고민하면서 반성적 실천을 하는 활동가들이 있다. 이들은 무엇보다도 아이들로 하여금 지역은 삶의 터전이라는 사실을 중요하게 생각하도록 하고, 지역의 긍정적 영향력 속에서 아이들이 건강하게 미래를 일구어 나가기를 희망하고, 그러한 경로를 만들어 나가는 데 말 그대로 최선을 다한다. 이들은 아이들에게 일방적으로 제시하기보다는 아이들과 함께하고, 아이들이 주도할 수 있는 여건을 만들어 나간다. 이러한 토양 위에서 대학생들도 지역에서 자신의 삶의 진로를 모색할 수 있다. 제3부에서는 학교 밖에서 아이들의 성장을 지원하면서 학교에 힘을 보태고 있는 유관기관들의 활동과 지역에서 배움을 실천하고 있는 대학생들의 모습을 다룬다.

”

3

·제 3 부·
학교 밖에서

제**08**장

또 하나의
마을배움터,
청소년 자원활동

― 반송마을 사례를 중심으로 ―

김혜정(반송마을 희망세상 회장)

부산 반송지역에서 마을활동을 처음 시작한 것은 1998년 '반송을 사랑하는 사람들'이다. 반송의 주부들이 중심을 이루는 '반송을 사랑하는 사람들'은 경제적 소외계층이 밀집된 반송에서 아이들을 제대로 키우고 싶은 평범한 엄마들의 열망으로 탄생된 모임이다. 이 모임이 '희망세상'으로 명칭을 변경하면서 반송 지역 전체를 아우르는 시민단체로 성장했고, 주부들의 학습소모임 중심의 실천 활동은 '방과후 마을 공부방', '반송사람들(마을신문)', '반송어린이날 축제', '마을 벽화 그리기 운동', '좋은 아버지 학교', '마을 주민자치학교', '마을 일꾼 양성', '느티나무도서관 건립' 등 지역 변화를 위한 마을공동체 형성으로 나아가고 있다.

17년 동안 반송에서 마을활동을 하면서 청소년 문제에 대해 구체적인 고민을 해 본 적이 별로 없었다. 마을에는 다양한 구성원이 있고, 그중 가장 큰 노력을 기울여야 할 대상이 차세대 마을을 이끌어 갈 리더인 청소년임에도 불구하고 우리는 그들을 무언가를 해 주어야 하는 존재로, 아직은 미성숙한 존재로 대해 왔다. 2002년 반송이 속한 해운대구가 교육복지우선지원사업 지역으로 선정되었고, 필자는 사업 전담 실무자가 되어 청소년 문제에 대해 고민하고 그들을 민주시민으로 육성하기 위해 다양한 활동을 수행했다. 2년 정도 청소년들과 함께하는 활동을 하였고 민주시민교육, 별별축제,[1] 농촌봉사활동을 함께해 오면서 마을의 아이들이 한 명 한 명 눈에 들어오고 아이들과 함께 마을에서 무엇을 하면 좋을지에 대한 많은 답을 얻었다. 그러나 산적해 있는 지역의 현안문제에 더 많은 역량을 투입하게 되었고, 이 과정에

---

1) 반송지역의 3개 중학교(운송중, 반송여중, 반송중)가 연계해서 여는 마을 청소년축제이다. 2003년 반송지역의 교육복지우선지원사업을 연결고리로 '희망세상'이 청소년축제를 기획하게 되어, 마을의 기관·단체들과 연계하여 현재까지 운영하고 있다.

서 2007년에 반송지역 아이들을 위한 '느티나무도서관'을 주민들과 함께 만들었다.

느티나무도서관을 운영하면서도 청소년 활동에 대한 구체적이고 깊이 있는 논의는 지속되지 못했다. 학교에는 교육복지사(지역사회교육전문가)가 있어 아이들과 계속 활동을 했지만 단위학교 아이들의 문제에 집중되다 보니 마을 아이들 전체를 아우르는 활동이 진행되지 못했다. 청소년들이 기획하고 운영하는 별별축제는 계속되었지만 동네 아이들이 자연스럽게 만나 무엇을 함께하는 활동은 제대로 진행되지 못했다.

어른들이 이러는 사이에 청소년들은 자랐고 그들만의 문화를 만들어 가기 시작했다. 지역의 다양한 단체와 기관에서 많은 프로그램이 초등학생에게 집중되었고, 청소년들은 잘 모이지 않는다는 이유로, 청소년들은 어렵다는 이유로 관심에서 멀어졌다. 마을에 '청소년문화의 집'이 있기는 하지만 이 기관에서도 청소년보다는 초등학생 프로그램에 집중할 정도로 청소년들과 직접 대면하고 이들과 함께 고민하는 일은 많지 않았다. 오랫동안 마을활동을 해 온 '희망세상'에서도 청소년 문제는 늘 뒷전이었고, 우리 마을 아이들이 잘 자랐으면 좋겠다는 막연한 생각만 가지고 있었다.

01 │ 마을에서 청소년의 역할에 대해 고민하다

마을에서 청소년의 역할에 대해 집중적으로 고민하기 시작한 것은 2014년 초반기부터이다. 늘 마을의 차세대는 청소년들이고 이들에 대한 교육이 필요하다고 말해 왔지만, 구체적인 고민은 이루어지지 않고 있었다. 반송 느티나무도서관을 운영하고 청소년들과 만나면서 청소년활동에 대한 대책이 필요하다는 생각이 들었다. 도서관에 청소년들이 가장 많이 올 때가 봉사활동을 할 때이다. 학기말이 다가올 때쯤이면 반송마을 3개 중학교에 다니는 아이들이 수십 명씩 몰려와 봉사활동 시간을 채우게 해 달라고 사정을 했고, 그런 아이들의 모습을 보면서 '이건 아닌데' 하는 생각을 많이 하게 된 것이다.

아이들에게 필요한 것은 시간을 채울 수 있는 봉사활동일 뿐 그게 무엇이든 상관없었다. 이러다 보니 자원봉사활동에서 책임감도 매우 떨어지고, 학원에 가느라 약속된 봉사활동에 참가하지 않고 심지어는 미리 봉사시간을 채워 주면 자신이 시간이 날 때 봉사활동을 실시하겠다는 아이도 있었다.

허울뿐이고 단편적인 자원봉사활동이 청소년들의 성장에 도움이 될까 하는 의문을 가지기 시작했고, 잠시 하고 마는 그런 봉사활동이 아니라 청소년들이 지역의 중요한 구성원이 되고, 성인으로 나아가기 전 자신의 생각을 정리하고 직접 기획하고 진행하는 활동을 해 보는, 민주시민으로서의 기본을 쌓는 활동을 고민하게 되었다. 2002년 반송지역의 다양한 기관·단체와 협력하여 교육복지사업을 할 때처럼 동네 아이들이 마을에서 많은 것을 실천하고 경험하면서 지역과 유대도 쌓고 마을을 구성하는 하나의 주체로 설 수 있도록 도와야겠다는 생각을 했다. 중·고등학생을 지나면 대학생이고 성인이 되는데 성인으로 가는 중간다리의 청소년기에 자립적 사고를 할 수 있도록 하는 다양한 시험대가 마을이 되어야겠다는 생각이 들었고, 마을공동체가 그 역할을 할 수 있으리라 믿었다.

02 청소년 봉사활동 '그들에게 묻다'

2014년에 접어들어 반송 청소년 봉사활동 동아리를 고민하면서 가장 먼저 시작한 것은 그들에게 '묻기'였다. 예전의 방식은 어른들이 다 고민하고 준비해서 아이들에게 선택하라는 방식이었다. 이런 과정을 거치면 아이들은 그저 어른들이 벌여 놓은 마당에 잠시 참가하고 말아서 아이들에게 아무것도 남지 않는 결과를 초래했다.

아이들은 아주 비주체적이고 방관적인 입장을 취했으며, 책임을 지는 어떤 일도 하지 않았다. 스스로 고민하지 않고 어른들에 의해 주어진 일만 하니 책임질 필요도 없고 더 깊이 관여하지도 않았다. 그래서 시작한 것이 스스로 말하게 하고 스스로 고민하게 하는 것이었다. 제대로 되지 않고 좀 더디게 가더라도 아이들이 생각하고 준비하고 기획하는 시간을 만들어 주자는 것이 청소년 자원봉사 활동의 방향이었다.

그 첫 시작이 반송지역 중학생 중에서 봉사활동에 관심 있는 아이들을 모아 워크숍을 진행한 것이다. 느티나무도서관에서는 반송지역에 있는 3개(운송중, 반송여중, 반송중)의 중학교에 공문을 보내어 봉사활동에 관심이 있는 학생들을 모집했다. 약 40명의 학생이 참석했는데, 봉사활동을 제대로 하고 싶어 참석한 아이들과 봉사활동을 해야 하기 때문에 참가한 아이들이 반반이었다.

청소년자원봉사 워크숍의 주제는 '마을활동이란 무엇인가'를 안내하고, '타 지역의 청소년 자원활동 사례 영상을 함께 보고', '반송지역에서 느티나무도서관을 거점으로 친구들과 어떤 활동을 하고 싶은지'에 대해 이야기를 나누고, 스스로 자원봉사동아리를 결성하는 것이었다. 느티나무도서관의 자원봉사 교사가 워크숍을 도왔지만 이들의 역할은 아이들의 의견을 정리하는 정도로 극히 제한했다. 가능한 한 아이들이 평소 생각한 내용을 말하도록 배려했다. 어색해하던 아이들도 적극적으로 자신의 생각을 말하고 토론에 참여하였으며, 토론 결과 '재능나눔반', '텔미', '마을지킴이단', '만화에서 건진 인문학', '나눔반', '청소년 밴드' 등 6개의 동아리가 결성되었다. '재능나눔반'은 자신들이 가진 재능을 더 어린 초등학생들과 나누는 활동을 하기로 했고, '텔미'는 반송지역 아이들에게 인생상담을 해 주는 활동을, '마을지킴이단'은 반송마을의 환경을 가꾸는 활동을, '만화에서 건진 인문학'은 만화를 읽고 토론하면서 자신과 사회에 대해 생각하는 활동을, '나눔반'은 느티나무도서관에서 해 오던 반송마을의 어려운 이웃을 위한 밑반찬 봉사와 책 읽어 주기 활동을, '청소년밴드'는 음악에 취미가 있는 아이들이 모여 악기를 배우고 마을 축제나 행사에서 재능을 기여하는 활동을 하기로 했다. 동아리 활동 내용도 아이들이 생각하고 있는 관심사나 해 보고 싶은 활동을 중심으로 선정하는 것이었다.

후속적으로 개별 동아리끼리 모여 회의를 열고 회장과 총무를 뽑고, 활동계획에 대해 큰 틀거리를 의논하였다. 이 과정에서 단순히 봉사시간 때문에 참가한 아이들은 워크숍 과정도 매우 힘들어하고 적극적으로 참여하지 않았으며, 이런 아이들은 활동을 시작하면서 자연스럽게 활동을 접게 되었다.

재능나눔반

'재능나눔반'은 참여 청소년 각자가 가진 재능을 마을의 초등학생들과 나누는 동아리이다. 반송에 사는 고등학생 3명, 중학생 5명으로 구성되었다. 매월 첫째, 셋째 주 토요일에 느티나무도서관에 모여 활동을 진행한다. 재능나눔반의 실질적인 리더격인 고등학생은 자원봉사 활동의 열의가 높다. 한 명은 느티나무도서관에서 오랫동안 활동한 어머니를 보고 자라면서 마을활동이나 다른 사람들과의 소통이 자연스럽다. 한 명은 부모님의 부재로 인해 어린 동생들을 보살피면서도 더 어려운 마을 아이들에 대한 사랑이 깊다.

재능나눔반 활동은 상반기(4~9월)에는 반송마을 초등학생들에게 전통놀이를, 하반기(10~12월)에는 요리교실을 열었다. 이런 활동계획도 참여 구성원들이 자체 워크숍을 열어 계획을 세운다. 상반기 계획은 '전통놀이'와 '마을 뒷산 함께 가기', '학교 운동장에서 같이 놀아 주기'로 정하고, 참여자 한 명 한 명에게 맞는 역할을 찾았다. 반장과 총무, 참가하는 초등학생들 연락하기, 놀이방법 연구하기, 아이들 챙기기, 재료 구입, 도서관 담당 선생님과 연락하기 등으로 세부 역할을 나누었다.

재능나눔반이 2014년 상반기에 진행한 '전통놀이' 활동은 참여자들이 먼저 전통놀이 전문가를 초빙해 놀이를 완전히 습득한 후 초등학생들을 지도하면서 본격적인 활동을 진행하였다. 하반기에는 전통놀이를 마무리하고 요리수업으로 활동을 변경하였다. 6개월 간 진행된 전통놀이 활동에 대한 평가회를 가지면서 더 많은 초등학생과 만나려면 전통놀이보다 '요리'가 더 낫다는 내부 회의 결과를 반영한 것이다. 이 또한 역할을 나누어 모든 구성원이 자신의 역할을 가지고 임하고 있다.

재능나눔반은 동아리 출발부터 현재까지 활발한 활동을 펼치고 있다. 고등학생들은 중학생 동생들의 인생상담도 해 주고 서로 생일도 챙겨 주고 한 가족처럼 지내고 있다. 이런 재능나눔반의 성공적인 활동의 원인은 세 가지로 나눌 수 있다.

첫째, 재능나눔반에는 어렸을 때부터 반송 지역공동체 활동을 함께해 온 아이가 4명 정도 있다. 이들은 공동체 활동이 익숙하고 활동경험이 풍부해 동아리 모임을 꾸리고 이끌어 가는 것이 자연스럽게 몸에 배어 있다. 둘째, 성숙한 구성원들 덕분에 자체 회의가 잘 진행되었으며, 함께 논의하고 결정한 내용은 모두가 잘 지키려고 노력하였다. 활동이 끝나면 항상 평가회의를 자체적으로 실시하여 다음번 활동에 도움이 되도록 하고 있으며, 구성원들끼리의 유대도 매우 높다. 셋째, 재능나눔반에 꼭 필요한 역할을 찾아 모든 회원들에게 나누었기 때문에 구성원 모두가 하나의 역할을 맡아 책임감이 매우 높았다.

재능나눔반 활동을 하면서 아이들은 마을활동에 더욱 적극적으로 참여하게 되었고, 지역공동체에서 하는 다양한 행사에 자신의 의견을 내고 역할을 찾아 활동하였다.

텔 미

'텔미'는 참여 청소년들이 반송마을 초등학생들에게 인생상담을 목표로 출발한 동아리이다. 반송에 사는 고등학생 4명, 중학생 10명으로 구성되었으며, 중학생은 모두 여학생이다. 이들은 매월 넷째 주 토요일에 느티나무도서관에 모여 활동을 진행한다.

마을 초등학생들에게 중·고등학생들이 언니, 오빠가 되어 상담을 해 주는 것은 텔미 동아리 결성 당시 마을 청소년들의 많은 호응을 얻었다. 텔미는 자신의 초등학교 경험을 토대로 공부에 대한 부담이나 또래 친구관계, 진로문제 등을 털어놓을 친구나 선배가 필요하다고 느낀 데서 시작된 모임이다. 이 모임 결성을 주도한 남자 고등학생이 상당한 열정을 보여 기대감도 높았다.

텔미는 매우 의욕적으로 시작했고 다른 동아리에 비해 구성원들도 제일 많았으나, 활동은 제일 미미하다. '초등학생의 고민을 들어준다'는 봉사활동의 취지는 좋았지만, 상담이라는 것이 아직 낯선 분야이기도 하고, 아이들 스스로 상담을 어떻게 계획하고, 진행해야 할지 전반적인 계획수립이 잘 되지 않았다. 동아리 결성 초기에 정기적인 모임을 계속 진행하면서 토론은 무성하고 아이디어는 풍부했으나 이것을 제대로 실천해 내지 못했으며, 누구도 활동상황에 대해 책임지지 않으려고 했다.

동아리 활동을 진행하면서 자신들이 먼저 상담의 기초를 알아야겠다는 생각에 또래상담, 집단상담에 대해 공부하려는 계획을 세웠지만 이것도 시험기간이라거나 바쁘다는 이유로, 또는 연락이 잘 되지 않아 진행되지 못했다. 중간에 평가모임을 통해 중학생들은 다른 활동을 하기로 하고 고등학생들만 이 모임을 지속하는 것으로 바뀌었다. 남은 고등학생 4명은 반송지역 3개 중학교의 학생 중에서 상담이 필요한 학생 4명을 추천받아 1:1 멘토링을 기획하였다. 함께 영화를 보거나 축구도 하고 함께 활동을 하겠다고 했는데, 이마저도 답보 상태에 빠져 있다.

텔미 동아리의 어려움을 정리해 보면 다음과 같다.

첫째, 동아리의 활동목표가 명확하지 않았다. 초등학생들을 상담한다는 것은 좋은 계획이긴 하였으나 왜 하려고 하는지, 어떤 아이들을 대상으로 할 것인지, 우리의 준비는 어떻게 해야 할 것인지 명확하지 않았다.

둘째, 활동계획이 세부적으로 수립되지 않았고 구성원들의 역할분담이 없었다. 목표가 명확하지 않다 보니 어떤 아이들을 대상으로 상담을 해야 할지, 홍보는 어떻게 해야 할지, 구성원들은 어떤 역할을 나누어서 실천해야 할지 모든 것이 명확하지 않았다.

셋째, 동아리라는 특성상 아무도 책임을 지지 않았다. 학생의 신분상 시험기간이 있는 것, 서로 시간이 잘 맞지 않는 것, 모두가 바쁘다는 것 등을 핑계로 활동이 진행되지 않아도 서로의 탓만 하고 실천되지 않았다.

텔미의 활동 모습을 지켜보면 대개의 청소년 자원봉사의 모습이 그렇지 않을까 싶다. 리더가 적극적으로 나서지 않고, 느티나무도서관 활동가가 적극 개입을 하지 않기 때문에 어려움이 있을 때 방법을 스스로 모색해야 하는데, 다른 사람이 해 주기를 기대하거나 미루면서 한 발 빼는 것을 볼 수 있다.

마을지킴이단

'마을지킴이단'은 청소년들의 손길이 필요한 반송마을 곳곳에서 자원봉사를 하는 것을 목표로 결성되었다. 반송에 사는 고등학생 3명, 중학생 5명이 매월 첫째, 셋째 주 토요일에 봉사활동을 하고 있다. 마을지킴이단의 주 활동은 아이들이 마을 곳곳을 돌아다니면서 청소가 필요한 곳을 찾아 청소를 하거나, 마을 뒷산에 새집을 지어 주거나, 또는 마을 어르신들이 잘 모여 계시는 곳에 편히 쉴 수 있는 의자를 만들어 드리는 것을 계획했다.

마을지킴이단의 활동계획은 평소 청소년들이 반송마을을 유심히 관찰하면서 갖게 된 생각을 자원봉사활동과 연결한 것이었다. 반송마을 주민들이 자주 오르는 마을 뒷산의 새들에게 새집이 필요하다고 생각했고, 또 마을 어르신들이 골목길의 낡아빠진 의자에 앉아 종일 무료한 시간을 보내는 것을 목격하면서 편안한 의자를 만들어 드리고 싶다는 생각을 하게 된 것이다.

마을청소는 아이들이 가장 손쉽게 접근할 수 있는 방법인데, 반송마을을 돌아다니면서 어떤 곳에 청소가 필요하고 어떤 곳에 쓰레기가 많이 모이는지 마을 곳곳에 대한 세세한 정보를 파악해 청소구역을 정하였다. 청소도구는 느티나무도서관에서 빌려 사용하며, 주로 느티나무도서관 '뒷길'이 이들의 주 활동 공간이다.

마을지킴이단은 월 2회 마을청소 활동을 꾸준히 진행하고 있으나, 새집 지어 주기는 실행하지 못하고 있다. 새집 지어 주기는 당초 계획과는 달리 실제로 시간을 마련하기 어려워 미뤄지고 있으며, 어르신들 의자 만들어 주기 활동은 청소년들이 의자 만드는 법을 배워야 하므로 전문교사를 섭외해 둔 상태이다.

마을지킴이단 활동의 특성을 정리해 보면, 아직 마을에서 무엇이 필요하며 어떤 것을 해야 하는지 깊이 있는 눈을 가지고 있지 못하고 깊은 고민 없이 마을 골목길의 쓰레기를 기계적으로 줍는 일에 참여하는 정도로 그치고 있다. 그러나 이 동아리의 경우 계속 정기적인 만남을 하면서 마을에 애정을 가지고 있어 계속 회의를 하도록 촉진하고 있다.

나눔반

'나눔반' 활동은 마을에서 혼자 사는 어르신들에게 밑반찬을 매달 나눠 드리는 활동이다. 반송에 사는 고등학교 5명, 중학교 6명이 참여하고 있다. 나눔반은 느티나무도서관이 이미 실천하고 있는 반송마을의 독거노인과 어려운 이웃을 대상으로 한 '밑반찬 봉사'에 마을 청소년들이 결합된 형태이다.

밑반찬 봉사는 '희망세상' 창립 때부터 현재까지 매월 넷째 주 토요일에 밑반찬을 직접 만들어 몸이 불편하거나 홀로 계신 어르신들에게 나누어 드린다. 이는 '여성의 마음으로 마을을 품고 이웃을 돌보기 위한' 도서관의 주 활동이다.

청소년들의 나눔반 활동은 느티나무도서관 활동가들이 만든 밑반찬과 도서관에 있는 책 중 어르신들에게 읽어 드리고 싶은 책 2권을 들고 찾아가서 책을 읽어 드리고 청소와 말벗도 해 드린다. 평소 어르신들을 접할 기회가 없던 청소년들은 밑반찬을 배달하면서 할아버지, 할머니와 만나게 되는데, 처음에는 소통방법이 서툴러 어려움을 겪기도 하고, 책을 읽어 드려야 하는 데 쑥스러워하는 청소년들도 있었다. 밑반찬을 배달할 때 어르신들이 댁에 계시지 않아서 그냥 반찬만 두고 오는 아이들도 있는데, 이에 비해 책을 읽어 드리고 오는 아이들의 만족감이 훨씬 높은 편이다.

나눔반 활동 참여자들은 어르신들을 찾아가는 횟수가 한 번 두 번 늘어나면서 어르신들의 상황을 세세히 알게 되고 더 관심을 갖게 되었다. 어르신들이 어떤 불편함이 있는지, 어떤 반찬을 좋아하는지, 어르신의 성함은 무엇인지, 어떤 시간에 가야 만날 수 있는지 등 자신과 소통하는 어르신에 대해 알게 되고, 더 관심을 갖게 된다. 밑반찬만 배달하고 나오는 것이 아니라 어르신들의 집을 청소해 드리거나, 책을 읽어 드리다 보니 어르신들이 마치 '손자녀'를 대하듯 반가워하고 고마워하기 때문에 참여 청소년들의 보람과 성취감도 높다. 이러한 과정에서 새롭게 도움이 필요한 어르신들이 발견되기도 하고, 실제 집수리가 필요한 어르신의 집을 아이들의 건의로 느티나무도서관과 마을 기관이 연계해 수리해 주기도 했다.

나눔반 활동을 진행하면서 2015년에는 청소년들이 좀 더 깊이 참여할 수 있는 고민을 하게 되었다. 단순하게 책만 읽고 반찬을 드리는 활동에서 벗어나 손자손녀가 되어서 유대를 맺고 어르신들의 이야기를 듣고 자서전을 써 드리는 활동 등 청소년들과 어르신 모두 의미 있는 경험을 위한 계획이 필요하다.

만화에서 건진 인문학

'만화에서 건진 인문학'은 느티나무도서관의 '북멘토링' 활동과 연계되어 발굴된 동아리이다. 반송지역 청소년의 책 읽는 문화를 확산시키기 위해 고민하던 도서관 활동가들이 청소년들이 '웹툰'을 좋아하는 것에 착안하여 동아리로 이어졌다. 만화책을 읽고 각자의 생각을 나누는 모임으로 책 읽기를 그다지 즐기지 않는 청소년도 참여하기 쉽고, 좋은 만화책에서 여러 시사점도 찾을 수 있다. 도서관에서는 반송마을 중학생들에게 홍보를 하고 학교의 추천을 받기도 하여 남자 중학생 15명으로 꾸렸다.

만화에서 건진 인문학 동아리의 구성원이 모두 남학생이어서 이들을 이끌어 줄 리더를 '청년 마을기업가'와 연결시켰다. 반송중학교 앞에서 마을 카페 '나무'(마을 기업)를 운영하는 청년들이 이 동아리를 맡아 주게 되었고, 청소년들과 함께 1년간 읽을 책과 토론방식, 글쓰기에 대한 의견을 나누어 결정하였다. 웹툰 『26년』을 함께 읽고 민주화에 대해서 토론하고, 『신과 함께』를 읽고 주거와 '88만원 세대'에 대해서 토론하고, 『빗장열기』를 읽고 통일에 대한 고민을 함께 했으며, 『정글고』를 읽고 학교폭력에 대해서 진지한 토론을 했다. 또한 문화의 다양성, 우리 안에 있는 차별 등을 함께 공유하는 시간을 가졌다.

만화에서 건진 인문학은 말 그대로 청소년들이 좋아하는 만화를 읽고, 청소년·청년의 문제, 사회의 흐름을 이해하는 활동이기 때문에 참여자의 만족도도 높았다. 인문학이 어려운 책을 읽고 어려운 이야기를 하는 것이 아니라 우리 주변 사람들의 이야기를 우리의 시선으로 보는 것에 대해 생각하는 것이라는 점도 깨닫게 되고, 다른 구성원의 다양한 의견들이 교환되었으며 토론과 비판을 하는 법도 배우게 되었다.

이 동아리가 계속 운영될 수 있었던 점은 첫째, 참여자가 기존에 느티나무도서관의 통일학교 프로그램이나 민주시민교육에 참여하고 있는 사람이 다수라는 점이었다. 또 도서관에서 여는 청소년 캠프나 마을활동 경험자가 많아 자신의 생각을 글이나 그림으로 표현하는 데 주저하지 않았고, 자신의 속내를 잘 개방한 것도 동아리를 묶어 주는 힘이 되었다.

둘째, 동아리 지도자가 운영하는 마을 카페 '나무'는 반송중학교 앞에 자리 잡고 있어 청소년들이 모이기가 쉽다. 또 '나무'에서는 반송지역 청소년과 주민들을 위한 공익 프로그램을 운영하기도 하는데, 이 중에서 '더 커피'는 커피 한잔을 마시고 커피 두 잔 값을 내면 카페에서 배고픈 중학생에게 간식을 제공해 준다. 이 때문에 중학교의 학교장과 지역주민들의 '나무' 카페에 대한 지지와 관심이 높았고, 이곳을 구성원들의 배움터로 적극 활용할 수 있었다.

청소년 밴드

'청소년 밴드'는 느티나무도서관이 전국문화원연합회의 생활문화 공동체사업의 일환으로 꾸려졌다. 청소년 밴드의 원래 취지는 반송 청소년 중에서 문제를 안고 있는 청소년들이 도서관에 와서 밴드 활동을 하면서 생기를 얻고 상처를 치유하기를 기대하는 데 있었다. 그러나 취지와 달리 그런 상황의 청소년은 한두 번 방문 후에 마음을 붙이지 못해 반송의 모든 청소년들에게 청소년 밴드 활동을 열어 두게 되었고, 그 결과 고등학생 4명, 중학생 3명이 모여 동아리가 구성되었다.

청소년 밴드는 매주 토요일 저녁에 느티나무도서관 지하 연습실에서 활동한다. 느티나무도서관 소속의 '아빠 밴드(반송마을 아저씨 5명으로 구성)'가 교사가 되고 악기 다루는 법을 지도해 주며, 마을의 크고 작은 행사에서 공연을 함께하기도 한다. 마을 행사에서는 아빠 밴드보다 청소년 밴드가 더 인기가 높다. 청소년 밴드 구성원들은 결석 없이 가장 주체적으로 참석하고 있는데, 아마도 자신이 가장 하고 싶은 일을 하기 때문이라고 생각된다. 처음에는 중학생들이 주로 참여하였으나, 고등학생들의 참여도도 점점 높아지고 있다.

청소년 밴드의 경우 배울 내용과 방식을 구성원들이 모두 의논하여 결정하며, 아빠 밴드의 경험을 전수받아 노하우를 쌓아 가고 있다. 이 동아리의 특징은 음악을 연결고리로 아이들의 자신감이 매우 높아졌고, 아이들 간 유대뿐 아니라 아빠 밴드와의 소통이 가족처럼 끈끈하다. 아빠들이 교사가 되어 인생상담도 해 주고 함께 맛있는 식사도 하면서 만남의 시간이 늘자, 동네 어른들과의 관계도 좋아지고 자연스럽게 어른들과 소통하는 법을 배우게 된다. 또 아빠들 외에도 또래들에게 키보드, 전자기타, 기타 등의 악기를 배우기 때문에 서로에게 배우는 것이 많다. 청소년 밴드에서 갈고닦은 실력으로 느티나무도서관

행사나 외부 마을행사에 초대되어 공연을 하게 되면서 활동에 대한 만족감도 높다.

청소년 밴드에는 다른 동아리에 소속된 청소년들도 함께 참여한다. 토요일 저녁 시간에 모여 연습하기 때문에 청소년들이 시간을 내기 쉽고, 교과 공부로 쌓인 스트레스를 밴드 활동을 통해 발산하면서 동아리의 문화를 만들어 가고 있다.

03 | 자원봉사에서 자원활동으로

2014년 한 해 동안 청소년 동아리 활동을 하면서 우리가 지킨 원칙은 이들의 활동에 관여하지 않는 것이었다. 아이들이 요청을 하면 이야기를 들어주는 정도에 그쳤고, 모든 것은 동아리 구성원들끼리 의논하고 결정하도록 유도했다. 이 과정을 힘들어하는 동아리는 활동이 부진하거나 활동이 진행되지 않는 경우도 있었지만, 초기에 시행착오를 겪은 동아리들은 많은 변화를 가져왔다. 그 변화는 다음과 같다.

첫째, 동아리 운영의 자립심이 높아졌다. 아이들이 동아리 내에서 함께 고민하고 결정한 것을 집행하는 능력이 커졌다. 동아리 활동의 참여 대상자를 모으기 위해 홍보물도 만들고 모든 구성원이 역할을 정해 활동했으며 평가회의까지 진행했다. 이런 과정을 통해 봉사활동에서 자원활동으로 변하게 되었고 아이들의 만족도도 매우 높아졌다. 또한 자신의 힘으로 무엇인가를 하고 있고 이런 활동이 변화를 가져

온다는 것 자체에 놀라고 또 스스로를 대견해하면서 구성원 간 결속력도 높아졌다.

둘째, 동아리 구성원으로서 책임감이 높아졌다. 예전에는 봉사활동이 자신의 계획에서 가장 뒷순위였으나 스스로 하기 시작하면서부터는 자신의 계획에서 가장 앞 순위로 오게 되었다. 전에는 시험기간이면 봉사활동이 전혀 이루어지지 않았으나, 자체적으로 동아리 활동을 하면서부터 시험기간에도 자신이 정한 약속은 꼭 지키고 실천하려는 노력을 보였다.

셋째, 아이들이 자신의 미래에 대해 고민하기 시작했다. 이전에 아이들에게 꿈이 뭐냐고 물으면 "몰라요.", "생각 안 해 봤어요." 이런 대답을 자주 들었는데 동아리 활동을 열심히 하고 그 속에서 만나는 언니, 오빠들을 보면서 아이들이 미래에 대한 고민을 시작했다. 서로가 서로에게 멘토가 되어 주고 어려움을 나누기 시작했다.

넷째, 동아리 활동을 고리로 새로운 가족이 탄생했다. 동네에 오빠, 언니들이 생기기 시작했다. 아이들이 함께 어울리기 시작하면서 서로의 버팀목이 되어 주었다. 마을이 하나의 큰 가정처럼 새로운 관계가 만들어지기 시작했다. 형들이 동생을 챙기고 동생들은 그런 형들에게 의지하게 되었다. 상관없는 남남이 아니라 서로의 삶에 영향을 끼치는 그런 관계가 만들어지게 되었다.

04 청소년 자원활동에서의 경험과 성장

청소년들이 마을 일에 참여하면서 활동의 내용과 모습이 많이 달라졌다. 어른들이 생각하는 마을활동은 어른들 사고대로 어른들 중심이 된다. 아이들의 생각처럼 기발하지도 않고, 아이들에게 더 본질적으로 다가가지도 않는다. 그저 어른들이 생각한 대로 판을 벌리고 아이들에게 참여하라고만 한다. 뭐든 만들어 놓고 아이들을 끼워 맞추는 것이다.

마을활동에서도 그랬다. 어른들의 생각대로 만들어 놓고 "너희들을 위한 프로그램이니까 너희들이 참가해야 한다."고 말한다. 진행이 전혀 되지 않을 때는 봉사시간 인정이라는 미끼를 던진다. 아이들을 비주체적으로 만드는 것이다.

청소년들이 스스로 만든 동아리 활동을 하면서 마을 일에도 변화가 있었다.

첫째, 느티나무도서관에서 진행하는 도서관 캠프를 청소년동아리에서 함께 기획하고 진행했는데, 동네 초등학생들의 반응이 폭발적이었다. 동네 형들, 누나들을 만나니 아이들은 매우 즐거워했고, 교사들과 함께하는 활동보다 이들과 하는 활동에 깊은 만족감을 나타냈다. 자연스런 관계가 만들어지고 마을이 커다란 가정이 되었다.

둘째, '희망세상'이 오랫동안 해 왔던 반송마을 청소년 축제인 '별별축제'에도 좀 더 적극적으로 참여하게 되었다. 동아리 활동을 해 온 아이들이 자연스럽게 별별축제 기획단으로 참여하여 그간 활동의 경험에서 얻은 다양한 아이디어를 내기 시작했고, 청소년 축제가 마을의 중요 축제가 되는 데 큰 역할을 했다.

셋째, 반송마을 축제에 청소년이 주체가 되어 참여하고 있다. 얼마 전 마을에서 진행된 느티나무도서관 7주년 마을축제에서도 청소년 동아리의 역할이 컸다. 스스로 동아리 홍보판을 만들어 도서관 행사에 참여한 사람들에게 자신의 동아리를 홍보하고 체험 부스를 맡아 진행했다. 세월호 부스에서는 또래의 슬픔을 함께 나누었고, 솜사탕을 직접 만들어 동네 꼬맹이들에게 대접하기도 했다. 행사 내내 부스 운영에서부터 참가한 주민들 접대, 행사 마무리, 마을 청소까지 적극적으로 나서서 도맡아 했다. 예전에는 작은 부탁이라도 받으면 하지 않으려고 했던 모습에서 적극적인 참여자로 마을 심부름을 도맡아 했으며, 이들의 도움으로 마을축제가 더욱 빛나고 흥겨워졌다. 청소년 밴드의 공연은 여타 공연보다 훨씬 큰 박수를 받았고 많은 어른들이 우리 동네 아이들의 모습을 가슴 뿌듯하게 지켜보았다.

넷째, 반송마을에 대한 관심과 실천이 늘어났다. 얼마 전에 완성한 마을하천 벽화는 올해 동아리 활동의 총정리였다. 마을의 가장 지저분했던 하천을 선택해 벽화를 그리겠다는 제안을 했고, 이 뜻에 동의하는 어른들이 벽화를 그릴 벽을 깨끗이 청소하고 밑칠작업을 했다. 아이들이 도안을 그리고 토요일 오전부터 모여 벽화를 완성했다. 아무도 돌보지 않았던 하천가에 아이들의 재잘거리는 아름다운 이야기가 울려 퍼졌고, 이 모습을 어른들이 흐뭇하게 지켜보았다. 늘 하천가에 쓰레기를 버리고 음식물을 버리는 어른들이 아이들의 모습에서 반성하고 하천 청소를 하기 시작했다. 청소년들의 작은 힘이 마을 어른들의 태도 변화를 가져온 것이다.

05 마을공동체는 어떤 역할을 해야 하는가?

청소년들과 함께 활동하면서 공동체 활동을 하는 것이 성장에 얼마나 필요한 것인지 알게 되었다. 자발적으로 잘 운영되는 동아리의 특징 중 하나는 구성원 중에 어렸을 때부터 마을공동체 활동을 한 경험이 있거나 지금도 하고 있는 사람이 있는 것이었다. 공동체 활동을 쭉 함께해 온 아이는 스스로 생각하고 결정하고 실천하는 것이 매우 익숙했으나, 그렇지 않은 아이는 스스로 생각하는 것 자체를 힘겨워하기도 했다.

우리 청소년은 철저하게 공부만 해야 하는 존재로 키워진다. 동아리 활동을 하면서 동아리와 함께한 약속보다 학원을 더 중요하게 생각했으며, 시험기간에는 아예 동아리 활동이 진행되지 않은 곳도 있었다. 또한 학과 공부 외에 다른 것을 스스로 고민하고 기획하고 실천하는 것도 매우 어려워하였다. 이런 아이들이 자발성을 가질 수 있도록 돕는 것이 마을공동체의 중요한 역할이라고 본다. 마을공동체의 역할을 다음과 같이 정리해 볼 수 있다.

첫째, 마을공동체는 청소년들이 다양한 실험을 해 볼 수 있는 시험의 '장'을 제공해야 한다. 공동체라는 큰 울타리 속에서 이런저런 활동을 하면서 민주시민으로서 가장 기본적인 소양을 쌓고 자신의 삶에 대해서도 깊이 고민할 수 있도록 만들어야 한다. 학교, 학원, 집이라는 삼각 울타리를 벗어나 조금은 다른 곳에 눈을 돌리고, 조금은 다른 생각을 할 수 있도록 하고, 타인을 배려하고 더 넓은 시선을 가질 수 있도록 다양한 경험의 장을 제공하는 것이 공동체가 우리 청소년들에게 해야 할 역할이다.

둘째, 마을공동체는 청소년을 활동의 주체로 보고, 아이들의 호흡을 존중하고 기다려 주어야 한다. 우리가 청소년 자원활동 동아리를 꾸리고 도우면서 지킨 원칙은 '아이들 스스로 해 보고, 도움을 요청하면 그때 손을 잡아 주는 것'이었다. 아무리 좋은 아이디어와 환경을 만들어 주어도 아이들이 스스로 생각하고 말하고 실천하지 않으면 그 활동은 오래가지 못한다는 것을 지역활동 경험에서 터득했다. 우리 아이들이 어디에 가서 자신의 생각을 이야기하고 무엇이건 하고 싶은 대로 할 수 있을까? 그런 장이 많지 않기 때문에 청소년 자원봉사 활동을 통해 아이들은 자신들의 욕구를 발견하고, 말하고, 해 보면서 스스로 배워 가는 것이 있다. 그러므로 어른들의 잣대로 아이들을 섣불리 평가하기보다 아이들의 시선과 발전단계를 존중해 주고 기다려 주는 것이 필요하다.

셋째, 청소년 자원봉사활동에서 아이들이 경험하는 시행착오는 실패가 아니라 성장의 과정으로 보아야 한다. 지난 1년여 간의 활동을 겪으면서 아이들은 아직도 많은 시행착오를 겪고 있다. 그 시행착오 속에서 청소년도 성장하고 마을도 성장하고 있다. 앞에서 제시한 6개 동아리에 소속된 아이들의 재능이나 상황, 요구도 모두 제각각이다. 처음부터 제법 잘해 내는 아이들도 있지만 1년 내내 회의만 하거나 어려움을 겪으면서 답보 상태인 경우도 있다. 그러나 우리가 보기에 "잘하면 잘하는 대로 좋고, 시행착오를 겪으면 또 그대로 좋았다."라는 평가가 있었다. 청소년들이 스스로 생각하고 궁리하면서 스스로 말하게 되고, 또 그것을 실천하게 된다. 그 과정에서의 크고 작은 경험은 이들을 성장시키는 자양분이라 생각한다.

넷째, 마을 청소년들의 경험과 성장을 중심으로 가정과 학교, 마을이 사고하고 실천해야 한다. 느티나무도서관에서 활동하면서 아기 때부터 알던 아이들의 변화를 지켜보게 된다. 부모님이 안 계시다는 이유로 방황하고 힘겨워하는 아이들을 보면서 마을이 아이들을 어떻게 키워야 할지 더욱 깊이 고민하게 된다. 그 역할을 한 기관의 역량으로 감당하기 어렵다. 도서관에서는 마을 청소년들을 함께 키우기 위해 학교와의 연결고리 만들기에 열심이다. 매년 중학교 3개교 입학생들에게 '한 권'의 책을 선물하고, 청소년 북멘토링, 청소년 대상 특강, 청소년 자원봉사 동아리, 청소년 문학기행, 청소년 별별축제 운영 등 다양한 방식을 열어 두고 있다. 이러한 활동의 경험 속에서 아이들도 학교도 마을도 함께 배우고 성장해 간다.

제 09 장

진로교육은
마을과 일상에서
말 걸기

-공릉청소년문화정보센터
사례를 중심으로-

이승훈(공릉청소년문화정보센터장)

01 마을 교육력 키우기

공룡청소년문화정보센터[1] 소개

청소년시설과 도서관이 융합된 새로운 센터, 공룡동[2]과 만나다.

우리 센터는 노원구 공룡2동에 위치하고 있다. 공룡2동은 동별 인구로만 보면, 전국에서 가장 많은 주민이 살고 있는 지역 중 하나이다 (4만 7천 명). 인구 구성은 젊은 층이 많고, 청소년, 영유아도 다른 지역에 비해 상당히 높은 비율을 차지하고 있다. 그런데 센터가 건립되기 전까지 공룡 1, 2동 지역에는 주민 문화시설이 거의 없는 실정이었다. 이 지역은 노원구의 외곽지역인데다 철길이 이어져 주민들의 생활불편이 많았던 지역이다. 공룡동은 2008년경 학교 옆 납골당 반대 투쟁으로 주민 갈등이 장기간 이어져 온 마을이기도 하다. 주민들의 이 싸움은 3~4년간 이어졌다. 주민들은 그 과정에서 마을의 아이들이 많은 상처를 받았을 것이라고 생각한다. 또 센터가 처음 문을 열고 주민들을 만났을 때 많은 사람이 "공룡동이라는 마을 이름이 마음에 들지 않는다."고 말하곤 했다. 그것은 마을 이름이 가진 뜻과 마을의 부정적 이미지가 결합해 만들어진 정서였다. 하지만 최근 주민들은 '공룡(孔

---

1) 노원구립 청소년문화시설이자 공공도서관으로 2010년 10월 건립되었다. 공공도서관과 청소년문화시설이 따로 등록되어 있지만 분리되어 있다고 할 수 없고, 두 기능이 융합된 새로운 형태로 운영되고 있다.
2) 공룡동은 서울 노원구의 외곽에 위치해 있다. '孔陵(공룡)'이라는 마을 지명의 뜻은 여러 역사적 배경과 해석이 있지만, 최근 주민들은 이 마을 이름의 뜻을 '아름다운 언덕'이라고 해석하고 있다.

252 | 제3부 학교 밖에서

陵)'이라는 한자의 뜻을 '아름다운 언덕'이라고 해석하고 있다.

2010년 노원구청에서는 납골당 반대 투쟁이 한창이던 공릉2동 지역에 현재의 공릉청소년문화정보센터를 건립하게 된다. 이 센터는 청소년 문화시설과 도서관 시설을 한 건물 안에 설치한 복합시설로서, 2010년 10월 위탁준비 시기부터 인권과 평화의 대학 성공회대학교에서 노원구로부터 수탁 운영하고 있다. 지상 6층, 지하 1층으로 대지 1,018㎡, 건물 2,595㎡(약 800평) 규모이다. 주요 시설은 어린이도서관, 청소년도서관과 열람실, 다목적실, 무용실, 유스카페, 상담실, 음악실, 교육 프로그램실 등 조금 복잡하다 할 정도로 다양하다. 그래서 일하는 직원들의 면면도 다양하다. 청소년지도사, 사서, 사회복지사, 평생교육사, 상담사, 시설관리직 등으로 구성되어 있다. 하는 일도 구성원의 다양성처럼 각자의 영역에서 여러 가지 일을 하고 있다. 일하는 직원은 정직원 16명과 안내, 청소, 경비, 야간 운영 등에 약간명의 인원이 추가로 투입되고 있다. 이런 다양성으로 인해 이용자는 우리 센터를 '청소년문화의 집'이라고도 부르고, 도서관, 복지관, 상담실, 주민회관, 평생교육센터 등 여러 가지 이름으로도 부른다. 한마디로 잡종, 좋은 말로 융합형이라고 할 수 있다.

2010년 12월 28일, 모든 것이 부족한 상태에서 본격적인 개관 준비를 위해 일꾼(직원)들이 모였다. 우리는 개관 준비를 위해 무엇부터 해야 할지 막막하기만 했다. 그럼에도 매일같이 바쁜 일상은 계속되었고, 부족하지만 임시개관이라는 형태로 문을 연 마을 청소년센터를 둘러보기 위해 청소년들과 주민들의 발걸음이 이어졌다. 오랫동안 기다려 왔던 사람들의 기대는 높았고, 궁금증 해소를 위한 질문은 넘쳐났다. "어떤 프로그램 할 건가요?", "도서관에는 책이 몇 권이나 들어와요?", "상담 프로그램은 할 건가요?", "이 마을의 상황에 대해 좀 아시나요?" 등등. 그러던 중 초등학교 6학년 여자 청소년 두 명이 찾아 왔다. "선생님 우리 마을에 왜 이렇게 좋은 일이 생기는 건가요? 예전 엔 우리 마을에 좋지 않은 일들이 많았어요. 계속 싸우고, 경찰버스도 서 있고 했어요. 하여튼 재미있는 일들이 청소년센터에서 많이 있었 으면 좋겠어요." 수년간 이어진 납골당 반대투쟁을 겪었던 아이들의 생생한 목소리였다.

마을 교육력을 키우는 청소년센터로 한 발 내딛다

이런 주민들의 서비스 요청에 이끌렸는지 사업 초창기 한때, 우리 는 청소년들이 행복하게 살 수 있는 마을의 생태는 바꾸려 하지 않고, 특색 있는 몇 가지 서비스와 프로그램만을 가지고 고민했던 적이 있 었다. 함께 일하는 일꾼(직원)들은 청소년을 서비스의 대상으로만 생 각하고 만나려 했다. 주민들이 활동에 참여하는 것도 부담스러워해서 열심히 참여하려는 주민들과 서비스 제공자인 일꾼들 간의 불편한 관 계가 지속되기도 했다. 하지만 마을과 함께하는 벼룩시장, 재능나눔 으로 진행되는 마을학교 등 몇 가지 활동을 통해 성공을 경험했다. 차 차 우리 센터 일꾼들의 마음이 열렸다. 이제 "마을은 아이들을 키워 내는 '교육력'이 있다."고 믿으며 실천하고 있다. 그러나 청소년과 마 을을 잇는 활동을 처음부터 응원해 준 이웃들이 있었다. '도서관 일 촌'과 '든든한 이웃'이라는 주민 자원활동가 그룹이다. 우리 센터는 시작부터 마을에서 협력자가 되고, 함께 꿈꾸며 행동할 이웃들을 찾 으려 했는데, 2011년 4월 봄이 오면서부터 주민 대상의 교육 프로그램 을 시작했고, 12주의 '도서관학교'라는 이름의 지역사회교육을 통해 우리와 함께 꿈꾸는 많은 이웃들을 만날 수 있게 된 것이다.

마을 교육력에 대한 일꾼들의 작은 믿음과 초기 우리의 뜻과 함께

한 주민들의 적극적인 참여의 힘은 대단했다. 지금까지 우리가 단순한 센터 운영을 넘어서 마을 교육력을 키우는 운동을 벌일 수 있게 해준 힘이 되었으니 말이다. 그러나 청소년과 마을을 잇는 활동의 실행에 대해서는 함께 고민해야 했는데, 그 실천은 그리 쉽지만은 않았다. 우선 청소년들에게 마을은 매력적인 소재가 아니었고, 학교와 학원을 다니느라 시간이 없다고 하였다. 하지만 온 일상을 보내는 마을 안에서 주체적이고 의미 있는 경험을 확장하려는 우리의 노력은 포기할 수 없었다. 활동의 첫 시작은 센터 내부의 일들을 청소년들과 나누는 것이었다. 먼저 한 일은 청소년시설의 법정 기구인 청소년운영위원회 구성이었다. 다음은 도서관을 공동 운영하기 위한 청소년·어린이 도서관 일촌 선발, 청소년 유스카페 운영단 모집 등이었다. 그러나 이런 자치기구들은 활동이 다른 시설의 사례를 답습하면서 쉽게 정형화되었고, 운영을 담당하는 일꾼들의 생각과 결정에 쉽게 이끌려 가면서 주체적인 활동을 하지 못하는 한계가 있었다.

공간은 주민의 것이다. 일단 센터의 모든 공간을 여는 일부터 다시 고민했다. 주민이 자유롭게 이용할 수 있도록 대관체제를 정비했다. 특히 청소년들의 모임은 쉽게 빌리고 자유롭게 사용할 수 있는 방안을 만들었다. 하지만 이것만으로는 자발적 활동이 일어나기에 부족하다고 생각했다.

우리는 청소년들이 마을과 만날 수 있는 새로운 방안을 찾아냈다. 이렇게 시작한 활동이 바로 '시작된 변화', '동아리 자율활동단', '누구도 하지 못한 프로젝트' 등 미완결 구조의 플랫폼3) 활동이다. 자신

---

3) 서비스 구조는 완결적으로 구성되어야 하지만, 참여가 적극적으로 일어나는 활동으로 만들어 가기 위해서는 큰 틀의 계획만 가진 미완결 구조여야 한다고 생각했다. 초기 기획은 활동의 방향과 몇 가지 원칙만을 제시하는 느슨한 형태였다. 대신 구체적인 사안은 관심

의 삶, 여가, 마을과 공동체에 대해 고민하고 있는 청소년들을 모았고, 그들의 자발적인 활동을 지원했다. 그 과정에서 공동체가 가진 문제를 해결하기 위해 실천하는 활동들이 번져 나갔고, 자신의 시간의 주인이 되는 동아리 활동과 자신의 인생길을 찾기 위한 프로젝트들이 마을과 일상 속에서 벌어지고 있다. 이러한 대부분의 활동은 1년간 또는 2~3개월 단위의 프로젝트이며, 실천활동을 통해 마을문제의 해결을 도모함은 물론, 세상을 바라보는 넓은 시야와 비판적 사고능력, 기획력과 실행력을 기르고, 활동의 과정에서 자신의 꿈과 비전을 발견해 나가는 결과를 얻고 있다. 무엇보다 활동에 참여하는 아이들은 자신이 선택한 이 활동으로 자신의 삶이 숨통이 트이고, 행복하다고 말하고 있다.

공릉청소년문화정보센터 운영의 열 가지 주안점

우리 센터의 모든 활동의 기저에는 하나의 철학이 관통하고 있다. 그 철학은 '경험이 최고의 학습이고, 최고의 경험은 마을 안에서, 일상 속에서 만들어진다'는 것이다. 이러한 철학뿐 아니라 우리의 활동을 설명해 주는 열 가지 주안점이 있어, 이를 소개하고자 한다.

첫째, 자발적 경험을 중시, '경험이 최고의 학습'이라는 철학 적용

'경험은 최고의 학습이다.' 이것은 우리 센터가 가장 중요시하는 활동의 철학이다. 우리 센터는 존 듀이의 경험학습이론을 바탕으로 최고의 경험은 마을 안에서 일상 속에서 일어난다는 것을 굳게 믿으며,

---

을 가진 참여자들이 들어와서 자신의 활동을 하면서 결정한다. 보통 관심을 가진 3명 이상의 청소년이 들어올 수 있도록 열린 체제를 유지한다. 이러한 미완결 구조의 플랫폼 전략은 센터 내 주민활동에도 적용되는 방식이다.

대부분의 사업 속에 이 가치가 실현될 수 있도록 노력하고 있다. 우리 센터가 가장 집중하고 있는 활동은 '마을 안에서, 일상 속에서 청소년의 다양하고, 자발적인 경험을 열어 주는 것'이다.

둘째, 사업의 대상이 아닌, 활동의 주체로서의 청소년과 지역주민

우리는 청소년이 관심을 가지고 참여할 수 있는 마을 일, 환경 관련 주제, 도서관 운영 등 다양한 분야의 일을 가지고 청소년들을 만나고, 그 일에 능동적으로 참여할 청소년을 모으는 데 집중하고 있다. 동아리, 청소년운영위원회, 도서관 일촌, '시작된 변화' 활동 그룹, 공연기획단, 이런 식의 이름으로 모아진 청소년들은 소속감이 고취되었고, 우리는 이들이 직접 운영자가 되도록 응원해 나갔다.

아이들은 스스로 주체가 되어 자신이 선택한 경험을 하면서 매우 신나한다. 자신에게 관심 있는 영역의 문제를 탐구하고, 이를 해결하기 위해 인터넷에서 자료를 찾고, 그 경험을 먼저 해 본 사람을 만나 지혜를 구하고, 다른 사람의 활동을 견학하기도 했다. 심지어 거의 책을 읽지 않는 친구에게 어떤 책에 네가 고민하는 과제에 대한 해답이 보이더라고 일러 주면 그 책을 열심히 보기도 했다. 아이들은 자신이 주체가 되면 이렇게 신이 나서 활동한다. 이뿐 아니라 청소년이 직접 시도하는 활동에는 무엇인가 마력이 있어서, 우리 센터의 직원이 따로 홍보하지 않아도 참여하는 아이가 많아졌다. 지역의 주민들이 너도나도 도움을 주겠다고 거들기도 한다. 센터에서 하는 여러 가지 활동의 주체는 청소년이기도 했지만, 주민이기도 했다. 청소년만으로 해결하기 어려운 문제들도 있다. 어른의 아이디어와 실천이 참여하는 청소년에게 도움이 되는 경우도 많았다. 하여튼 우리 센터는 직원이 모든 일을 다 진행한다고 이야기하지 않는다. 일방적으로 서비스를 제공하고 있다고 생각하지도 않는다. 앞으로도 조금씩 더 청소년과 주민이 활동의 주체가 되는 방법을 궁리하고 그러한 기회를 점차 늘려 가려고 노력하고 있다.

셋째, 지역공동체의 힘(교육력, 복지력)을 키우는 '인큐베이팅'에 관심

우리 마을에는 우리 마을만의 '교육력'이 있다. 그 교육력을 우리는 '지역교육력'이라고 지칭한다. 지역이 본래부터 가지고 있던 아이를 키워 내는 힘을 발견하고, 약해져 가는 그 힘을 키워 내는 일은 우리 센터를 잘 운영하는 것만큼이나 우리가 노력해야 할 또 하나의 중요한 몫이다. 그런데 우리 센터 혼자 그 몫을 감당해 내려고 해서는 마을의 힘 '교육력'이 키워지지 않는다. 오히려 우리만 잘하려고 열심히 노력한다면, 지역교육력이 회복되고 커지는 데 해가 될 수도 있다. 그래서 우리는 지역교육력 문제를 마을의 주민 또 여러 기존 단체와 함께 고민하고, 경쟁보다 협동이 중시되는 새로운 교육을 함께할 주민들과 만났다. 그 사람들과 함께 공부하고, 함께 아파했다. 그 결과 2년이라는 세월 동안 든든한 이웃, 도서관 일촌, 그림책 동아리 '나랑같이', '책아띠' 모임 등 일상 속의 작은 모임과 만남들이 마을 이곳저곳에서 일어나고 있음을 확인하고 있다. 또 2012년에는 '꿈나르샤'라는 이름의 마을 청소년축제를 함께 운영하기도 했고, '꿈마을공동체'라는 이름의 마을공동체를 탄생시킬 수도 있었다. 현재는 인근 학교의 학부모회, '어린이책 시민연대', '사교육 없는 세상 만들기' 모임, '노원나눔연대' 등 마을의 기존 조직이나 모임에서 진행하는 일에 도움을 주거나 협력할 수 있는 부분을 찾기도 한다.

넷째, 단편적 지식 습득이 아닌, 청소년 핵심역량 개발에 초점

OECD 국가의 교육학자들이 모여 미래세대 핵심역량을 연구했다.

DeSeCo 프로젝트라는 것이다.[4] 우리는 이 프로젝트의 결과에 주목했다. 우리는 그 결과에 맞춰 청소년의 역량을 키우는 세 가지 활동에 주력하고 있다. 우리는 대부분의 활동에서 청소년들이 스스로 기획할 수 있도록 돕고 있다. 또 그 활동의 결과를 자신의 말과 글로 정리해서 공유하고, 활동의 과정에서 청소년들이 서로 돕고, 갈등을 조정하는 법을 배울 수 있도록 3인 이상이 함께하는 프로젝트를 권장하고 있다. 그 결과 얻고자 하는 청소년의 변화는 세 가지이다. 첫째는 읽고, 쓰고, 말하는 역량이 있는 청소년이다. 둘째는 더불어 살아가는 역량이 있는 청소년이다. 셋째는 자기 인생에서 자기가 주인이 되어 삶을 기획하고 이끌어 가는 역량을 가지 청소년이다. 결국 우리는 자주적이면서, 더불어 사는 행복한 청소년을 길러 내는 것을 초점으로 활동하고 있다.

미래세대에게 필요한 핵심역량

첫째, 도구를 상호적으로 사용하기 − 읽고, 쓰고, 말하는 역량

이 역량은 언어, 상징, 문자, 컴퓨터활용 능력, 그 밖의 기술을 개인이 세상과 적극적으로 대화하며 사용하는 것을 말한다. 우리 센터는 여러 도구활용 능력 중 읽고, 쓰고, 말하기에 집중하고 있다. 이것이 지식정보화 사회에서 가장 중요한 기초역량이라고 생각하기 때문이다. 우리는 아이들이 지속적으로 독서하도록 지적 호기심을 자극하는 일을 고민했다. 우리는 지적 호기심이 생길 수 있는 좋은 방법은 자신이 스스로 해결해야 할 과업을 가지는 것이라는 판단을 했고, 아이들 스스로 자신의 과업을 찾아 연구하고 계획하고 실천하는 자발성에 기초한 청소년 활동을 추진하고 있다.

---

4) 청소년정책리포트 제7권 중 김태준(2010)의 "미래세대리포트: 청소년의 핵심역량의 개념"에서 발췌 재정리.

둘째, 이질적 집단과 상호작용하기 – 더불어 살아가는 역량

더불어 살아가는 것은 지적 능력이 아니라 품성과 태도인데, 사람의 품성과 태도가 세계적인 기준에서는 이제 능력이 된 것이다. 하지만 아쉽게도 대한민국 청소년의 더불어 살아가는 능력은 OECD 국가 중 꼴지라는 발표가 있었다. 지나친 경쟁사회와 경쟁교육 때문이다. 그럼 해법에는 어떤 것이 있을까? 단번에 경쟁을 불허하는 특단의 정책을 쓸수는 없을 것이다. 우리는 우리 사회의 현실적 상황에 맞추어 의무화되어 있는 봉사활동을 변혁하는 것이 당장 가능한 방법이라고 판단했다. 형식적으로 실시되고 있는 청소년 봉사활동을 '시작된 변화'라는 이름의 자발적 사회참여 활동으로 만들어 내었다. 봉사활동을 몇 시간 했느냐에 관심을 두기보다는 문제를 찾고 스스로 해법을 연구하고 실천하는 과정을 중시하고, 자신이 살고 있는 마을에서 실천을 하게 하고, 혼자가 아닌 여럿이 함께하도록 하여 더불어 살아가는 역량을 키워 내고자 노력하고 있다.

셋째, 자율적으로 행동하기 – 자기 주도적 역량

자신의 삶의 주인으로 사는 것은 쉽지 않다. 한국사회에서 성인으로 의사결정을 할 수 있는 연령이 계속해서 늦어지고 있다. 결혼을 하고도 부모님으로부터 정서적으로나 경제적으로 분리되지 못하는 경우도 많아지고 있다. 그러나 앞으로의 시대는 앞선 세대가 예측할 수 없는 다원화되고 급격히 변화되는 사회를 예고하고 있다. 앞선 세대가 기존의 지식과 경험으로 이해하거나 해결할 수 없는, 아니 예측할 수도 없는 문제들을 헤쳐 나가야 할 청소년에게 구시대적 경험에 근거한 해법만을 제시하고, 외우고, 따라하라고 강요해서는 안 될 일이다. 청소년은 자신이 누구인지, 무엇을 잘하는지, 어떻게 살고 싶은지를 스스로 묻고, 자율적으로 선택한 경험을 통해 스스로 정체감을 확립해야 한다. 이러한 행위를 통해 자신이 어떤 삶을 살아갈 것인지 삶의 경로를 계획하고 개척할 수 있는 역량이 길러지는 것이다.

다섯째, 공간은 주민의 것-마을의 평생학습, 주민자치 소모임을 지원하는 공간 활용

청소년센터는 공공기관이다. 공공기관은 돈 내는 사람, 권력 있는 사람, 특별한 사람의 것이 아닌 사회적·공적 필요에 의해 설치되고 운영되는 지역 청소년과 주민 누구나의 기관임을 의미한다. 즉, 청소년센터는 공공의 자산이고 공동체의 것이므로, 공간을 청소년과 주민이 쉽게 잘 이용할 수 있도록 하는 것은 매우 중요한 일이다. 그런데 공공기관의 운영자, 관리자로 입장이 바뀌게 되면 그렇게 실천하는 것이 어려워진다. 주민으로 있을 때에는 쉽게 공간을 이용할 수 있다면 좋겠다고 생각하지만, 직원은 주민이 이용하고 난 자리에 정리해야 할 일감이 넘쳐날 것을 걱정하고, 관리자는 시설의 안전과 관리 비용을 걱정하게 된다. 그러나 우리 센터는 공간은 주민의 것임을 강조하고, 그 공간을 누구나 이용하기 쉽게 관리하려고 노력하고 있다.

여섯째, 재미와 감동은 필수적 요소, 사업 추진에서 우발적 요소 인정

우리는 일단 도서관 활동이나, 자원봉사 프로그램, 교육활동에서 엄숙한 활동의 틀을 조금 깨려고 노력하고 있다. 조용히 하지 않아도 된다는 것이 아니라 프로그램을 기획할 때 재미있는 문화적 요소를 많이 고려하고 있다. 노래도 틀고, 먹을거리도 주고, 향기를 뿌리기도 하고, 재미있는 게임도 하고, 비디오도 보고, 미디어적 요소를 많이 활용하기도 한다. 또 사람들이 모이면 항상 우발적 상황이 발생한다. 그런데 우발적인 부분이 조금 있으면 어떤 일이든 흥미롭게 하고 재미있게 하는 요소가 되기도 한다. 우발성을 인정하는 것은 우리 센터의 실천에서 매우 중요한 부분이다. 활동을 지도하는 지도자가 하나부터 열까지 모든 규칙과 활동의 내용을 다 결정해 두고, "주인이 된 청소년 여러분 참여하세요."라고 말한다면 동원에 가까워질 수 있다. 청소년이 청소년 활동의 주인이 되게 하는 비결은 준비단계부터 '무엇을 함께할까?'라는 질문으로 시작하는 것이다. 질문을 주고받고, 거기서 결정된 사안을 바탕으로 일을 실천하려면 우발성을 인정해야 한다. 이렇게 할 때 청소년은 참여에 재미를 느끼게 되고, 자신의 결정에 책임을 느끼고 주인답게 함께할 수 있는 것이다. 이런 실천에 간혹 실패도 있겠지만, 다양한 시도를 통해 아이들 눈높이에 맞는 프로그램을 구성해 낼 수 있는 힘이 생긴다.

일곱째, 마을의 문화, 예술, 역사, 사람과 연계된 사업 실천

마을은 작은 세계이며, 가장 큰 학교이다. 일상을 통해 배우는 최상의 배움터이다. "최상의 경험은 마을과 일상 속에서 일어난다." "마을이 학교이다." 이것이 우리가 마을을 바라보는 관점이다. 공릉은 孔 (아름답다: 공) 陵(언덕: 릉), 아름다운 언덕이다. 공릉동은 많은 인구와 넓은 땅을 가지고 있다. 한 마을 안에 4개의 대학이 자리하고 있는 전국 유일의 지역이고, 불암산, 경춘선 철길, 중랑천, 도깨비시장 등 자랑할 만한 역사와 문화유산이 많은 지역이다. 우리는 공릉동 마을의 문화, 역사, 예술, 사람 모든 것이 아이를 키우는 교육 자원이기에 마을을 최상의 배움터로 인식하고 사업을 실천하고 있다.

여덟째, 청소년뿐 아니라 어린이와 유아, 학부모 대상의 사업 실천에도 관심

어린이와 청소년의 구분이 참 힘들어지고 있다. 법적인 구분이 아니라 정서적인 부분의 발달이 예전과는 다른 것이다. 청소년이 되기 전 청소년지도자와 만나서 좋은 관계를 맺으면 청소년기에 선생님과 훨씬 다정하게 속이야기까지 할 수 있을 것이다. 이 마을이 고향인 아이가 어릴 때부터 애착의 기지로 삼았던 어떤 공간이 있으면, 그곳에서 어린 시절을 추억하고 건강하게 클 수 있을 것이다. 청소년문제가 날로 심각해져 가고 있다고 하는데, 우리 센터만 일을 잘해서는 청소년문제를 해결할 수 없다. 가정의 문제에서 출발하는 청소년문제를 가정과 분리해서 접근하는 것이 가능하지도 않다. 청소년이 싫어한다고 해서 청소년을 마을, 가정과 분리된 섬에서 키울 수 있는 것은 아니다. 집처럼 따뜻하고 편안한 청소년 시설이 되기도 해야겠지만, 각 가정과 이웃이 청소년을 따뜻하게 보살피는 돌봄의 기능을 잘할 수 있도록 마을을 만들어 나가는 것이 진정 우리 마을 아이들을 위한 일일 수 있다. 이러한 맥락에서 우리는 수많은 질문과 토론의 시간을 거쳤고, 우리의 주요한 실천 대상을 유아와 어린이, 학부모와 지역주민까지로 확대했다.

아홉째, 청소년문화의 집과 공공도서관의 융합을 통한 새로운 청소년 활동 모델 추구

우리 센터는 청소년센터면서 도서관이다. 이런 새로운 개념의 시설을 운영하는 데에는 새로운 관점이 필요했다. 우리는 청소년이 되면 자발적인 독서가 거의 사라진다는 점에 관심을 가지고 문화적인 실천을 하고 있다. 우리나라에는 어린이 도서관 운동도 있고, 어린이를 위한 독서 증진 활동도 활발하고 다양하지만, 청소년기까지 그 영향력이 확산되지 않고 있다. 많은 수의 공공도서관이 있고, 학교마다 학교도서관이 설치되어 있지만 도서관은 공부하는 곳이라는 전통적 사고에만 빠져서 도서관을 운영하는 사람도, 이용하는 사람도 도서관은 조용히 집중해서 자기 공부를 하는 곳으로 이해하고 있다. 이러한 이유로 도서관에서 청소년을 위한 문화적 접근이나 아이의 삶의 문제에 다양하게 개입하는 시도는 부족할 수밖에 없다. 또 많은 청소년시설이 청소년을 위한 다양한 체험 프로그램과 동아리 활동, 상담실 등을 운영하고 있지만, 청소년들의 바쁜 일상으로 인해 이용할 시간이 부족하고, 이로 인해 접근성이 떨어지고, 수영장이나 체육시설, 문화강좌 등의 프로그램이 비용과 시간을 낼 수 있는 성인 중심으로 운영되고 있어, 청소년 없는 청소년시설, 아줌마 청소년시설, 공공성이 부족한 공공시설이라는 비판의 목소리가 높은 것이 현실이다. 공공도서관 기능이 강화된 청소년시설로의 길을 가고 있다.

열째, 경계 넘기와 가정–학교–지역의 상호연대와 협력의 원칙 고수
사람은 누구나 자신만의 경계를 가지고 있다. 자신을 보호하고, 자신의 정체감을 보여 주는 것일 수도 있다. 하지만 그 경계가 너무도 강해서 서로 상처가 되기도 하고, 협동을 해야 할 때 장애가 되는 경우를 자주 볼 수 있다. 우리는 "나의 경계를 넘어 더불어 사는 우리가 된다."는 다짐을 매번 되풀이하고 있다. 또 경계를 넘는 것뿐 아니라 마을에서 우리와 이웃하고 있는 조직과 상호연대와 협력의 원칙을 고수하고 있다.

02 마을과 함께하는 진로교육 활동

경쟁과 불안한 세상, 꿈꾸지 않는 아이들

초등학교도 졸업하지 못했고, 물고기 잡아서 파는 어부로 일하시는 내 아버지는 내가 어릴 적 "공부 못하면 똥 푼다."라는 말씀을 가끔씩 하시곤 했다. 나는 정말 공부 못하면 그렇게 될 것만 같았다. 요즈음 이와 같은 이야기는 아무도 하지 않지만, '최선의 진로는 SKY 대학에 진학'하는 것으로부터 시작된다는 것은 모두가 알고 믿고 있는 안타까운 현실이다. 그래서인지 가정과 사회에서 일어나는 잠재적 진로교육은 여전히 '공부 못하면 네 미래와 너의 직업은 어떻게 된다'라는 식의 공포주입식 교육과 같은 것이다.

요즈음 학교를 중심으로 진로교육에 대한 중요성은 지속적으로 강조되고 있다. 교육의 형식도 대학탐방, 직업인과의 만남, 성격검사, 진로체험의 날, 자유학기제 등 기존 교육활동에서 쉽게 볼 수 없었던 혁신적 방식을 추구하고 있다. 그러나 학업성적 서열에 따라 소득 수준이 서열화되어 있는 직업구조와 모든 일에서 경제적 가치만 따지는 사회 분위기를 혁파하지 않고, 또 경쟁에서의 승리 이외에는 꿈꾸지 않는 엄마, 꿈꾸지 못하는 학교, 꿈꿀 수 없는 이웃들과 마을을 내버려 두고 아이들에게만 꿈을 가지라고 하는 진로교육이 얼마나 실효성이 있을지 의문이다.

나는 진로교육 현장에서 가끔 아이들을 만나게 된다. 그 아이들에게 꿈을 묻는 질문을 던지면, 거의 모든 아이는 "전 공부 못하는데요."라고 하거나 매우 의기소침한 표정을 짓는다. 또는 높은 집값 걱정 때문인지는 몰라도 "선생님은 월급 얼마 받는데요?"라는 질문만 되돌아오기 십상이다. 아이들이 이렇게 반응하는 이유를 잘 살펴보면 우리 사회 다수의 아이들이 '나는 그런 직업을 가질 수 없다', '나는 경쟁에서 우위에 설 수 없다'는 열패감에 빠져 있다는 것을 쉽사리 알 수 있었다. 아이들은 영악해서 내 미래의 성공을 결정하는 가장 큰 요인은 성적과 부모의 재력이라는 것을 이미 알고 있는 것이다.

진로교육으로 일상에서 말 걸기

고등학교 3학년 때 나는 대학진학을 코앞에 두고 나의 진로문제와 함께 다른 한 친구의 진로 선택에 큰 관심을 가지고 있었다. 우리 반 1등, 전교 1등, 전국 등수까지도 한 자리였던 친구의 진학문제였다. 이 친구는 S대 역사학과에 진학하겠다고 했지만, 학교에서는 학교의 명예와 개인의 미래를 위해 같은 대학 법대 진학을 강권했던 것으로 기억한다. 나는 과연 그 친구가 어떤 결정을 내리게 될지 매우 궁금했다. 솔직히 성적이 그리 좋지 못한 내가 성적에 맞춰 어떤 대학, 어느 과에 진학할 것인가를 결정하는 문제보다도 그 친구의 선택이 어느 쪽일까에 더 박진감을 느꼈다. 결국 그 친구는 학교의 뜻에 따랐다. 그 친구는 지금 후회하고 있을까, 아니면 행복할까? 그런데 왜 우리에게 학창시절 '어떤 삶을 살고 싶은지'에 대한 질문을 하는 사람이 아무도 없었던 것일까? 그리고 나는 왜 내가 어떻게 살고 싶은지 치열하게 고민하지 않고, 다른 이의 고민과 선택에 더 크게 집중했던 것일까?

3%만이 핵심인재가 된다고 하고, 그들에게 모든 기회와 부, 관심이 집중되고 있다. 97% 사람들의 삶은 의미 없다고 치부되는 현실이다. 현실이 이러한데 아무리 어떤 한 날, 몇 시간 동안 다양한 직업세계를

보여 주며 "네가 하고 싶은 일을 하며 살아라."고 설파하는 진로교육을 한다고 하더라도 아이들의 꿈은 여전히 공무원, 교사, 의사, 판사, 변호사, TV에 나오는 연예인, 스포츠 선수, 안정적이거나 한꺼번에 부와 명예를 손아귀에 거머쥘 수 있는 직업을 반복해 말하는 것을 뛰어넘지 못하고 있다. 또 이러한 문제의식을 가지고 출발한 새로운 진로교육 시도들조차 "너는 어떤 삶을 살고 싶니?"라는 조금은 철학적이지만 매우 기초적이고 중요한 질문을 던지지 않고 있는 것 같다. 사실이 질문은 청소년 스스로 자신에게 던지고, 그 해답을 찾아가야 하는 질문이기도 하다. 하지만 생존경쟁에 시달리고 있는 아이들, 흔들리면 뒤처진다고 배워 온 아이들은 이 중요한 질문을 스스로 던지기 어려운 형편에 처해 있다. 그렇다면 과연 누가 어떤 방식으로 매력 있게 이 질문을 던질 수 있을까?

『마을이 학교다』, 박원순 서울시장이 2010년에 쓴 책 이름 중 하나이다. 또한 노원구 구석구석에 현수막으로 걸려 있는, 노원구에서 시작한 교육정책의 이름이기도 하다. '마을이 학교다'라는 선언에는 많은 의미가 내포되어 있겠지만 배워야 할 것이 학교와 책상 위에만 있지 않다는 것, 다른 사람들과 똑같은 목표(경제적 생산성의 가치에 모두 함몰된 목표)를 정해 두고 경쟁하는 삶에서 벗어나 조금 다른 삶을 추구하며, 배우면서 사는 것의 중요성을 말하는 것도 같다. 또 학교와 학원 중심의 경쟁적 지식교육 현실의 한계를 마을에서 풀어 보겠다는 상상력과 의지가 보이기도 한다. 이렇듯 '마을이 학교다'라는 말 속에는 다른 배움과 다른 삶을 추구하는 이야기가 녹아 있는 듯하다.

진로교육이 하나의 목표를 제시하고 제시된 목표를 향해 달려가게 하는 것이 아니라면, 청소년들에게 TV와 교과서, 각종 미디어에 비치는 주류적 삶과는 좀 다른 삶을 생각해 볼 수 있도록 다양한 경험의 기회를 열어 주어야 한다. 따라서 진로교육의 장소는 교실과 학교를 넘어서야 할 것이다. 그 장소가 변화한 중심지보다는 변방, 바로 우리 주변의 '마을'이면 더욱 좋겠다. 진로교육에서 의미 있는 경험은 모두가 박수치는 멋진 직업인을 만나고, 선망하는 대학을 찾아가서 배우는 매력적인 활동일 수도 있지만, 마을길을 걷고, 사색의 시간을 가지며, 세상에서 주목받지 못하지만 자신의 평범한 삶을 가꾸어 가는 사람들과 이야기하고, 혹은 내가 살고 있는 고장에 대한 특별한 애정을 가진 사람들을 만나 보는 활동일 수도 있어야 한다. 또 동아리 활동이든 봉사활동이든 일상에서 '스스로 선택하고, 결정하는 일'을 경험하고, 또 작지만 자신의 재능을 가지고 의미 있는 마을 일에 '직접 참여하고, 책임감을 가져 보는 경험'도 중요하게 다뤄져야 한다. 이러한 경험이 쌓인 청소년들은 스스로에게 '나는 누구이며, 어떤 삶을 살고 싶은가?'라는 형이상학적 질문을 던질 수 있을 것이다. 마을은 아이들이 일상에서 만날 수 있는 최고의 진로교육장이다.

우리 센터와 마을이 함께하는 진로교육 실천들

열 가지 일과 진로교육

미래의 교육은 어떻게 바뀔까? 한동안 세계의 지배질서는 신자유주의였다고 할 수 있다. 신자유주의의 폐해는 황금만능주의, 경쟁 제일주의, 인간의 도구화·수단화 등으로 이야기할 수 있겠다. 구질서인 신자유주의에 의해서 세상이 움직여 왔는데 경제위기, 환경파괴, 인간의 존엄성과 지구의 지속가능성 위기 등으로 기존의 지배질서가 급격히 무너지고 있다. 새로운 시대질서가 필요하게 된 것이다. 새로운 세대가 우선 집중해야 할 일은 아마도 과도한 경쟁체제의 상처를 봉

우리 센터가 하는 열 가지 일

1. 자주적이면서, 더불어 사는 청소년을 길러 내는 일
2. 책을 읽는 습관을 기르고, 자발적인 학습을 지원하는 일
3. 예술과 문화적 표현, 그리고 과학적 지식을 알려 주는 일
4. 청소년의 여가생활을 지원하고, 새로운 체험과 도전을 경험하게 하는 일
5. 문화와 문화 사이의 차이를 이해하고, 문화 다양성을 존중하도록 교육하는 일
6. 청소년이 자신의 진로에 대해 진지하게 고민하고, 미래를 계획해 보도록 돕는 일
7. 정규학교교육을 지원하며, 가족의 관계를 증진하는 일
8. 좌절과 실패를 경험한 위기 청소년을 돕고, 마땅한 지원책을 찾아 주선하는 일
9. 지역공동체 활동과 평생학습 활동에 주민 참여를 이끌어 내는 일
10. 모든 일의 진행을 위해 수반되는 예산, 안전, 홍보, 행정적 사무를 수행하는 일

합하기 위한 공동체적 노력에 있지 않을까? 세상은 이렇듯 급변하고 있는데, 우리의 교육현실은 변화하고 있는가? 여전히 일상의 삶에 적용하기 어려운 지적 암기학습에 함몰되어 있고, 끝없이 경쟁만 고수하고 있지는 않는가? 아이에게 필요한 역량은 키워지고 있는가? 그렇다면 우리는 현장에서 아이를 어떻게 만나야 하는가?

위와 같은 고민이 개관 초기에 밀려들었다. 우리는 이러한 고민을 근거로 새로운 활동을 모색했고, 우리가 하는 모든 일을 앞에 제시한 열 가지 일로 정리하였다. 또 이 열 가지 일은 모두 아이의 꿈, 진로와 연관성을 가지고 있다. 그중 특히 진로교육으로 특정할 수 있는 교육

활동 사례 네 가지를 아래에 소개하겠다.

① 활동 사례 1 : 인문적 경험을 확장하는 시도들

- 사업기간 : 연중
- 사업내용 : 도서관을 통한 인문학 강좌, 마을과 학교, 청소년센터가 연계된 진로교육 활동
- 주요내용
  - 도서관 청소년 인문학 강좌 '꿈꾸니까 청소년이다', 그 외 주민교육
  - 꿈을 열어주는 열쇠-Key(1, 2, 3)
  - 주민들의 삶의 스토리를 나누는 '백인백색'
  - 도서관 일촌 청소년 사서들이 만드는 '사람책 도서관'
  - 청소년예술학교, 연극, 음악 등의 동아리 활동

우리 센터에는 어린이 도서관과 청소년 도서관이 주요한 기능을 하고 있다. 도서관을 통해 독서활동을 촉진하는 노력도 하고 있지만, 우리는 '다양한 사람, 그들의 삶을 만나는 것이 인문학이다'라는 생각을 가지고 크고 작은 강좌를 열고, 성인과 청소년의 협업을 통한 프로그램 운영 등 다양한 방식으로 다양한 사람들이 만나고 관계 맺도록 하는 활동에 집중하고 있다. 아이들이 좋은 미래를 설계한다는 것은 좋은 사람이 되기 위한 것이다. 좋은 사람이 되려면 삶에 대한 태도와 자세를 배워야 한다. 인문학의 '人文'은 사람의 무늬, 사람의 결(인품, 태도, 삶의 가치)을 배우는 것이다. 그래서 책을 읽는 것도 중요하지만, 삶의 향기가 있는 사람들을 공릉동 안에서 찾거나 공릉동으로 초대하여 그들의 삶과 생각을 청소년들에게 들려주기 위해 노력하고 있다. 2011~2012년 두 해 동안 공릉동으로 초청되어 온 사람이 어림잡아 200명은 될 것 같다.

희망제작소의 경험을 바탕으로 출간된 박원순의 『세상을 바꾸는 천 개의 직업』(2011)이라는 소책자와 『나는 무슨 일을 하며 살아야 할까?』(2011)라는 길담서원의 진로강좌를 엮은 책, 교육단체 '사교육걱정없는세상'의 프로젝트 『행복한 진로교육』(2011)은 우리 센터의 진로교육 방향을 정하는 데 도움이 되었다. 앞으로의 세상에서는 우리가 사소하게 생각하고 그냥 지나쳤던 일들도 모두 직업으로 탄생할 수 있겠다는 생각을 하게 되었고, 어떤 직업보다 '어떤 삶을 살아갈 것인가?'를 고민하는 것이 중요하다는 것도 발견할 수 있었다. 그 결과 우리는 아이들에게 자신이 잘하고 관심 갖는 모든 일이 직업이 될 수 있고, 세상을 바꾸는 의미 있는 일들이 될 수 있다는 희망 같은 것을 주고 싶다는 생각에서 여러 가지 일을 하는 사람들을 찾았고, 다양한 방식과 경로로 아이들과 만날 수 있는 기회를 만들어 갔다.

그중에는 마을에서 의미 있는 일을 하시는 분, 동네 아저씨, 이대 앞에서 옷가게 하시는 분, 커피숍하면서 사람들을 치유하는 일을 하시는 분, 대안교육 운동가, 거리에서 장사하는 대학생, 공연기획과 축제 기획하시는 분, 모금 전문가, 군인, 일반회사원 등 가지각색이었다. 이들을 초청할 땐 까다로운 조건이 하나 있다. 자신만의 꿈이 있는 사람이어야 한다는 것이다. 꿈이 없는 사람이야 없겠지만, 아이들에게 직업정보만 가르쳐 주는 것이 아니라 자신의 삶, 꿈을 전달해 줄 수 있는 사람이어야 한다는 것이 강사 선택의 중요한 조건이다. 2014년에는 '공릉동 꿈마을 100인 100색'이라는 프로젝트를 통해서 평범한 마을 사람 100명의 삶의 스토리를 정리하고, 이 정리된 자료를 마을의 청소년과 주민들과 함께 나눌 궁리를 하고 있다. 그 외에 꿈을 찾는 열쇠 '몽키(夢-Key)'라는 이름의 프로그램도 진행하고 있는데, 보통 학급단위의 참여 신청자가 있을 때(보통 학교 진로동아리, 학급단위의 체험활동으로 연결됨) 진행된다. 프로그램은 세 가지 버전으로 움직인다. 첫 번째 몽키는 '센터 내 직업을 찾아라'라는 이름으로 진행된다. 센터의 인력구성이 다양하기에 시도될 수 있는 활동이다. 센터에 대한 기본 설명과 청소년지도사, 사회복지사, 평생교육사, 사서, 회계, 안전관리 등 직업군의 특성과 업무 특성을 설명해 주고 센터 내에서 이런 직업을 가진 사람들을 찾아 면담을 하고 공유하도록 하고 있다. 두 번째는 '마을 사람들과 연결된 직업 체험 몽키'이다. 바리스타, 공예전문가, 연극인 등의 직업을 가진 마을 사람들이 강사로 참여하여 간단한 강의를 하고, 자신의 직업과 삶에 대한 이야기를 청소년들과 나누게 된다. 세 번째 몽키는 마을 여행과 연결된다. 마을 사람들이 활동하고 있는 공간으로 찾아가서 이야기를 나누고 직접 직업체험 현장을 보게 되는데, 공릉동 내 사회적 기업이나 꿈마을공동체와 연결된 사업장을 찾아간다. 세 가지의 몽키 프로그램 모두 마을의 사람들과 연결하며 청소년들의 인문적 경험이 확장되도록 하는 시도이다.

단회기적 체험활동뿐 아니라 일상적으로 운영되는 동아리 활동과 계절학기로 운영되는 예술교육 프로그램도 있다. 연극동아리를 운영하는 청소년은 대본을 각색하고, 연출, 조명, 무대를 꾸미는 일 모두를 서로 나누며 협동작업을 통해 공연을 올린다. 공연기획을 하는 '역발상' 동아리와 댄스, 밴드 등의 동아리가 20여 개 활동하고 있다. 학교 밖 청소년들을 위한 '나도, 꽃' 공간도 예술교육과 여행교육을 중심으로 진행되고 있다.

뿐만 아니라, 도서관이라는 특성을 살려서 글을 쓰고 책을 낸 작가들도 많이 초청해서 아이들과 만나게 하고 있다. 작가는 삶의 이야기, 생각을 글로 옮기는 상상력과 창의력을 가진 사람이다. 이런 사람들을 만나면서 아이들이 다양한 삶에 대한 다채로운 꿈을 꾸게 될 것이라는 기대를 가지고 '사람책 도서관'을 만들어 가고 있다. 또 청소년을 대상으로 한 인문학 프로그램과 함께 부모님 대상의 인문학 프로그램을 연중 연속강좌로 열고 있다. 이유는 엄마가 꿈꾸고, 옆집 엄마가 함께 꿈꿔야 아이도 꿈꿀 수 있는 세상을 만들 수 있다는 판단에서이다. 이러한 판단은 주효했고, 지나친 경쟁을 줄여 가며 함께 사는 마을로 분위기가 조금씩 바뀌고 있다.

② 활동 사례 2 : 청소년 스스로 만들어 가는 마을 만들기 '시작된 변화'

- 사업기간 : 2011~2014년 현재까지 4년차 진행, 연중 활동
- 사업내용 : 청소년 중심의 마을 만들기 활동
- 주요내용
  - 청소년 스스로 살기 좋은 마을 만들기 프로젝트 진행
  - 청소년 자발적 사회참여 활동 마을교사, 자원봉사자 워크숍
  - 활동보고서와 활동 포트폴리오를 결과물로 제출, 노원청소년 마을
    만들기 활동 발표회

'시작된 변화'[5]는 청소년이 주체가 되어 마을과 공동체에 대해 고민하고, 공동체가 가진 문제를 해결하기 위해 실천하는 활동이다. 이 활동은 1년간의 프로젝트이며, 같은 문제의식을 가진 청소년 3명 이상이 한 그룹으로 뭉쳐서 마을 문제의 해결을 도모하게 된다. 활동의 결

---

5) '시작된 변화'는 우리가 살고 있는 마을과 학교, 그리고 이 나라와 세상의 변화를 위해 청소년이 직접 참여하는 활동이다. '시작된 변화'는 청소년이 직접 문제를 찾고, 해결방법을 제시해야 하는 데서 기존의 청소년 자원봉사활동과는 차별적 특성을 가지고 있다. 또한 혼자보다는 3명 이상의 구성원이 팀을 이루어 함께 계획을 세우고, 힘과 지혜를 모아 실천해 나갈 것을 권장한다. '시작된 변화'는 청소년이 스스로 선택한 경험을 통해 삶의 지혜를 배우는 봉사학습(service learning)이자 청소년의 힘으로 세상과 마을을 조금씩 변화시켜 나가는 청소년의 사회참여활동이다.

과는 글로 정리해 책자를 만들고, 컴퓨터를 활용해 대중 앞에서 발표하도록 하고 있다. 이 활동에 참여한 청소년들은 마을활동을 통해 삶의 스토리를 만들 수 있고, 자신이 잘하는 점과 약점을 발견하기도 하고, 협력의 방식을 배우기도 한다. 더 나아가 세상을 바라보는 넓은 시야와 비판적 사고능력, 기획력과 실행력을 기를 수 있다. 2011년 10개 모둠 60명으로 시작한 이 활동은 매년 20여 개 모둠 200명 가량이 참여하는 활동으로 성장했다.

'시작된 변화'의 원활한 진행을 위해서는 추진과정에서 충분한 교육활동과 담당선생님과 활동 모둠 간의 주기적 만남과 활동에 대한 코칭을 병행하는 노력이 필요했다. 활동을 촉진하기 위해 청소년이 마을과 세상을 위해 일하는 현장 활동가들을 만나는 시간을 통해 다양한 삶에 대한 이해와 세상을 보는 눈을 가질 수 있도록 워크숍을 기획했다. 워크숍은 시작 시기인 4월과 여름방학을 이용했고, 여름방학 중에는 '세상과 마을을 바꾸는 청소년 학교'라는 이름으로 실시하였는데, 줄여서 '세마청'이라고 부른다. 기존의 자원봉사 여름학교와 비슷하다고 볼 수 있다. 하지만 그 방식은 새로운 세상을 살아가고, 개척해 가고 있는 활동가들을 모셔서 강연을 듣는 방식이다. 단순하다. 그렇지만 이 단순한 교육활동에 학생들은 열의를 보인다. 교육의 방식이 새로운 것은 아니지만 다양한 삶을 듣는 과정에서 아이들의 변화는 일어난다. 노원에코센터 강시원 국장을 만난 아이들은 환경에 눈을 떴다고 말한다. 학교에서도 환경교육이 있지만 환경운동을 하는 사람이 자신의 삶을 녹여서 하는 이야기에 아이들은 감동을 받게 된다. 난민인권센터 김성인 사무국장을 만난 아이들은 영어공부 할 이유가 생겼다고 한다. 이유는 '난민과 친구 되기 위해서'라고 말한다. 아이들은 마을을 바꾸는 마을활동가, 대안교육운동가, 주민조직가,

인권운동가 등의 소셜디자이너를 만나고 있다. 세마청의 마지막 날에
는 참석한 청소년들이 직접 소셜활동가로서 무엇을 바꾸고 싶고, 무
엇을 바꿀 수 있는지를 상상하고, 발표하게 된다. 이 과정을 통해 아
이들은 더 나은 세상은 가능하고, 그 세상을 나의 노력으로 만들 수 있
다고 생각하게 된다. 일부 아이들은 세마청 이후 '시작된 변화' 활동
모둠을 결성하여 구체적 실천을 이어가게 된다.

또한 마을과 연결된 '시작된 변화'의 성공을 위해서는 지역의 관심
과 협조가 필요하다. 따라서 이 활동을 준비하려는 학교나 기관에서
는 지역과의 좋은 관계 속에서 프로젝트의 취지와 진행과정을 공유할
필요가 있다. 또한 담당자의 경우 청소년과 마을에 대한 이해가 필요
하며 청소년, 주민과 관계 맺는 능력을 신장할 필요가 있다. 담당자의
마을에 대한 관심, 현실적으로 시간이 부족한 청소년들에 대한 이해
와 배려가 필요하다. 프로젝트로 인해 만났지만 청소년들은 인격적인
따뜻한 관계를 요구한다. 참여한 청소년들은 무엇인가를 가르치는 활
동보다 그들의 삶에 대한 경청을 요구하기도 한다. 그러기에 담당자
는 오래 기다릴 수 있어야 한다. 어쩌면 '시작된 변화'는 청소년과 진
실한 관계를 맺는 도구일 수도 있다는 생각이다.

표 9-1 2012년 여름방학 세마청 과정

내용	일자
강연 1. 착한 에너지가 지구를 살린다(노원에코센터 강시원 사무국장)	8월 8일(수)
강연 2. 못 가 본 길이 더 아름답다(삼각산재미난학교 이상화 교장선생님)	8월 9일(목)
강연 3. 청소년인권, 미래를 넘어 현재로(인권교육센터 '들' 정주연 활동가)	8월 10일(금)
강연 4. 마음 열고 관계 맺기, 나에서 우리로(풀뿌리자치연구소 '이음' 이창림 선생님)	8월 11일~12일(1박 2일)

하지만 '시작된 변화' 활동에 참여한 청소년들의 진술문을 살펴보면, 이 프로젝트는 OECD에서 정한 청소년 핵심역량을 개발하는 효과를 나타내고 있다는 것을 알 수 있다.

첫째, 청소년들이 스스로 선택한 과업에 대한 지적 호기심을 가지게 된다. 인터넷, 도서 등에서 다양한 정보를 찾아가는 능력이 신장되고 있다. 또한 발표대회와 책자 발간 등의 과정을 통해 자신의 활동결과를 말과 글로 정리하게 된다. 이 정리의 과정을 통해서 경험을 재구성하게 되며, 이는 읽고, 쓰고, 말하는 삶의 기초 역량을 기를 수 있는 기회가 된다.

> 마을을 답사하러 다니다 보니 어두워 보이던 골목마다 가로등이 한두 개씩은 꼭 배치되어 있었는데, 찾아보니 서울시에서 가로등을 30m에 하나씩 꼭 설치하도록 법으로 정해져 있었다. — 공릉중학교(꿈소) 최민선

> 설문지를 만들 때 에너지 관련 설문지를 찾기 힘들어서 며칠 동안 고생하다가 에너지관리공단 홈페이지에서 겨우 찾아 설문지를 만든 후 조사했다. — 한천중학교(U.S.E) 신정훈

둘째, 다양한 사람, 집단과 관계 맺기, 협력과 협동, 그 안에서 일어나는 갈등을 관리하고 조정하며 타협하는 역량을 개발하고 있다.

> 이 활동을 하면서 느낀 게 있다면 팀원들이 얼마나 협동해야 팀이 잘 움직일 수 있는지와 팀원들의 의견을 얼마나 존중해야 하는지였다. 의견이 잘 맞지 않아 약간 힘들기도 하였지만 나중에는 잘 단합하여 일을 하나하나 끝마쳐 갔다. — 태랑중학교(해결사) 양혜리

> 우리는 아이들과 무슨 미술활동을 할지 계획하고 같이 활동할 아이들을 모으기 위한 홍보지도 만들었다. 같이 머리를 쓰고 몸을 쓰다 보니 서

로 더 친해지고 아이들과 교감하기 전에 먼저 팀원들과 교감한 것 같아 기분이 좋았다. — 중화고등학교(교감) 이신원

어른들에게 설문지를 받는 것도 힘들었고 중간중간 어려움도 있었지만, 우리 조는 이번 활동을 통해 서로를 이해하고 도우며 발전해 가는 법을 배운 것 같다. — 공릉중학교(꿈소) 권하림

셋째, 청소년들이 마을 안에서 스스로의 과업을 찾고, 해결을 위한 실천활동을 하게 되는데, 이 과정에서 청소년은 시행착오를 통해 성장하며 자신의 결정에 책임감을 가지고 자기 주도적으로 활동하게 된다.

우리 동네의 문제점이 무엇일까, 친구들과 내가 우리 동네를 위해 무엇을 할 수 있을까 찾아보다가 문득 요즘 초등학생들이 일찍부터 공부하느라 문화체험을 할 기회가 적다는 것을 느꼈다. 그래서 우리는 우리가 잘 알고 있는 프랑스 문화를 초등학생들에게 알리고 싶었다. 처음에는 무엇을 어떻게 전달해야 할지 막막했다. 초등학생들에게 쉽고 재미있게 전달하려면 내가 잘 알고 있어야 하므로 준비하면서 나도 많이 배우게 되었다. — 서울외국어고등학교(몽블랑) 권윤지

무엇보다 주제부터 시작해서 활동내용까지 스스로가 정하고 그것을 꾸준히 해 나가야 하는 것에서 책임감과 주체성을 기를 수 있는 활동인 것 같았다. 덧붙여 활동의 한계를 정해 주지 않아서 활동 중에 끝없는 변화를 거듭하여 여러 가지 시도를 할 수 있다는 점도 상당히 좋았다.

— 혜성여자고등학교(흰여울) 박희진

'시작된 변화' 프로젝트는 삶에 대한 새로운 성찰과 태도를 가질 수 있는 계기를 마련하고, 직업과 미래에 대한 새로운 관점을 부여할 뿐만 아니라 자신의 주변일상에서 일어나는 일들에 관심을 가지고, 더 좋은 해법을 찾기 위해 스스로 질문을 던지고, 궁리해 가며 스스로 실

천해 나가는 실천력을 키워 낼 수 있는 교육활동이라고 할 수 있겠다.
이 경험 과정을 통해 청소년은 '어떻게 살 것인지, 어떤 삶이 더 좋은
삶인지'를 진지하게 성찰해 볼 수 있다.

③ 활동 사례 3 : 온 마을을 꿈 배움터로 '꿈나르샤'(꿈으로 날아오르자!)

- 사업기간 : 2012년 9. 7(금)~9. 8(토) 2일간, 이후 매년 9월
- 사업내용 : 학교와 마을이 함께 만들어 낸 청소년 꿈, 길 찾기 축제
- 사업주체 : 공릉청소년문화정보센터, 공릉중, 태랑중, 학부모회, 꿈마을공동체
- 주요내용
  - 청소년 스스로 기획팀(꿈 날개) 꾸리기, 80여 명의 꿈멘토 초청
  - 다양한 체험을 할 수 있는 별별 마당
  - 벽화 공공미술, 조형물 함께 만들기, 마을 선포식 등

마을 전체를 하나의 꿈 교육장으로 만들어 낼 수는 없을까? 진로교
육은 재미있어야 하는데! 우리의 고민이었다. 꿈꿀 수 있는 하루, 재
미있는 하루를 만든다면 '나는 무슨 일을 하며 살아야 할까?'라는 질
문을 아이들이 스스로 던질 수 있는 계기가 될 것이라고 생각했다. 개
관 2년째인 신생 기관(청소년센터) 혼자의 힘만으로는 이런 하루를 만
들어 낼 수 없을 것이라고 판단했다.

우리는 마을주민들을 만나기 시작했다. 꿈마을공동체를 만들어 보
자는 제안서를 가지고 마을 내 협력 가능한 기관 및 단체를 직접 방문
하여 함께 꿈마을축제를 개최해보자는 제안을 하였다. 발로 뛴 덕에
센터에서 첫 번째 준비 모임을 가질 수 있었고, 14개 단체가 공동체를
꾸리기로 결정했다. 이를 시작으로 생겨난 회의체제를 통해 축제를
준비함과 동시에 우리 마을을 아이들이 꿈꿀 수 있는 마을로 만들기

위해 지역주민과 단체의 힘을 집결하자는 공릉동꿈마을공동체를 세우는 데 합의한다.

공릉동꿈마을공동체의 첫 번째 공동사업은 '꿈나르샤'가 되었고, 하루가 아닌 이틀의 시간을 할애하기로, 또 축제 장소를 학교와 청소년센터 외에 마을의 찻길(110m)과 주민센터 앞마당, 성당 앞마당을 활용하기로 결정했다. 학교의 참여도 적극적이어서 이틀 동안 재미있게 축제의 내용을 채우게 되었다. 첫날은 2개 중학교 2,000여 명의 학생이 참여하는 꿈멘토 배움터와 문화행사로 열고, 이틀째는 마을주민 누구나 자유롭게 참여하는 마을축제로 진행했다. 내용은 청소년들의

표 9-2 마을공동체 결성 과정

회의명	일시	참가 인원	주요 논의 및 결정상황
1차 회의	2012.6.13.(수) 16:00	42명	공동체 제안, 가입 방법 및 추후 모임 방식 결정
2차 회의	2012.7.10.(화) 13:00	23명	공동체명 결정, 꿈나르샤 축제 주최 결정
3차 회의	2012.8.7.(화) 10:30	26명	공동체 선언문 결정
4차 회의	2012.8.28.(화) 10:30	21명	꿈나르샤 축제 실무 회의
5차 회의	2012.9.11.(화) 10:30	21명	꿈나르샤 평가회의

꿈마을공동체 가입 기관 및 단체

공릉종합사회복지관, 공릉중학교학부모회, 공릉청소년문화정보센터, 극단즐거운사람들, 노원나눔연대, 노원문화원, 든든한이웃, 도서관일촌, 모티브하우스, 서울YWCA노원여성인력개발센터, 아름다운가게 노원공릉점, 태랑초등학교학부모회, 태릉초등학교학부모회, 자연주의소모임, 두루모아, 나누우리, 노원도시농업네트워크 등

문화발표회, 마을 분위기를 바꾸기 위한 꿈마을 벽화, 각종 체험행사,
강연 등으로 채웠다. 이 과정에서 봉사로 참여한 마을주민들, 꿈멘토
가 되어 준 다양한 직업인들, 행사에 협조하고 후원한 상가, 또 공릉동
내에 소재한 대학과 대학생 언니, 오빠의 참여, 청소년들이 직접 문화
기획과 공연으로 봉사한 것 등 마을 전체가 하루의 꿈꾸는 날을 만들
기 위해 적극적인 협력을 하게 되었다.

꿈나르샤의 추진을 위한 협력의 결과로 꿈마을공동체에서는 매년
9월 9일을 공릉동 청소년들이 꿈꾸는 꿈의 날로 선정했다. 또한 우리
마을을 꿈마을로 선언하고, 어느 마을에도 없을 법한 꿈마을 선언을

제정하고 선포했다. 축제를 준비하기 위한 임시기구였던 꿈마을공동체[6]는 이제 마을의 공동체성을 회복하고, 청소년을 위한 다양한 교육활동을 고민하는 네트워크의 핵심 주체로 성장하고 있다.

④ 활동 사례 4 : 마을 속에서 스토리 만들기 '누구도 하지 못한 프로젝트'

- 사업기간 : 2014년 9월~12월 중 12주간
- 사업내용 : 3명 이상의 청소년 동아리가 펼치는 프로젝트 활동
- 주요내용
  - 아무나 할 수 있는 워크숍
  - 네 가지 주제 중 하나의 활동 주제 선택
  - 구체적 활동 계획 수립과 실행
  - 활동의 경험 나누기

2014년 새롭게 시작한 프로젝트가 있다. '누구도 하지 못한 프로젝트'(이하 누하프)라는 긴 이름의 프로젝트이다. 누하프는 '시작된 변화'가 가지는 1년 단위라는 긴 시간에 대한 청소년들의 부담과 공공성이라는 무게감을 줄일 수 있는 방식으로 구상되었다.[7] 누하프는 워크숍, 모둠 결성과 준비 및 실행을 하고, 경험 재구성 기간을 거쳐서 최종 발표회를 하는 총 3개월 프로젝트이다. 누하프의 실행과정에는 자

---

6) 공릉동 꿈마을공동체는 2012년 9월 8일 꿈마을 선언과 '꿈나르샤' 축제 준비를 시작으로 우리 마을을 꿈공동체, 학습공동체, 문화공동체, 행복공동체로 만들어 가기 위해 2012년 7월 결성된 공릉동 지역협의체이자 운동 조직이다.

7) '시작된 변화'는 남자 청소년과 여자 청소년의 참여 비율이 10:90 정도이다. 여학생의 참여비율이 90% 가량 된다. 누하프를 시작할 때 남학생들의 특성을 고려하여 좀 더 쉽게 참여할 수 있도록 설계했다. 남학생들이 미래 진로에 대한 고민과 부담이 더 크다는 경험적 근거에서 누하프는 '내 길 찾기'라는 주제를 더 선명하게 했다. 그 결과인지 2014년 처음 시작한 누하프에는 남학생이 60% 가량 참여하고 있다.

체적으로 사용할 수 있는 재정으로 1인 월 2만 원을 지원한다. 이 지원금은 모둠에서 사용방법을 결정해서 지출한다. 2014년에는 연 1회 4개 모둠 26명이 참여하였다. 2015년부터는 연 2회 이상 진행하게 된다. 참여는 '아무나 할 수 있는 워크숍'을 통해 동기 부여된 청소년들이 3명 이상의 친구들을 모아서 활동을 시작하게 된다. 활동을 준비하는 모둠에 대해서는 매개자가 되어 줄 대학생 코치가 배치된다. 누하프에서는 크게 네 가지 활동 방향을 제시해 준다. 첫째는 칼라풀 프로젝트. 사람의 색은 모두 다르다는 생각으로 다양한 사람들, 다양한 방식으로 인터뷰, 탐구, 정리, 소개하는 활동이다. 둘째는 존 고다드 프로젝트. 자신이 하고 싶었지만, 실천하기 어려웠던 것을 한 가지 선정해서 30일 간 꾸준히 실행해 가는 활동이다. 예를 들면, 대형 구조물 만들기, 피아노 협주 연습하기 등이다. 셋째는 프로메테우스 프로젝트. 이제까지 없었던 무엇인가를 만들어 내는 궁리와 실천의 활동이다. 넷째는 살림 프로젝트, 자기 삶을 살아갈 때 필요한 기술들을 배우고 실행하는 활동이다. 요리 배우기, 제품이나 실용적인 것 만들기, 청소하기, 장사하기 등이 주제가 되는 활동이다. 누하프의 모든 활동은 '모든 인생은 훌륭하다'라는 한 줄 선언문을 걸고, 제 앞가림 할 수

있는 단단하고 당당한 청소년 만들기, 내 삶의 스토리 만들기를 목적으로 진행한다.

아직도 가야 할 길

"우리는 경험에서 배운다."(Alinsky/박순성 역, 2008)라는 진부한 문구에는 분명 의미가 있다. 우리는 "경험이 최고의 학습이다."라는 말도 쉽게 하고 있다. 하지만 우리는 청소년이 경험을 통해 스스로 배울 수 있는 기회를 열어 주기보다 집-학교-학원을 순환하게만 하고 있을 뿐이다. 청소년은 자신의 삶의 중요한 문제에 대해 스스로 질문을 던지고 배울 수 있는 기회를 모두 빼앗겨 버렸다. 우리는 진로교육 실천에서 이와 같은 실패를 반복해서는 안 된다. 프랑스의 교육사상가 프레네의 말을 기억해 보자. "아동은 자신이 참여하지 않는 일, 헛되이 쳇바퀴 돌게 하거나 로봇처럼 행동하게 하는 일을 좋아하지 않는다."(정훈, 2009에서 재인용) 우리가 진로교육에서 무엇을 하지 말아야 할지는 이 간단한 명제에서 확실하게 드러난다.

최근 들어 진로교육의 중요성과 전문성이 더욱 강조되는 듯하다. 학교마다 진로담당교사가 배치되고, 진로교육을 대신해 주는 전문적 영리기업의 활동이 주목받기도 한다. 청소년센터마다 진로 전문 프로그램이 개발되어 대학탐방, 바리스타, 변호사와의 만남 등 직업체험 프로그램이 활성화되고 있고, 키자니아[8]와 같은 전문 진로체험장이 생겨나고 있다. 직업-진로체험장은 일부 지자체를 중심으로 공공의 영역에서도 조금씩 탄생되고 있다. 그런데 이러한 전문적 진로교육과 체험활동이 '진로교육'을 너무 '직업선택'이라는 주제로 몰아가는 것

---

8) 송파구 잠실동 위치, 어린이 직업체험을 주제로 한 테마파크, 상업 시설.

은 아닌가 하는 개인적 우려를 하게 된다.

또 우리는 '나의 꿈은 안정적인 공무원'이라고 구체적으로 말하는 청소년들이 많아지고 있다는 것을 걱정스럽게 바라봐야 한다. 전문적 진로교육 활동은 많아지고 있지만, 오히려 다양한 꿈과 삶을 그려내지 못하고 있는 현실을 아파해야 한다. 그 이유 중 일부가 혹시나 너무 일찍 청소년들에게 직업선택을 암묵적으로 강요하는 전문적 진로 프로그램에 있지는 않을까? 그렇다면 진로교육은 진학과 직업에 대해 '정조준'하는 것보다 마을과 일상에서 만나는 다양한 경험이 청소년에게 의미 있게 말을 걸어 오도록 '오조준'을 계획할 필요가 있는 것은 아닐까?

앞서 소개한 우리 센터의 몇 가지 활동은 직업선택의 측면으로 보자면 전문적 진로교육이라고 말하기에는 조금 부족한 사례일 수 있다. 하지만 진로교육이 '어떻게 살아 갈 것인가?'에 대한 물음과 답을 찾아가는 과정이라고 할 때 진로교육에서 인문적 성찰을 촉진하려는 우리 센터의 노력, 청소년 스스로 만들어 가는 '시작된 변화'와 '누구도 하지 못한 프로젝트', 그리고 공릉동 사람들이 힘을 모아 꿈꾸는 마을로 만들어 가는 지역교육활동 실천 사례는 답답한 진로교육 현실에 조금이지만 의미 있는 상상력을 제공하는 역할을 하고 있다고 생각한다.

끝으로 마을을 바탕으로 한 교육 활동을 꿈꾸는 사람들에게 아래와 같은 몇 가지 주장을 전달하는 것으로 이 글을 마치겠다.

① 진로교육의 장은 가상의 진로교육 체험장보다는 '마을'이어야 한다.
② 진로교육은 정확한 선택을 돕는 것이 아니다. 함께 흔들리면서

삶의 방향을 찾아가는 것이다.

③ 전문기관에서 아이의 진로교육을 대체할 수 없다.

④ 프로그램을 제공하기보다 청소년 스스로 다양한 경험을 선택하게 해야 한다.

⑤ 다양한 진로선택이 가능하기 위해서는 획일적 경쟁교육의 패러다임을 바꾸어야 한다.

⑥ 직업의 조건보다 일, 노동의 가치 그리고 삶의 태도를 배우는 것이 먼저이다.

⑦ 꿈꾸는 마을, 꿈꾸는 학교, 꿈꾸는 엄마가 있어야 아이들이 꿈꾼다.

⑧ 속도보다는 방향이다.

⑨ 지식 쌓기보다 스스로 문제를 해결해 갈 수 있는 역량을 배양해야 한다.

제 **10** 장

청년의 학교 밖 배움과 성장

－대학생 봉사 동아리
'새싹리본' 사례를 중심으로－

지희숙(마을교육연구소장)

01 청년에 대한 인식

우리 사회의 '청년'에 대한 주된 관심은 한국의 사회구조 속에 처한 이들의 '상황'이다. 청년들이 처한 상황을 압축적으로 보여 주는 '88만원 세대'(우석훈, 2007)를 시작으로 '연애와 출산, 결혼'을 포기한 '삼포세대'에 이어 이제는 '인간관계와 내 집 마련'까지 포기한 '오포세대'(한국경제신문, 2015. 1. 15)라는 용어도 탄생하였다. 청년층에 속한 대학생(휴학생, 졸업유예 학생 포함)에 대한 관심도 다르지 않다. 대학생들의 삶을 규정하는 가장 지배적인 담론인 '현실론'(이민경, 2008)은 대학생의 일상을 학과 공부, 자격증, 토익점수, 자원봉사활동, 어학연수, 인턴 활동, 학내 동아리까지 '취업'을 위한 도구적 스펙 쌓기의 모습으로 그리고 있으며, 다른 사람과의 경쟁에서 우위를 점하기 위한 이들의 노력은 눈물겹다. 남미자(2013)는 취업을 위한 경쟁에서 뒤처지지 않으려고 애쓰는 대학생의 상황을 동일한 트랙 안에서 끊임없이 경쟁을 하는 '경주마'로 비교한다. 이러한 청년에 대한 시선은 이들의 이미지를 상당히 개별화되고 이기적인 존재이자 수동적인 존재로 고착화시키고 있다.

필자가 청년들을 만나고 이들의 경험과 배움에 관심을 가진 것은 2013년 대전시의 정책사업(대전형 좋은 마을 만들기 사업[1])의 평가와 컨

---

1) 대전시가 2013년부터 추진하고 있는 '대전형 좋은 마을 만들기' 사업은 대전 시민 7명이면 누구나 마을문제 해결을 위한 공동학습과 실천활동을 기획·운영할 수 있는 주민 주도형 마을 만들기 사업이다. '모이자'(학습소모임형), '해보자'(소규모 공동체 문제 해결), '가꾸자'(마을공동체 전체 문제해결) 유형으로 나누어 예산지원이 이루어진다. 이 장에서

설팅을 맡게 되면서부터였다. 필자가 보기에 대전시의 마을 만들기 사업에는 청년 그룹이 많이 참여한다는 점이 인상 깊었다. 이들은 삭막한 도시생활과 대학생활에서도 '따뜻한 사람의 온기'를 품은 공동체를 논하고, 청년의 문제를 스스로 풀어 가기 위해 배우고 연대하며 협업하고 있었다.

이러한 경험이 필자가 '청년들의 학교 밖 배움과 주체적 삶'에 관심을 갖게 된 배경이다. 여기서 주목한 청년 모임은 대전 유성구의 '새싹리본' 동아리이다. 소외계층 아동의 주거환경개선 봉사 동아리로 출범한 이들 청년들은 학교에서의 전공 학문에 얽매이지 않고 학교 밖의 지역활동에서 여러 층위의 사람을 만나고, 이들과의 관계 속에서 배움의 주체로 성장하고 있었다. 명수민(2013)의 지적처럼 대학생에 관한 연구에서는 대학생의 삶을 부정적인 시각에서 일종의 '문제'로 접근하는 경향이 강한데, 자원봉사활동 현장을 '학습이 일어나는 교육의 현장'으로 분석한 연구(나은희, 2003; 임현선 외, 2008; 현영섭, 2005)도 많지 않다.

이 장에서는 학습의 주체로서 새싹리본 청년의 자원봉사활동을 살펴본다. 전술한 한국적 상황에서 새싹리본의 청년들도 예외일 수 없다. 그럼에도 그러한 현실 속에서 주도적으로 학교 밖의 현장에 눈길을 돌리고, 실천행위 속에서 주체적인 한 인간으로 성장해 가는 과정에 대해 교육학적 관점이 필요하고, 이를 통해 실존적 삶에 대한 관심이 필요하다.

주목한 '새싹리본'은 2013년 가꾸자 유형의 지원사업과 연계되었다(대전시, 2013).

02 | 새싹리본의 결성

새싹리본 결성과 운영체계 : 따로 또 같이 품 보태기

새싹리본은 2011년 4월, 한 온라인 유통전문업체의 지원을 받아 조직된 대학생 자원봉사단이 그 모체이다. '저소득층 새싹(아이들)의 성장환경을 개선(reborn)'한다는 의미로 저소득층 아동의 주거환경개선 팀으로 선정되어 1년간 지원을 받게 되면서 결성되었다. 자원봉사에 관심이 많던 충남대 행정학과 이태호 학생이 학과 동기와 후배들에게 권유하거나, 학생게시판을 통해 자발적 참여자 15명(남학생 8명, 여학생 7명)을 모집하였다. 이때 모인 대학생은 이태호 학생의 영향으로 행정학 전공자가 다수였지만, 고고학과를 비롯한 여러 학과의 다양한 연령대로 구성되었다.

대학생들의 새싹리본 가입 동기는 다양한 편이다. 학과를 넘어서 다양한 대학생과의 만남과 교류에 대한 기대가 있었는가 하면, 군 입대로 학교를 잠시 떠났던 복학생에게는 학교 밖 활동에 대한 호기심도 작용했다. 자원봉사에 열심인 가족이나 학과 동기, 친구의 영향을 받아 가입한 경우도 있고, 자원봉사가 학점 인정이 되는 점도 매력적이었다. 이들 모두 주거환경개선의 활동 경험이나 지식이 없었지만 새싹리본으로 묶일 수 있었던 것은 학교 밖 활동에 대한 호기심과 다양한 학과의 대학생들과의 교류를 통한 새로운 경험에 대한 강한 기대가 있었음을 보여 준다.

새싹리본이 본격적인 활동을 준비하면서 처음으로 부딪친 어려움은 동아리 운영 전반을 회원 스스로 기획하고 꾸려 가는 '자율성'의 문제였다. 자원봉사활동을 '스스로 다른 사람을 돕는 행위'로 규정할 때, 참여자의 자발성은 당연한 것이지만 활동의 '큰 틀거리'조차 주지 않고 회원들의 강한 주도성을 요구하는 방식에 당황스러움을 느꼈다. 왜냐하면 새싹리본 회원들은 대학생활이나 가정에서 기성세대(부모, 교수, 선배 등)로부터의 지시나 조언을 수동적으로 받아들였지 자신이 주체적으로 무언가 기획하고 실행하는 데 익숙하지 않았기 때문이다. 학과 수업이나 대학생활에서 자신의 목소리를 내는 경우도 많지 않았 다. 이에 비해 새싹리본 활동에서는 계속 자신의 생각을 꺼내 놓아야 하고, 다른 회원의 의견을 들어야 하고, 그 과정에서 대안을 모색해야 했다. 마땅히 도움을 요청할 연줄망이나 정보도 빈약했다.

　이런 상황에서 새싹리본 회원들이 선택한 전략은 회원들의 작은 아 이디어 하나라도 버리지 않고 십시일반으로 모아 나름의 자구책을 함 께 만들어 가는 것이었다. 운영의 방향성부터 세세한 문제까지 대부 분 대화나 토론, 회의를 통해 해결했고, 이 과정에서 발굴된 활동이 지 역아동센터의 도배·벽화 봉사이다.

　지역아동센터는 가정의 경제적 빈곤으로 교육·문화적 지원에서 소 외된 아이들을 위한 방과 후 돌봄과 교육활동이 이루어지는 복합 교 육공간이다. 주로 뜻 있는 독지가나 종교단체에 의해 운영되는데, 재 정이 열악하여 교육환경 전반이 취약하다. 정부의 공적 지원을 받지 못하는 센터의 상황은 더욱 어렵다. 따라서 지역아동센터에서 자비로 주거 환경을 바꾸는 것은 여의치 않다고 보고 대학생이 해 볼 수 있는 도배나 벽화 봉사에 도전한 것이다.

　지역아동센터에서의 도배와 벽화 봉사를 위해 9개의 운영팀(매니 저, 새싹기자, 회계, 선도, 사전답사, 물품관리, 체크리스트)을 꾸렸다. 이 시기에는 도배·벽화 봉사에 유리하도록 상당히 세세하게 일감을 나누고 팀을 조직했다. 매니저는 자원봉사 활동 전반을 지원하는 역할로, 이태호 대표가 이를 맡았다. 매니저는 자원봉사 활동처인 지역아동센터를 발굴해 도배·벽화 봉사로 연결하고, 자원봉사 중에 부딪치는 회원들 간의 소통이나 갈등을 풀어 나간다. 사전답사는 활동처가 정해지면 해당 지역아동센터를 방문하여 도배나 벽화를 그릴 공간을 확인하고, 작업 일정을 조정한다. 물품관리는 도배·벽화 작업에 필요한 물품이나 재료를 구입하고 관리하며, 체크리스트는 이 과정에서 점검해야 될 세부 목록을 빠짐없이 챙긴다. 새싹기자는 동아리의 실천 과정을 활동일지에 기록하고 관리하며, 회계는 회비의 쓰임에 대한 증빙과 관리를, 선도는 회원의 출석관리를 하고 벌금을 받아 참여의 책임감과 소소한 재미를 만든다. '선도팀'은 새싹리본의 초기에만 구성된 팀인데, 또래 대학생으로 구성된 수평적인 동아리에서 '싫은 소리' 하는 사람이 없어 시간 약속과 개인 역할에 대한 공적 책임감을 갖도록 유도하는 전략으로 보인다. 물론, 이러한 역할 분담이 처음부터 유기적이었던 것은 아니다. 시행착오를 겪으면서 회원들의 상황에 따라 '따로, 또 같이' 품을 보태면서 최선의 방법을 찾아나갔다.

지역아동센터 도배·벽화 봉사 : 소외된 아이들의 삶에 대한 관심

지역아동센터로 찾아가는 도배·벽화 봉사는 2011년 4월부터 12월까지 8개월간 진행되었다. 매월 두 번에 걸쳐 주말 온종일을 도배와 벽화 작업에 시간과 품을 보탰다. 새싹리본의 도배·벽화 봉사는 활동처 발굴, 사전 답사 및 상담, 도배 및 벽화 봉사 진행, 자원봉사 활동에 대한 평가의 4단계로 진행된다.

첫 번째는 자원봉사 활동처를 발굴하는 단계이다. 새싹리본이 자원봉사활동을 시작하면서 가장 어려움을 느낀 부분이 바로 활동처 발굴이다. 이들은 '좋은 일'을 하고 싶다는 가벼운 마음으로 참여했지 현장 경험이나 뚜렷한 방향성을 가지고 있지는 않았기 때문이다. 이태호 대표는 유성구자원봉사센터 실무자로부터 대전시 각 구청을 통해 관련 자료를 얻을 수 있다는 정보를 얻었고, 이에 5개 자치구(서구, 중구, 동구, 유성구, 대덕구)별로 팀을 짜서 지역아동센터 담당자에게 주거 환경개선 봉사가 필요한 지역아동센터의 목록을 요청하였다. 다행히 구청에서는 새싹리본의 취지에 공감하여 정부 지원의 사각지대에 있는 지역아동센터의 목록을 제공해 주었다. 구청에서 준 목록을 가지고 지역아동센터를 찾아다니면서 활동처 선정에 나섰다.

　새싹리본은 자원봉사 활동처 선정에 세 가지 원칙을 가지고 있다. 이는 회원들이 자원봉사 초기의 실패 경험을 반면교사로 삼아 새싹리본의 활동철학을 명확히 한 것이다.

　　　처음에 어렵게 지역아동센터 한 군데에 자원봉사를 나갔는데, 센터 분들 반응이 별로였어요. 가 보니까 환경이 의외로 좋아서 굳이 우리 힘이 필요 없을 것 같았고, 그쪽에서도 특별히 도움이 필요 없다는 분위기를 보여서 무척 당황했어요. 이건 아니다 싶었죠. ―이태호 대표와의 면담에서

　호의적인 생각을 가지고 나갔던 첫 자원봉사가 막히자, 활동처 선정에 대한 내부 협의를 거치면서 활동처 선정의 방향성을 잡았다. 무엇보다 단순히 자원봉사에 필요한 현장 혹은 공간을 찾거나 자원봉사 실적을 위한 '시간 채우기식'이 아닌 새싹리본과 지역아동센터 양자에게 의미 있는 경험이 되어야 한다는 것이 공통된 목소리였다.

　이들은 활동처 선정에 앞서 다음 세 가지 질문을 점검해 본다. ① 자원봉사 활동처(지역아동센터나 기관)가 새싹리본의 자원봉사에 우호적인 생각을 가지고 있는가? 즉, 지역아동센터에서 새싹리본의 도배·벽

화 봉사를 절실하게 필요로 하는지 가늠한다. ② 새싹리본의 활동이 공익성을 유지하고 있는가? 새싹리본의 자원봉사 현장활동은 한두 사람에게 혜택이 가거나 기관의 성과를 위해서가 아니라, 지역아동센터 내부자나 아이들에게 실질적인 도움을 주어야 한다. ③ 활동처에서 요구하는 일이 새싹리본의 역량으로 실현 가능한 현실적인 일인가? 대학생인 새싹리본 회원의 상황이나 역량, 또 예산 안에서 가능한 일인지 고려하는 것이다.

두 번째는 사전 답사 및 상담 단계이다. 자원봉사 활동처가 정해지면 사전 답사팀이 해당 기관을 방문하여 자원봉사에 수반되는 사항을 협의한다. 지역아동센터장이나 교사들과 함께 도배나 벽화 작업의 위치를 확인해 작업량을 뽑고, 봉사 일정과 도배지나 벽화의 디자인, 회원들의 식사 문제 등을 논의한다. 식사 문제의 경우 대학생들의 주머니 사정이 여의치 않기 때문에 현실적인 문제이기도 하고, 기관에서 제공해 주지 못할 경우 자비로 해결해야 한다.

세 번째는 도배나 벽화 봉사를 실행하는 단계이다. 벽화 봉사의 경우 벽화를 그릴 벽면의 먼지나 이끼를 깨끗이 제거하고, 주변의 다른 벽이나 바닥을 보호하기 위해 보호 필름을 붙이거나 신문지를 설치한다. 이어 정리된 벽면에 배경색을 칠한 이후에 벽화의 밑그림을 스케치한다. 밑그림은 그림에 소질이 있거나 관심 있는 회원이 맡게 되며, 밑그림이 완성되면 회원 모두 달라붙어 그림을 채색해 나간다. 이 시기에는 경험이 없는 상태에서 몸으로 부딪치며 하나씩 배워야 하는 상황이었다. 도배 학원의 경력자를 초빙해 배우기도 하고, 페인트 구입처에서 페인트의 재질이나 벽면의 특성에 따라 색상 배합과 채색 방법에 대한 정보를 얻어 참조했다.

네 번째는 자원봉사활동에 대한 평가 단계이다. 도배·벽화 봉사의 전 과정을 사진이나 활동 일지로 정리해 이에 대한 공동평가를 실시한다. 평가회의 이름을 내걸지 않더라도 일상적으로 SNS나 카톡, 문자, 블로그 등을 통해 피드백이 공유되었다. 새싹리본 활동의 특징 중하나가 바로 일상적인 피드백인데, 이는 서로의 상황을 실시간으로 공유하는 정보의 공유뿐 아니라, 그 과정에서 느낀 어려움이나 아이디어에 대한 동료의 정서적 지지가 회원들의 자발적 참여를 견인하는 토대가 되기 때문이다.

새싹리본의 도배·벽화 봉사 경험이 쌓이면서 회원들은 소외된 아이들의 삶에 눈뜨게 된다. 여러 지역아동센터를 두루 방문하게 되면서 자연스럽게 아이들이 머무는 공간이나 상황이 눈에 들어오기도 하고, 간혹 마주치는 아이들이 회원들에게 먼저 말을 붙이거나 장난을 걸기도 한다. 때로는 7~8세 된 아이들이 욕설을 하거나 공격적인 성향을 보여 당황스러운 적도 많았다. 그 아이들은 지금까지 자신들이 알고 있거나, 주변에서 보아 왔던 일반적인 아이들의 모습과 달랐기 때문이다. 이런 경험이 반복되자 회원들은 지역아동센터 아이들의 행동이나 상황을 눈여겨보게 된다. 아이들이 보이는 거친 행동이나 욕설이 가정이나 주변의 돌봄과 사랑의 결핍으로 인한 누적된 상처의 표출이라는 점, 또 그것이 대학생 언니·오빠·누나·형의 관심을 받고 싶은 간절한 몸짓임을 알게 된다. 이런 상황이 예사롭지 않게 느껴졌으나 모든 회원에게 동일한 무게로 인식된 것은 아니다. 회원 중에는 불편함을 느끼고 아이들과 애써 접촉하지 않거나 반응을 보이지 않고 벽화만 그리는 경우도 있었다. 센터 아이들과 유사한 유년기를 보낸 김영진은 아이들의 상황이 자신의 문제처럼 여겨졌고, 이태호 대표의 경우도 상황의 심각성을 체감하면서 아이들의 교육봉사를 고민하기도 했다. 하나의 선택지로 대전지역의 다른 대학생 자원봉사

팀과 연계하여 아이들과 함께하는 운동회를 열거나, 체험 프로그램도 운영해 보았지만 지속성을 갖기 어려웠고, 또 이 문제에 대해 새싹리본 내부적으로 공론화되지 못했다.

2011년 4월부터 8개월간 진행된 새싹리본 활동에서 회원들의 느낌은 남달랐다. 무엇보다 다른 누군가가 기획한 일에 동원되는 것이 아니라 자신들이 주체가 되어 자원봉사 활동을 함께 만들어 왔다는 자부심이 있었다. 센터의 변화된 모습을 보고 아이들과 교사들이 기뻐하며 호응해 줄 때는 '대학생도 무언가 할 수 있다'는 사회적 존재로서의 희열감을 느꼈으며, 비슷한 연령대의 대학생들과 자유롭고 친밀한 관계를 맺는 데서 오는 만족감도 높았다.

이처럼 도배·벽화 봉사에서 얻은 내적 만족감은 컸지만, 기업의 지원이 종료됨에 따라 이후의 활동계획은 불투명했다. 더 이상 재정지원이 없는 상태에서 마땅한 대안도 없었기 때문이다. 그러나 새싹리본 활동 종료에 아쉬움이 컸던 이태호 대표가 외부 지원 없이 자력으로 새싹리본을 운영하는 문제를 공론화하고 설득하면서 새싹리본의 '홀로서기'가 시작된다.

2012년, 새싹리본은 독자적인 운영을 모색하면서 매달 5,000원의 회비를 거출하게 되었고, 매달 나가던 봉사를 두 달에 한 번으로 변경한다. 예산 문제가 가장 큰 요인이었다. 회원들이 내는 회비를 두 달간 모으면 한 센터의 도배·벽화 봉사에 소요되는 재료비를 겨우 충당할 수 있었다. 이 시기의 자원봉사 활동처 발굴은 어렵지 않았다. 이전에 새싹리본의 도움을 받았던 지역아동센터의 '입소문'에 힘입어 먼저 도움을 청하는 센터가 늘어났다. 새싹리본이 자력으로 자원봉사를 진행한 기간(2012년 1월부터 2012년 12월) 동안 열두 곳의 센터를 지원했다. 이제는 '벽이나 방을 보면 바로 견적'이 나오고, 스스로를 '도배의 신'이라고 여길 만큼 활동에 대한 자신감도 붙었다. 기업이 지원해 주던 시기에 비해 스스로 재료비를 충당하고 교통비와 끼니를 해결하는 열악한 조건임에도 도배·벽화 봉사를 지속한 데는 스스로 꾸려 가는 재미와 현장에의 호응과 인정, 보람이 있었기 때문임을 알 수 있다.

03 | 들마을 벽화 프로젝트

공모사업에 참여 : 벽화를 '매개'로 한 마을 만들기

2013년 3월, 필리핀에서 어학연수 중이던 이태호 대표는 회원으로부터 '대전형 좋은 마을 만들기 사업' 공모 소식을 듣고, 이 사업과 새싹리본이 해 온 벽화 봉사 활동을 연결할 수 있다고 생각하였다. 이 활동의 현장으로 자신이 사는 유성구 '들마을'을 떠올렸고, 벽화를 매개로 한 들마을의 주거환경개선 활동을 구상하게 되었다.

유성구 들마을은 대전시 유성구에서 충남 공주로 빠져 나가는 경계지점에 위치한 작은 자연부락이다. 전체 20여 가구 중 노인세대가 다수이며, 농사를 짓는 가구도 있어 농촌 풍경이 그대로 남아 있다. 대전지역에서 가장 큰 유치원이 있어 들마을의 골목길은 유치원 아이들의 놀이터이자 교육공간이기도 했다. 이에 비해 대다수 주택의 외벽은 낡고 노후화되어 마을 분위기는 전반적으로 어둡고 지저분했다. 그러나 고령인 노인세대가 다수여서 마을 환경을 가꿀 적극적인 인력이나 조건이 뒷받침되지 못했다. 이태호 대표는 들마을에 살면서 느꼈던 문제를 새싹리본 회원들과 공유하면서 벽화 마을에 대한 구상을 본격화한다. 부녀회장인 어머니의 도움으로 '벽화 마을' 조성에 대한 주민들의 동의를 구했고, 벽화를 그릴 주택 외벽의 사진 자료를 모아 '들에움 프로젝트'[2] 기획서를 완성하게 된다.

'들에움'은 '들에 새로이 돋아나는 새싹'이라는 뜻이다. 이때 새싹은 벽화 마을을 통해 형성되는 대학생 간, 주민들 간의 만남이나 교류, 마을과 대전지역에 대한 애착심을 갖도록 하는 상징으로, 프로젝트의 목적은 구체적으로 다음 세 가지로 설정하였다.

첫째는 들마을의 노후화된 벽을 벽화로 변모시킴으로써 마을에 생기를 불어넣고, 마을 주민들과 인근 유치원 아이들에게 쾌적하고 즐거운 생활 공간을 선사하고 싶었다. 둘째는 대학생이 스스로 기획한 벽화 활동에 참여하면서 더불어 살아가는 마을공동체의 현장을 몸소 체험하는 것이다. 셋째는 들마을 주민들 간의 만남이나 교류가 활성화되고 스스로 들마을을 가꾸어 가는 주민 주도의 문화를 형성해 나가는 것이다.

들에움 프로젝트는 2013년 5월, 대전형 좋은 마을 만들기 사업에 선정되어 본격화되었다. 들마을 전체의 골목길에 벽화를 그리는 대규모 프로젝트여서 새로운 대학생 참여자를 모집하였고, 그 결과 대전지역 5개 대학, 10여 개 학과의 25명의 학생이 모였다. 이 중에는 태국에서 온 유학생도 포함되어 있었다.

들에움 프로젝트를 앞두고 새싹리본 운영진이 가장 고민한 부분은

---

2) 들에움은 들에 피어나는 새로운 새싹이라는 의미로, 새싹은 공동체, 벽화 등 새싹리본의 다양한 활동을 통해 새로운 싹(희망-사람을 성장시키는 것, 행복하게 하는 것)이 생겨나는 것을 상징한다.

대전시의 좋은 마을 만들기 사업의 취지를 잘 살려 내는 것이었다. 그러기 위해서는 이 사업이 지향하는 '사회적 자본'의 개념을 살아 있는 벽화로 구체화하는 벽화 프로젝트의 방향성을 설정하고, 이러한 취지에 대학생 참여자들이 모두 공감할 수 있는 리더십이 필요했다.

먼저, 들에움 프로젝트의 방향성에 대한 고민은 대학생 참여자들의 공식·비공식 회의와 토론, 회원의 개별 학습, 대전시 사회적 자본 지원센터에서 파견된 마을 만들기 전문가 컨설팅, 벽화 마을의 현장체험 등 다각적인 공동학습을 통해 큰 그림을 그려 나갔다. 들에움 프로젝트 초반에는 하루도 빼지 않고 매일 회의가 있을 만큼 새싹리본 운영진과 대학생 참여자의 만남과 토론이 이어졌다. 충남대 강의실을 빌려 전체 참여자를 대상으로 한 설명회를 열기도 하고, 학과 수업을 마치고 학교 인근의 카페에 모여 마을 만들기와 사회적 자본에 대한 학습과 토론을 진행하였다. 각자 인터넷을 검색해 알게 된 정보나 떠오르는 아이디어를 들에움 블로그나 SNS, 단체 카톡으로 실시간 공유하면서 서로의 생각을 모았다. 대전지역의 몇몇 벽화 마을을 방문해 분석하기도 했다. 이들 벽화의 대다수는 미술 전공자나 벽화 기술자의 손을 거쳐 기술적인 면과 예술성은 뛰어나 보였지만 마을 주민의 삶과 동떨어진 느낌을 받았다. 주민이 벽화 작업에 참여한 경우도 적었다. 이런 과정을 거치면서 새싹리본 회원들은 들마을 주민들을 벽화의 주인공으로 주목하게 된다.

최종 협의된 들에움 프로젝트의 주제는 "당신의 이야기, 당신의 개똥철학"이다. 한 개인의 삶을 중심에 두게 되면 누구든 자신의 삶의 주인공이자 주체로서 고유한 삶의 '결'을 가지고 있다. 그럼에도 불구하고 현대인의 삶이 소수의 성공 스토리에 압도되어 평범한 자신의 삶에 대한 정체성과 주체로서의 자존감을 잃어버리곤 한다. 회원들의 문제의식을 담아 들마을 벽화는 '주민들의 이야기'와 또 한 축으로 '대학생의 이야기'를 담기로 했다.

다음으로, 들마을 벽화 프로젝트의 원활한 추진을 위한 운영체제를 갖추어야 했다. 먼저 대학생 참여자의 상황을 파악해 '뿌리', '새싹', '옥엽토', '퇴적토' 등 네 유형으로 구분하였다. 여기서 '옥엽토'와 '퇴적토'는 실질적인 활동이 어려운 회원 그룹이다. '옥엽토'는 다양한 이유로 잠시 새싹리본 활동을 접었지만 다시 복귀할 것을 염두에 두고 네트워크는 유지하고 있지만, '퇴적토'는 개인 사정으로 탈퇴한 회원이다. '새싹'은 새싹리본 활동을 이끌어 가는 주도적인 회원과 운영진을 말하며, '뿌리'는 새싹리본 활동에 참여할 의사는 있으나 다른 현실적인 문제로 적극적으로 나오기는 어려운 회원이다. '뿌리' 회원의 경우 풀뿌리 기금 1만 원을 내도록 하여 새싹리본 활동에 마음은 있지만 나오지 못하는 미안함과 부담감을 줄여 주는 유연한 방식을 취했다.

들에움 프로젝트를 총괄할 운영조직은 새싹리본 회원을 주축으로 인사·운영팀, 디자인 홍보팀, 문집과 문서팀, 물품 관리팀, 사진카페 관리팀, 예산팀 등 6개 팀과 벽화 작업을 담당하는 네 개의 소그룹을 조직하였다. 먼저 인사·운영팀은 들에움 프로젝트를 총괄하고, 대학생 참여자의 자원봉사 시간 관리와 일정을 확인하며, 디자인 홍보팀은 벽화 밑그림 스케치와 들에움 프로젝트 활동의 대외 안내 자료를 만든다. 다른 팀과 달리 디자인 홍보팀에는 새싹리본 회원은 아니지만 컴퓨터 활용능력이 뛰어난 대학생이 합류해 들마을 벽화 홍보나 리플릿 작업을 도왔다. 문집과 문서팀은 자원봉사에 차질이 없도록 체크리스트를 작성하고 참여자의 소감을 엮은 문집을 만들며, 회의록 작성과 회칙을 만든다. 물품관리팀은 벽화 작업에 소요되는 준비물 확보를, 예산팀은 들에움 프로젝트 운영 전반의 회계 처리를, 사진카페 관리팀은 벽화 활동에 대한 활동사진을 취합하고 카페 관리를 도맡는다.

벽화를 그려 나갈 실행조직인 네 개의 벽화팀은 새싹리본의 회원과 대학생 참여자를 반씩 묶어 구성하고, 벽화 경험이 풍부한 새싹리본 회원이 팀장을 맡아 운영의 중심을 잡았다. 이러한 운영체제 정비는 들에움 프로젝트 활동의 체계성과 모든 참여자의 수평적 소통과 실천을 위한 전략이었던 셈이다.

들마을 벽화 활동 : 프로젝트 진행과 벽화 작업 과정

들마을 벽화 프로젝트는 2013년 5월부터 9월까지 3차에 걸쳐 추진되었다. 1차 벽화는 지원사업 선정 이전인 2013년 5월에 들마을 주민들의 호응을 확인하는 파일럿 프로그램의 성격으로 진행되었다. 시범 벽화에 대한 들마을 주민들의 반응은 뜨거웠다. 2차 벽화는 지원사업 선정 이후 들마을 주민들과 대학생 참여자의 이야기를 테마로, 3차 벽화는 주체적인 인간으로 성장해 가는 한 사람의 일생을 '남자의 일생, 여자의 일생'을 주제로 하여 표현하며, 마을 축제와 병행했다.

들마을 벽화 프로젝트는 '주민들의 이야기에 대한 구술 작업', '구술한 내용에 대한 팀원들의 기획 회의와 밑그림 선정 작업', '벽면 정리 작업과 기초 배경 채색', '공동으로 벽화를 채색하여 완성'하는 단계로 진행된다. 기존의 지역아동센터 벽화에 비해 면적이 상당히 늘어서 전체 벽면을 팀별로 분할해 작업하였다. 덕분에 팀원들의 소소한 아이디어가 '깨알 같은 재미'로 각 팀의 벽화에 살아날 수 있었고 팀웍을 다질 수 있었다.

먼저, 주민들의 살아온 이야기를 듣는 구술 작업은 팀별로 들마을의 모든 가정을 방문해 인사를 나누고 살아온 이야기를 요청 드린다. 이 과정에서 회원들은 자연스럽게 들마을의 형성 과정이나 마을의 분위기, 주민들의 특성이나 요구를 좀 더 세밀하게 알게 되고, 이는 이후의 벽화 모티브를 끌어내는 중요한 기초 자료가 되었다.

두 번째는 주민들의 구술 작업을 토대로 각 팀별로 벽화의 모티브를 찾는 기획 회의에 들어간다. 기획 회의의 장소는 들마을의 정자나무, 학교의 강의실, 학교 인근의 카페, 들에움 프로젝트의 블로그, 단체 카톡 등 온·오프의 경계를 넘나든다. 동일한 이야기에 대해 회원들이 느끼는 감동이나 떠오르는 아이디어는 모두 다르다. 여러 각도의 소감과 기발한 아이디어가 쏟아져 나오고 시나 그림으로 표현되었다. 서로의 협의를 거쳐 구술자(마을 주민)의 삶을 가장 잘 보여 주는 시나 그림을 최종 벽화의 밑그림으로 채택한다.

A팀 : 우리 팀이 방문한 집은 90대 어르신 부부가 사는 집이에요. 할아버지와 할머니는 한국전쟁 이전에 결혼했지만 당시 열차 차장으로 일하던 할아버지와 전쟁 중에 이산가족이 되었어요. 전쟁이 끝난 후 어렵게 만났는데, 들마을에서 두 어르신의 금슬이 좋기로 소문난 분들이에요. 벽화 모티브는 할아버지가 일했던 철도를 형상화하고, 두 그루의 소나무를 밑그림으로 잡았어요. 두 분의 변하지 않는 사랑을 팀원들 각자 시로 표현했는데 그중에서 '부부송'이라는 시가 가장 잘 어울린다고 생각해 그 시와 어울리는 소나무를 넣었어요.

B팀 : 우리 팀은 들마을에서 평생 밭농사로 4남매를 키워 내신 할머니였어요. 할머니는 가난했던 시절 자녀들의 도시락에 장아찌를 반찬으로 넣어 주시던 회상에 잠기셨는데, 나중에는 계란 프라이도 넣어 주실 정도로 형편은 나아졌지만 도시락에 장아찌를 넣어 줄 때가 늘 마음에 걸렸다고 해요. 국화, 고추, 콩, 토마토 등 안 키워 본 작

물이 없는데, 4남매가 장성한 지금도 들마을에서 가장 열심히 일하시는 할머니로 알려져 있어요. 우리는 할머니의 자식사랑을 주제로 잡고 그걸 도시락 모양의 밥 그림에 교복 입은 아들과 할머니 모습을 넣어 표현했어요.

각 팀의 자유토론을 통해 들마을 주민들의 이야기는 생명을 얻게 된다. 평생 밭농사로 4남매를 키워 낸 어머니의 절절한 모성을 도시락 모양의 밥 그림과 교복 입은 아들의 모습으로, 구십 평생 한결같았던 부부의 사랑은 언제나 변함없는 푸른 소나무로 태어났고, 평생 반려자였던 남편과 인연을 맺게 되었던 크리스마스 날의 기억을 간직한 홀로된 할머니의 삶은 젊은 군인과 코스모스를 좋아하는 어여쁜 소녀로 탄생하였다.

세 번째는 벽화의 밑그림을 그릴 벽면을 청소하고 기초 배경색을 칠하는 단계이다. 먼지 제거나 벽면 청소에는 들마을 주민들이 함께 했다. 대다수가 고령인 주민들이 한여름 뜨거운 뙤약볕 아래서 벽화 작업에 참여하는 것은 무리였다. 벽면의 오래된 먼지나 페인트 자국, 이끼를 말끔하게 제거하고 울퉁불퉁한 곳은 평평하게 갈고 갈라진 벽면 틈 사이는 핸디코트로 메운다. 이어 밑그림 이전의 기초가 되는 배경색을 칠한다. 마지막으로 벽화의 배경 밑그림이 완성되면 그림 채색은 팀원들이 모두 협력해 공동으로 완성한다.

대학생들의 이야기를 주제로 한 2차 벽화도 동일한 방식으로 이루어졌다. 차이점이라면 대학생들이 각자 자신의 이야기를 '글'이나 '시'로 표현한 점이다. 완성된 시나 글을 들에움 블로그에 올리면 회원들의 댓글로 느낌을 나누고 팀별 기획 회의를 거쳐 밑그림 내용을 선정했다. 이러한 시간은 대학생들이 서로의 고민이나 삶을 더 깊이 이해하는 계기가 되어 각 팀의 결속력을 높이는 데 일조했다. 대학생 참여자들이 표현한 주제의 대부분은 '사랑'이다. 미래에 대한 불안감과 취업 준비를 위한 학과 공부에 매몰된 상황에서도 사랑은 이들의 삶의 주요한 주제이자 일부이다. 이들은 마음속에만 담아 두었던 추억 속의 아쉬운 사랑에 대해, 또는 현재 진행 중인 뜨거운 사랑에 대해 말한다. 태국에서 온 유학생은 타국생활의 힘들고 외로웠던 시간을 토로하기도 했다. 자신의 삶을 주제로 누구나 시인이 된 대학생의 이야기는 나의 이야기이자 벽화로 공유된 우리들의 이야기이기도 하다.

들에움 프로젝트 이후의 변화 : 새싹리본의 지속가능성 모색

들에움 프로젝트가 종결된 2013년 12월, 새싹리본은 다시 새로운 고민에 빠졌다. 들에움 프로젝트를 계기로 회원들은 압축적인 성장을 경험했고, 들에움 프로젝트는 대전시 좋은 마을 만들기 사업의 우수사례로 선정되었다. 대전시에서 정책적으로 지원하는 사업에서 우수사례로 선정되자 지역 언론과 풀뿌리 시민사회의 높은 관심이 뒤따랐고 덩달아 새싹리본의 위상도 높아졌다. 청년이 주체가 되어 이끌어온 벽화 마을에 대한 외부의 인정과 지지는 대학생들이 마을 만들기 맥락에서 자신들의 참여와 실천의 의미를 새로운 시각에서 조망하게 하였다. 여러 학과의 또래 대학생들과의 교류는 대학생들의 삶과 고민의 공통분모를 나누고 연대를 다지는 기회가 되었다.

그러나 회원들의 내·외적 성장에도 불구하고 한편으로 사업에 수반되는 행정절차와 사업기간의 준수, 사업성과에 대한 부담, 들마을 프로젝트 사업의 지속에 대한 고민이 맞물려 활동의 피로감이 누적되고 있었다. 대전시의 마을 만들기 관련 교육과 모니터링, 평가회 등에 새싹리본 운영진들은 별도의 시간과 품을 내어야 했고, 학과공부와 시험준비, 아르바이트 등 대학생들의 현실적인 문제를 고려하면서 참여를 조율하는 것도 녹록치 않았다. 한편에서는 새싹리본 활동의 축이 지역아동센터에서 마을로 확장되자 동아리의 정체성이 희석될 것에 대한 우려의 목소리도 있었다.

이러한 복합적인 역동 속에서 들에움 프로젝트가 종료됨과 동시에 새싹리본의 핵심 운영진이 교체되었다. 2011년부터 새싹리본 활동을 주도한 이태호와 김영진이 청년활동가로서 독자적인 현장을 찾게 되어 활동의 전면에서 빠졌다.

행정학을 전공한 이태호는 새싹리본 활동과 들에움 프로젝트를 기획하고 운영하면서 공무원 시험에 올인한 자신의 삶을 돌아보게 되었다. 선행 연구에서도 언급했듯이 행정학과 재학생들은 입학과 동시에 자연스럽게 공무원 시험에 돌입한다. 이태호가 공무원을 꿈꾼 것은 사람들의 삶을 변화시키는 일을 하고 싶었고 그 통로가 공무원이었기 때문이었다. 별다른 진로지도나 취업정보가 빈약한 상태에서 행정학과 재학생인 그가 택할 수 있는 유일한 선택지였던 셈이다. 그는 들마을 벽화를 계기로 마을 주민들의 삶을 변화시키는 청년의 주체적인 힘과 역량을 확인하게 되면서 자신의 학교 밖의 경험을 학교 안으로 확장시켰다. 행정학과 동료들을 모아 '함께하는 동행'이라는 동아리를 조직해 관련학습을 하면서 청년 문제를 공유하는 행정학과 '소통 컨퍼런스'도 열었다. 이 과정에서 대전시 청년연대 모임인 '벌집'과 연결되어 당시 이들이 기획하던 대전시 청년컨퍼런스 '청춘웅알이'의 공동기획자로 참여하게 되었고, 이를 계기로 벌집 운영자로서 청년활동가의 길을 선택하게 되었다.

지금 대학생들은 학과공부에 내몰리고 자원봉사 활동마저도 스펙의 일환으로 보는 시각이 있어요. 청년들로 하여금 앞만 보고 내달리는 것을 조장하는 사회구조의 문제를 청년이 주체가 되어 해결할 수 있는 접점을 대전 청년컨퍼런스를 통해 확신하게 된 거에요. 그동안은 공무원 시험을 준비하면서 주말에 짬을 내어 벌집 활동을 했는데 도저히 어렵다고 판단해 시험을 접고 벌집 활동에 뛰어들었죠.—이태호와의 면담에서

김영진은 지역아동센터의 도배·벽화 봉사에서 만난 아이들의 삶에서 자신의 불우한 유년기를 떠올렸다. 거칠고 공격적인 아이들의 숨겨진 상처를 읽게 되면서 아이들 편에서 이야기를 들어주는 사람이 필요함을 절감하였고 자신이 그 역할을 하고 싶었다. 당시 막연하게 불쌍한 아이들이기 때문에 도움을 주고 싶다던 생각은 들에움 프로젝트에서 만난 들마을 어르신들을 통해 인식전환을 경험하게 된다.

들마을에서 살아온 이야기를 요청 드렸더니 어르신들이 거부감을 느끼시고 그런 건 이장한테나 가서 물어보라고 하셨어요. 어르신처럼 평범한 삶을 산 사람의 이야기는 벽화에 표현될 만큼 가치 있다고 생각하지 않으신 거죠. 자신의 삶에 대한 자존감이 낮은 어르신들의 모습을 보면서 특별한 이야기가 아니어도 모든 사람들의 삶은 가치고 있다고 말씀 드렸지만 안타까웠어요.—김영진과의 면담 중에서

김영진은 지역아동센터의 아이들과 들마을 어르신들의 모습에서 자신의 삶의 주체로 서지 못하는 안타까움을 보았다. 이들이 자신의 목소리를 내면서 주체적인 삶을 살도록 조력하는 일을 모색하기로 결심하면서 소외된 이들에 대한 시선도 도와야 할 대상에서 함께 참여하는 힘을 가진 주체로 변화하게 되었다. 이는 김영진이 자신의 힘겨운 어린 시절의 난관을 뚫고 현재의 삶을 개척해 온 자기 긍정과 믿음에 기인한 것이기도 했다. 들마을 프로젝트를 계기로 마을활동에 관

심을 가지면서 대전지역의 공익적 시민활동을 지원하는 (사)풀뿌리사람들에서 인턴활동을 하게 되었고, 2014년 11월에 충남대 사회과학대학 학생회장으로서 단과대학생 대상의 '청년 소통 컨퍼런스'를 열어 청년들의 '현실과 과제'에 대한 고민을 함께했다. 또 대전 석교동 마을교육공동체 활동을 지원하게 되면서 석교동 엄마들이 설립한 알짬 마을도서관을 모체로 방과 후 교육공동체 '한 뼘 더'와 '청소년문화카페', '석교동 마을신문' 활동으로 확장되는 현장의 모습도 보게 되었다. 마을 주민이 주체가 된 마을 만들기의 실제를 몸으로 체감하고 마을에서 자신의 역할을 모색하였다. 마을에서 아이들을 건강하게 키우는 문화를 만들어 가는 수단으로 '커뮤니티 매핑' 분야에 새롭게 도전하여 몇몇 마을활동가, 그리고 아이들과 공동으로 '마을 안전지도'[3]도 만들었다. 최근에는 커뮤니티 매핑을 마을 단위의 활동으로 구체화하기 위해 '대전 공유지도'라는 청년모임을 조직하였다. 이태호와 김영진이 새싹리본의 1기로서 동아리를 조직하고, 운영체계를 만들고 활동력을 키워 냈다면, 이러한 토양을 딛고 지속 가능한 새싹리본을 이끌어 갈 2기의 출범이 필요한 시점이었다.

---

3) 마을 안전지도는 어른들의 시각이 아닌 아이들의 눈높이로 자신이 사는 마을에서 위험한 장소를 찾아 지도로 만드는 활동으로, 아이들이 주체가 되는 활동이다. 아직까지 우리나라에서 생소한 분야인 커뮤니티 매핑에 대한 부족한 정보와 지식은 독학을 통해 해결하면서 전문성을 키워 가고 있다.

새싹리본 2기 출범 : 두 가지 당면 과제

새싹리본 활동의 전면에서 빠진 이태호, 김영진 두 사람의 공백은 새싹리본 초기부터 활동해 온 이호상이 대표가 되면서 안정화되는 것을 볼 수 있다. 이호상은 들에옴 프로젝트로 유입된 새로운 회원과 기존 회원들의 다양한 요구를 수렴하면서 두 가지 당면 과제를 인식하게 된다.

하나는 들에옴 프로젝트에 참여한 것을 계기로 정식 회원이 된 대학생 참여자(10명)와 기존 회원(15명)들이 함께 공감하고 움직이는 결속력을 끌어올리는 것이다. 다른 하나는 들에옴 프로젝트를 계기로 활동력이 커진 새싹리본의 활동 방향성에 대한 회원들의 다른 목소리를 조율할 필요가 있다는 것이다. 일부 회원들은 새싹리본이 해 온 지역아동센터에서의 도배 · 벽화 봉사를 마을 만들기의 맥락에서 이해하기보다 별도의 자원봉사활동으로 제한하는 시각이 있었기 때문이다. 내부적인 공론화의 과정을 거치고, 또 이태호와 들에옴 프로젝트에 조력했던 마을 만들기 전문가의 자문을 얻어 회원들의 공동학습을 통해 당면한 문제를 풀어 나가기로 결정했다. 조금은 느슨한 학습소모임을 통해 그간의 새싹리본 활동을 돌아보고, 마을 만들기에 대한 학습도 하면서 새싹리본의 비전을 새롭게 다지고자 한 것이다.

먼저, 새싹리본이 해 온 지역아동센터의 도배 · 벽화 봉사를 지속하면서 기존 회원과 신입 회원 간의 친밀감을 높이고 동아리의 내실을 기한다. 대규모로 추진된 들마을 벽화 프로젝트 이후에 회원들의 지친 마음을 다독이면서 활동의 방향성을 함께 만들어 가는 것이 중요했다. 회원 서로에 대한 앎이 부족한 상태에서 새싹리본의 응집력을 만들어 내기 쉽지 않고, 활동에서 재미나 즐거움, 끈끈함이 있어야 자발적 참여의 동기부여가 된다는 것을 경험적으로 체득했기 때문이다.

또 하나는 새싹리본이 주체가 되어 일구어 낸 들마을 벽화 프로젝트를 지속하기 위해 주민들의 새로운 요구를 조사해 후속 활동으로 이어 가야 했다. 이러한 맥락에서 마을 만들기에 대한 회원들의 공동학습을 더 넓혀 보기로 하고, '대전형 좋은 마을 만들기 사업'의 학습소모임 사업과 연계하였다. 대전시의 학습소모임 사업의 지원을 받게되면 학습에 소요되는 재정 문제를 일부 해결하면서 심화 학습이 가능하고, 대전지역의 다른 마을 만들기 사업팀의 사례나 네트워크를 통해 얻는 정보나 다양한 경험이 확장되는 등 이점이 있다. 기존의 들에움 프로젝트가 이태호 대표의 아이디어에 주로 의존했다면, 새싹리본의 학습소모임 활동계획은 회원 전체의 의견을 모아 자신들의 학습활동을 설계했다.

새싹리본의 학습소모임 활동계획을 살펴보면, 우선 새싹리본 구성원들이 사회적 자본과 공동체 의식·가치에 대한 심도 있는 학습을 통해 기존 회원과 신입 회원 간의 결속력을 강화하고, 그간 활동 중심에서 지친 마음의 여유를 찾아 새싹리본의 비전을 재정립하는 것이다. 다음으로는 새싹리본이 단순한 봉사활동을 넘어 사회적 자본과 공동체 의식을 바탕으로 청년과 도시 사이에서 할 수 있는 역할을 모색하는 것이다.

모든 회원이 '들에움' 사업을 통해서 공동체적 가치와 사회적 자본에 대해 느낀 바가 많지만 여전히 막연한 느낌으로 공유하는 형태여서 좀 더 체계적이고 발전적인 형태로 학습하고 서로 간의 이상을 공유할 필요성을 느끼고 있었다.

이호상을 중심으로 새로운 추진력을 갖게 된 새싹리본은 지역아동센터의 도배·벽화 봉사를 계속하면서 회원들 간의 친밀감을 높이는 다양한 전략을 구사한다. 회원 전체가 모여 새싹리본의 태동과 그간의 활동에 대한 이야기를 나누는 시간을 가졌다. 이 시간은 기존 회원에게는 자신의 활동을 다시 돌아보는 성찰의 계기가 되었으며, 신규 회원에게는 새싹리본에서 추구하는 활동 철학에 공감하는 기회가 되어 자발성이 커졌다. 또 도배·벽화 자원봉사활동에 기존 회원과 신입 회원을 팀으로 엮어 만남의 기회를 늘렸다. 초창기 회원의 경우 이미 대학교를 졸업했거나 취업준비로 이전에 비해 활동력은 약해졌지만 새싹리본의 역사를 만들어 온 경험자이다. 이들과 대학생활에서의 고민을 공유하면서 주고받는 대화는 서로를 믿고 일상적인 조력자로 두터운 관계를 다지는 계기가 되었다. 이호상이 회원들 간의 소속감을 높이기 위해 세밀한 방식을 생각해 낸 것은 개별 회원의 상황에 맞는 참여 기회를 보장하기 위한 측면도 있었다.

지역아동센터 봉사를 나갈 때 회원들의 성별, 나이, 경력 그리고 이동 동선에 따라 조를 구성하여 지루하고 따분한 활동이 되지 않도록 기획하는 것이죠. 간단한 미션을 주기도 하는데, 예전에 새싹리본 활동사진과 똑같은 포즈와 장소에서 사진 찍기를 한다거나 그런 아이디어를 많이 넣으려고 해요. 자원봉사활동을 마치고 나면 반드시 수고했다는 문자를 보내 함께하고 있다는 느낌을 주려고 하고요. 이런 소소한 재미나 격려가 회원들에게 동기부여가 될 것 같아요. 저처럼 말수가 적은 회원에게는 더 필요하고 그래야 더 참여를 하는 경향이 있어요.—이호상 대표와의 면담에서 이호상이 회원들의 상황에 맞게 자원봉사활동 계획을 세워 참여의 기회를 높이고, 또 회원들의 참여에 대해 지지나 공감을 보내는 것은 팀원 시절의 자신을 돌아보면서 생각해 낸 것이다. 기질적으로 말수가 적어 동아리에서 '묻어가는' 회원에 속했던 이호상은 자신과 비슷한 성향의 회원을 배려해 자발적인 열정을 이끌어 냈다. 이러한 노력으로 회원들 간의 '우리의식'을 높여, 2014년 하반기로 접어들면서 신·구 회원들 간의 유대나 끈끈함이 일상적인 친밀한 관계로 확장되는 것을 볼 수 있다.

마을 만들기에 대한 공동학습 : 들마을 프로젝트의 지속

들에움 프로젝트를 지속하기 위한 마을 만들기에 대한 공동학습은 들마을 주민간담회, 마을 만들기의 성공사례 현장체험, 대전지역의 벽화 마을 자문으로 이어졌다.

먼저, 들에움 프로젝트의 연장선상에서 들마을 주민들과 간담회를 열어 벽화 마을이 된 이후의 변화된 일상과 벽화 보수에 대한 요구를 들어 보았다. 들마을 벽화는 주택 외벽에 그리기 때문에 외부 환경에 민감한 편이다. 비나 눈, 먼지, 바람에 그대로 노출되어 시간이 흐르면 보수나 관리가 필요하기 때문에 들마을 주민간담회는 주민들의 의견을 모아 보수 활동의 기초 자료로 활용하려는 목적으로 열렸다.

들마을의 정자나무 아래에서 열린 주민간담회에서 나온 이야기를 종합해 보면, ① 벽화 덕분에 마을의 외관이 아름답게 바뀌어 마음이 풍요로워진 점, ② 대전 시민들이 들마을 벽화를 구경하기 위해 찾아오면서 마을에 생기가 돈다는 점, ③ 들마을에 새싹리본의 젊은 대학생이 오가면서 마을 분위기가 젊어지고 든든한 느낌이 든다는 점, ④ 들마을 주민들 간에도 예전에 비해 벽화를 고리로 이야깃거리가 생기고 교류가 많아진 점 등이다. 들마을 주민들은 벽화로 인해 마을 주민들과 대학생들의 교류가 일어나는 것을 반가워하였고, 대전시민들의 방문을 불편하게 여기기보다 그러한 홍청거림을 오히려 즐기고 있었다. 후속적인 요구사항으로 들마을 벽화를 구경하러 오는 시민들이 쉴 수 있는 의자나 시설물, 그리고 외부 차량이 늘면서 고령인 마을 주민들의 안전을 위해 방지턱을 설치할 필요성이 제기되기도 했다.

두 번째로, 마을 만들기 성공 지역을 찾아 주민들의 참여과정과 마을의 변화에 대한 체험을 듣는 현장학습 시간을 가졌다. 서울 관악구 대학동의 주민들이 실천한 '옹기종기 마을'과 부산 '반송마을', '감천 문화마을'을 다녀왔는데, 현장학습은 당일과 1박2일의 워크숍 형태로 나누어 진행되었다. 회원들의 현장학습을 기획한 것은 벽화를 매개로 마을공동체를 만들어 가는 주민이나 활동가의 생생한 목소리를 통해 경험담을 듣고 싶었기 때문이다. 빡빡한 일상을 벗어나 자유로운 분위기에서 회원들 간의 결속력을 높이고자 하는 마음도 깔려 있었다.

서울과 부산, 두 지역에서 진행된 현장학습을 통해 회원들이 느끼는 바는 컸다. 사례 지역을 방문하면서 회원들의 주된 관심사는 각 마을의 마을 만들기 주체들이 구체적으로 어떤 방식으로 활동하고 있고, 모임을 지속 가능하게 하는 운영체제의 방식은 무엇이며, 활동을 끌어가는 주민들은 어떤 철학과 생각을 가지고 있는가 하는 것이었다. 또 주민들의 입장에서 느끼는 마을의 변화를 그 마을에 살고 있는 주민들의 목소리를 통해 확인하고 싶었다. 두 지역의 현장 방문에서 이러한 궁금증을 일부 해결하기도 하고, 들마을의 벽화 보수 작업에 필요한 아이디어나 정보도 구했으나 여전히 고민되는 점이 있었다. 무엇보다 벽화를 매개로 마을 만들기를 해 나가는 철학과 방식에 대한 본질적인 고민이 필요하다는 것이 참여한 회원의 공통된 생각이었다.

세 지역에서 벽화를 통해 마을 만들기에 접목할 수 있는 많은 영감이나 아이디어를 얻었어요. 주민들의 참여를 끌어내는 방법도 배웠고요. 일부 마을은 벽화의 예술성이나 독특함은 있지만 관광지화로 인해 기존의 마을 주민들은 일상생활에서 커다란 불편을 겪고 있어 마을의 본래 기능이 파괴된 것 같은 느낌이 들었어요. 주거지역에서의 벽화가 주거의 본질적인 기능마저 침해한 것 같아 걱정스러운 기분도 들었죠. 최근 벽화와 관련하여 많은 봉사활동과 대외활동이 이루어지고 있는데, 과연 벽화의 본래 목적이 무엇인지 고민할 필요가 있을 것 같아요.

　　　　　　　　　　　　　　　—새싹리본 현장 사례 방문 후기 중에서

세 번째, 새싹리본의 벽화 봉사 경험을 토대로 벽화 마을을 꿈꾸는 대전지역의 다른 마을 만들기 현장에 자문을 나서게 되었다. 마을 만들기 사업이 한국 사회에서 전국적인 조류를 형성하면서 '벽화'는 마을 만들기의 주요 테마로 등장했다. 벽화로 마을의 다양한 공간을 색다르게 가꾸는 벽화 활동은 공간 변화를 통해 주민들의 삶의 질을 끌어올릴 수 있고, 아이부터 어른까지 누구나 참여하기 손쉬운 활동이다. 들에옴 프로젝트 이후로 벽화에 관심을 가진 여러 마을 주민들이 새싹리본에 자문을 요청하는 사례가 늘어났다. 벽화 자문에 응하기 위해 따로 시간과 품을 내야 하지만, 그동안의 새싹리본 경험이 지역 변화에 일조할 수 있었고, 또 그러한 활동에 참여하는 것을 대전시의 대규모 지원에 대한 사회적 책임으로 느끼고 있었다.

기존 새싹리본 회원들의 학습활동이 자원봉사활동에 도움을 얻기 위해 '배우는 학습자'의 입장이었다면, 벽화 자문은 주민들을 '가르치는 교수자'로서의 위치 전환을 경험하는 일이었다. 그것도 어린아이들이 아닌 전통시장의 상인들이나 아파트에서 마을 만들기 활동을 하는 주부들을 대상으로 이루어져, 이 과정에서 느끼는 자부심이 남달랐다.

　2014년 한 해 동안 회원들이 스스로 기획한 학습활동의 계획에 따라 공동학습이 진행되었다. 2013년의 들에움 프로젝트가 회원들로 하여금 마을 만들기에 대한 궁금증과 지역 참여에 대한 가치를 어렴풋이 발견하게 했다면, 2014년의 마을 만들기에 대한 공동학습은 대학생들이 지역 참여의 필요성과 방식에 대해 좀 더 구체적으로 다가서는 실천에 관한 것이었다.

05 　청년[4]의 학교 밖 배움의 특성

청년들의 성장과 일상의 변화

　새싹리본 회원들이 동아리 활동에 참여한 시기와 기간이 다르고, 그 과정에서 느낀 경험의 폭은 다르지만 공통적으로 느끼는 성장의 지점과 일상의 변화를 다음 몇 가지로 정리해 볼 수 있다.

　첫째, 대학 밖에서 다양한 사람들과의 만남과 교류가 이루어져 개인 네트워크가 넓어지고, 이 과정에서 다른 사람과 소통하는 법을 배우게 되었다. 다른 사람의 이야기를 경청하는 법을 배우고, 나의 이야기를 말할 수 있는 용기가 생겼으며, 우리들의 이야기를 상상하고 만

---

4) 새싹리본 활동을 기술한 제 2~4절에서는 이들을 대학생, 대학생 참여자, 새싹리본 회원으로 규정했으나, 이미 취업한 직장인과 재학생이 섞여 있어 여기서부터는 '청년'으로 통칭하고자 한다.

들어 낼 수 있게 되었다.

청년들이 새싹리본 활동에서 만난 주체는 아이, 또래 대학생, 어른이다. 대학의 교수자로 대표되는 어른은 자신들의 삶을 통제할 수 있는 '아우라'가 느껴져 다가서기 쉽지 않고, 소통에서도 비민주적인 관계를 경험해야 했다. 이미 자신들이 거쳐 온 아이의 삶에도 누적된 상처가 있다. 또 앞만 보고 내달리는 대학생활에서 학과 동료나 다른 학과의 대학생은 또 다른 경쟁자로 인식되기도 한다. 이런 상황에서 새싹리본을 통해 만난 이들은 우리 사회에서 말하는 비주류 집단이었다. 지역아동센터 아이들, 페인트공과 도배사, 들마을 노인, 자원봉사자, 마을의 주부, 다양한 학과의 대학생, 청년 활동가, 장애인, 시장의 상인, 풀뿌리 시민조직과의 만남이 일어나고 접촉면이 넓어지면서 이들이 가진 주체적 힘을 보게 되었다. 서로가 믿고, 지지하고, 협력하는 소통의 과정을 거치면서 개인과 마을이 어떻게 달라지고 성장하는지를 눈으로 지켜보게 되었다. 이 과정에서 다른 사람들과의 소통의 중요성을 체험하게 된다.

> 학교-집-기숙사만을 왔다 갔다 하던 대학생활에서 벗어나 후배와 선배들과 함께 무언가를 하는 것은 처음인데 대학 안에서가 아닌, 대학 밖에서 사회적인 네트워크를 배운 셈이에요. 사람 사이의 친목 도모 혹은 사람 사귀는 법을 배우게 된 계기는 들에움이라고 생각해요. 대학교에서 생활하다 보면, 학교 안의 사람들과만 알게 되거든요. 다른 지역 학생, 다른 나라 학생, 그리고 특히 어르신분들과 함께 소통하는 법을 배울 수 있어 좋았어요. 아직 나이가 어려서, 아직 사회생활을 해 보지 못해서라는 변명을 하면서 어른들을 대하기 꺼려했거든요. 어른들께는 무언가 접근하지 못할 그런 근엄한 아우라가 나와서 어렵게 생각했어요. 내가 먼저 환하게 웃으며 다가가면 어르신들도 역시나 웃는 모습으로 다가와 주

셨어요. 이제는 우리 동네 어르신들께도 '안녕하세요'라고 환하게 인사할 수 있게 되었어요. 같은 또래, 같은 나이대의 사람을 만나 이야기하는 법을 배웠고, 그 이야기들을 꾸준히 이끌어 나갈 수 있는(인연을 소중히 여길 줄 아는) 법도 배웠어요. 가장 큰 성장이에요.

—이서연과의 면담에서

둘째, 자신의 역량을 재발견하게 되고 이해가 깊어지면서 세상에 대한 긍정적인 시각도 회복하게 되었다. 청년들은 신체적으로 성인임에도 경제적으로나 사회적으로 불완전한 존재로서 언제나 부모세대에 얹혀 있는 느낌이다. 자신은 언제나 미숙하고 보살핌이 필요한 의존적인 존재이며, 학과 공부나 학내 동아리 활동, 어학연수, 인턴 경험 모두 남보다 앞서기 위한 스펙 쌓기의 도구로 느껴지기도 하고, 그것은 취업과 연결되어 있었다. 이 때문에 자신이 주체가 되기보다 상황에 떠밀리는 삶에 무감각해지기도 한다.

새싹리본에서 모든 활동의 기획과 운영은 자신들의 온 마음과 온 몸을 쓰는 실천과 연대를 통해 '한발 떼기'가 가능하고, 그 과정에서 상상이 현실이 되는 현장을 지켜보았다. 그 안에서 자신조차 몰랐던 내재된 에너지와 역량을 발견하기도 한다. 주변 동료와 새싹리본을 둘러싼 기성세대의 따뜻한 인정과 지지는 청년들이 새로운 도전에 대한 용기와 세상에 대한 따뜻한 시선을 회복하는 변곡점이 되었다. 엄기호(2011)는 대학생들에 대한 이야기의 핵심을 '용기'와 '비겁함'으로 나누는데, 대학생들은 동료들이 자신의 삶을 응원해 줄 때 비로소 살아갈 용기와 힘을 얻는다고 말한다. 이는 청년들이 타자와의 사회적 관계 속에서 자신의 존재가 인정받을 때 더욱 더 주체적인 삶이 가능해짐을 보여 준다.

활동을 통해 서서히 달라지긴 했지만 사람들과 소통하는 여러 가지 방법을 터득했어요. 제 경우는 팀원과 팀장의 입장을 다 경험하고 있는데, 예전에는 다른 사람의 봉사 후기나 체험담이 식상해 보였거든요. 그런데 제가 해 보니까, 마음에 와 닿는 무언가가 있어요. 대학생들과 부딪치면서 내성적인 성향이 조금씩 바뀌고, 저도 몰랐던 저의 새로운 면에 대해 친구들이나 주변 분들이 격려해 주니까 제 자신을 다시 보게 돼요. 그러면서 다른 사람들과 함께한다는 것의 가치도 알게 되었어요. 새싹리본 활동이 단순한 자원봉사가 아니고 지역의 변화에 참여하는 한 방법이라는 것도 알게 되고, 우리 대학생들이 해야 할 일도 더 고민해 보게 되고요.　　　　　　　　　　　　　　　　　　　　　—이호상과의 면담에서

내가 사회에 도움을 줄 수 있는 일이 있다는 것을 확인한 게 새싹리본 활동이잖아요. 지역아동센터에서도 그렇고, 들에움 프로젝트에서도 그렇고요. 도움을 주는 어른도 많았고, 함께한 선배들이나 친구들이 서로 믿고 의지하게 되니까. 학교 안에서는 그런 끈끈한 관계가 잘 안 만들어져요. 내가 세상과 사람에 대해 보는 눈이 변하니까 내 주변이 달라진 느낌이 들어요. 세상에는 아직 좋은 사람들이 많다는 것도요. 대학생에게 스펙이 중요한데, 자원봉사도 처음에 스펙으로 하는 사람도 있었어요. 저도 그런 면이 있었고요. 어떤 활동을 했을 때, 내가 뭘 얻을 수 있을까 먼저 생각했는데, 지금은 달라졌어요. 어떤 활동을 했을 때, 내가 뭘 나눠 줄 수 있을까를 고민하게 돼요. 세상을 보는 방식이 바뀐 거죠.
　　　　　　　　　　　　　　　　　　　　　　　　—이서연과의 면담에서

셋째, 막연했던 마을에 대한 관심이 생겨나고 지역 참여 활동의 가치를 발견하게 되었다. 청년들이 '마을'이라는 용어를 주목하게 된 것은 들에움 프로젝트에서였다. 처음에는 벽화를 매개로 한 주거환경개선의 시각으로 접근했지만, 그 과정에서 들마을 주민들과의 교류와 또래 대학생들과의 연대, 풀뿌리 시민활동가와 마을 만들기 전문가의

지지와 조언, 행정과의 연계는 "상상 속의 마을이 아니라, 내 경험에서 체험된 마을"을 가능하게 했다. 청년들은 자신의 경험에서 마을에 대해 이야기할 수 있게 되었고, 자신의 고유한 시각도 형성하고 있다. 또 그것을 자신의 삶터에서 실천하기 위한 고민으로 이어지며, 자신들이 해 온 사회적 실천의 의미도 발견해 가고 있다.

마을 하면 책에서 보던 거잖아요. 요즘은 다 아파트에 사니까요. 대학생들이 마을에 대해 생각할 기회도 없고요. 저는 들마을에 처음 가 보고 깜짝 놀랐어요. 대전에 이런 농촌 같은 마을이 있구나. 지역아동센터에서 봉사할 때는 몰랐는데, 들마을에서 벽화를 그릴 때 거기에도 꼬맹이가 왔다 갔다 하는 거예요. 와서 간식도 나눠 주고, 놀기도 하고요. 들마을 어르신들도 벽화 작업 내내 함께해 주셨어요. 아침 일찍부터 나와 청소해 주시고, 간식 챙겨 주시고, 점심식사도 정자나무 아래서 함께했고요. 저희 부모님 생각도 나고요. 아이부터 어르신까지 서로 만나고 관심을 갖고, 인심을 나누는 걸 보면서 마을이라는 개념이 마음에 들어온 거죠. 그 다음부터는 우리 아파트에 가면 유심히 보게 돼요. 들마을하고 다르지만 우리 아파트에서도 들마을 같은 활동을 할 수는 없을까, 지역 활동에 대해 고민을 하게 돼요.　　　　　—이호상과의 면담 중에서

저도 들마을 벽화를 시작하기 전에는 들마을에서 20년을 살았어도 잘 몰랐어요. 어떤 분이 사시는지. 벽화 마을을 하면서 한 분 한 분 찾아뵙기도 하고, 그분들이 많이 도와주시면서 마을, 마을공동체, 사회적 자본, 이런 것들에 대해 이야기할 수 있게 된 거예요. 사업계획서에 쓸 때는 상상을 많이 했는데, 실제 그게 형성이 되는 걸 스스로 체험했으니까 신기하고 대단해 보이죠. 그걸 또 대학생이 했잖아요. 그러니까 마을 사람들의 삶을 변화시키는 데 청년이 할 일이 있다는 것을 느끼면서 요즘은 청년 생태계를 고민해요. 마을에서 청년이 스스로 청년문제를 해결하기 위해 활동도 하고, 연대도 하고, 경제적인 보상을 받을 수 있도록 하는 주체적인 활동이에요.　　　　　—이태호와 면담에서

넷째, 배움에 대한 주도성이 높아지면서 자신의 삶을 설계하는 힘이 커지고 있다. 새싹리본 활동을 하며 자원봉사활동을 이끌어 가는 상황 속에서 다양한 배움이 있었다. 대학 내에서의 학습활동은 형식학습의 맥락에서 배울 내용과 가르치는 교수자, 학습의 공간이 이미 정해져 있고, 주로 교수자에게 의존하는 지식 전달이나 정보 암기 형태의 '은행저금식'(Freire/남경태 역, 2002) 학습방식을 벗어나지 못하고 있다. 이태호를 비롯한 다수의 행정학과 학생들이 공무원 시험을 준비하면서, 무슨 뜻인지도 모르면서 암기하는 상황에서 배움에 대한 어떤 재미나 맛을 체험하지 못했다는 고백에서도 이러한 상황을 엿볼 수 있다. 이에 비해 새싹리본 활동은 청년 스스로 자신의 배움에 대해 공동으로 설계하고 실행하는 주도성을 높여 가야 하는 상황과 맥락이 존재했다. 경험이 쌓이면서 청년들은 자신이 배움의 주체라는 것을 인식하게 되었고, 자신들의 상황과 필요, 관심과 요구를 반영하여 좀 더 적극적으로 개인의 학습과 공동의 학습을 엮어 내고 있다. 또 대학 생활에서도 자신의 삶에 대해 좀 더 적극적인 자세를 취하며, 주도적인 삶의 설계로 나아가고 있다. 청년들 중에서 가장 극적인 변화의 폭을 보여 주는 이태호와 김영진이 그러한 예증이 될 것이다.

'새싹리본' 청년들의 학교 밖 배움의 특성 : 자원봉사활동과 연계된 일상적 학습

새싹리본 회원들의 경우 지역아동센터의 도배·벽화 봉사에서 대전시 좋은 마을 만들기 사업과 연계한 들에움 프로젝트로 이어지는 지역 참여 과정에서 크고 작은 경험이 학습의 원천이 되었다. 따라서 청년들의 학습은 학교 안의 교과과정이나 지역 기관에서 내거는 교육 프로그램처럼 의도적인 교육설계의 형태로 진행되는 것이 아니라, 자원봉사활동 중에 노출되는 경험과 사회적 실천의 행위 속에서 진행된다.

이러한 청년들의 학교 밖 배움의 특성은 첫째, 학교와 학교 밖의 경계를 허무는 지역 전체를 학습의 장으로 하는 실천적 학습이며, 둘째, 지역 참여 경험에서 청년들이 배우는 학습의 내용은 사회적으로 배제된 이들의 삶의 질을 높이는 데 조력하는 공공적 성격의 활동이며, 셋째, 다양한 자원봉사활동의 경험을 토대로 타자와의 대화를 통한 사회적 관계를 통해 서로가 가르치고 배우는 일상적 학습의 모습을 띤다. 이를 더 자세히 설명하면 다음과 같다.

첫째, 새싹리본 청년들의 학습활동은 하나의 기관, 학교, 마을을 넘어 지역 전체로 확장되는 사회적 실천행위와 연결되며, 온·오프의 경계를 넘나든다. 회원들의 주요 학습 공간은 지역아동센터나 들마을과 같은 학교 밖의 공간에서 일어나는 실천행위가 전면에 부각되지만, 경험이 쌓이면서 학교 내의 활동으로 접점이 생겨나고 온·오프의 경계도 허물어진다. 학교 밖의 학습이 대학 내의 학습으로 교차되는 접점은 청년들의 인식 전환과 맞물려 있다. 학습을 통한 인식의 전환은 개인이 세상을 바라보는 방식의 재구성을 의미하며, 이전과 다른 행위로 이어진다. 예컨대, 이태호와 김영진이 학교 밖의 경험을 학과로 끌어들여 실천 중심의 행정학과 동아리를 조직하고 청년 소통 컨퍼런스를 개최하며, 그 과정에서 자신의 활동 현장을 스스로 창출해 가는 것이 그러한 맥락에서 이해될 수 있다. 이러한 변화는 청년들의 학습활동은 학교 밖의 경험과 대학 내에서의 경험이 분리되지 않고 개인의 삶으로 통합되어 학습에서의 주도성을 높여 가는 방식으로 나타난다.

둘째, 새싹리본 청년들의 학습활동의 내용은 다른 사람들의 삶의 질을 끌어올리는 데 조력하는 공공적 활동의 성격을 가진다. 지역아동센터의 자원봉사활동이나 들마을 벽화 프로젝트에서 촉발된 마을만들기에 대한 학습소모임 활동은 회원들의 관심이나 필요와 같은 사적 요구에서 출발하지만, 이들의 활동은 궁극적으로 타자, 그중에서도 소외된 사람(지역아동센터 아이들, 들마을의 노인, 장애인 등)을 향해 나아가는 이타적 행위이다. 벽화라는 물리적 공간의 변화를 통해 좀 더 나은 교육환경을 만들거나, 마을의 탈바꿈을 목적으로 활동의 수준을 높여 가는 전략으로 공동학습을 적극 활용하였다. 소외된 아이들의 정서나 상황에 대한 앎이 있어야 지역아동센터에서 아이들을 대하는 마음가짐이나 활동력이 달라지고, 또 도배나 벽화 봉사에 필요한 정보나 지식, 실무 스킬이 요구되는 것처럼 이들의 학습은 다른 사람들의 삶에 조력하는 활동의 수준을 높이기 위한 공공적 성격이 강하다.

셋째, 새싹리본 청년들의 학습활동은 자원봉사활동에서의 숱한 경험이 주된 학습의 원천이며, 타자를 존중하는 기반에서 나누는 대화와 성찰을 통해 두터워진다. 새싹리본 활동의 공식·비공식 상황에서 나누는 대화는 특정한 몇 사람의 목소리에 권위가 실리는 방식이 아니라, 회원 한 명 한 명과 또한 이들이 만나는 다양한 주체들의 목소리를 통해 구성된다. 개별 회원이 인터넷에서 얻은 정보를 서로 나누기, 워크숍이나 간담회와 같은 공식 회의, 다른 마을의 현장사례지, 새싹리본 활동과 연계된 다양한 주체들과의 만남, SNS나 블로그, 카톡 등 온라인 도구, 공식·비공식 평가회, 자원봉사활동 중에 나누는 회원들의 수다는 대화를 통해 구성해 가는 주요한 학습방법으로 활용된다. 대화는 새싹리본의 청년들처럼 학습자가 생활세계에서 경험하는 일상적 학습에서 가장 잘 배우는 방법이며, 마을 만들기 맥락에서 주민

들의 학습활동 연구(지희숙, 2014)도 이를 잘 보여 준다. 또한 이때의
대화는 단순히 정보나 지식을 공유하는 수준을 넘어 자신들이 해 온
활동에 대한 공동성찰을 통해 개인의 삶으로 치환되고 있다.

결 론
학교의 재개념화

윤여각(한국방송통신대학교 교육학과 교수)

    개혁하는 차원이든 개선하는 차원이든 학교가 안고 있는 문제를 다룰 때는 학교의 개념에 대한 재검토가 수반된다. 사실 학교에 대해 문제 삼는다는 것 자체가 현재의 통념과는 다른 방식으로 학교를 규정하고 있다는 것이 전제된다. 학교의 개념은, 정확히 말하면, 하나의 체계를 이루고 있으며, 문제 제기에 따라 부분적으로 수정되기도 하고, 전혀 다른 방식으로 재규정되기도 한다. 이렇게 보면, 학교의 역사는 한편으로는 학교를 재구조화해 온 역사이기도 하지만, 다른 한편으로는 학교에 대한 재개념화를 시도해 온 역사라고 할 수도 있다. 결론에서는 시간, 공간, 수준, 관계 차원에서 학교의 재개념화에 대해 논의한다.

01 | 교육의 시간

교육은 시간의 흐름 속에서 진행된다. 시간은 그냥 흘러가는 것이지만 시간 개념 자체가 이렇게 흘러가는 시간을 포착하기 위한 것이다. 인간은 이러한 시간을 구획까지 해서 하루를 24시간으로 나누어 놓았다. 근대 이후 시간은 대량생산을 위해 인간을 통제하는 수단이 되기도 하였으며, 이러한 기조는 생산성의 강조 또는 규정된 근로시간에 따라 현재에도 그대로 유지되고 있다. 시간의 구획을 보여 주는 대표적인 사례의 하나로 학교가 있다. 학교가 교육하는 곳으로 규정되면서 학교의 시간은 교육의 시간이 되었다. 시간 차원에서 학교의 재개념화는 이러한 고정관념에서 벗어나는 것이다.

학교에서 시간의 배치

우리에게 익숙한 학교의 모습은 일정한 단위로 구획된 시간표에 따라 구성원들이 활동하는 모습이다. 아침 자율학습을 하는 시간과 방과 후에 자율학습을 하는 시간도 있지만, 공식적으로 학교에서 정규 교육시간은 교과목에 대해 수업을 하는 시간이다. 그 중간에 점심식사를 하는 시간이 배치되어 있다. 교과목에 대해 수업을 하는 시간이 하나의 단위시간이 되며, 단위시간 사이에 쉬는 시간이 있다.

학교의 모든 일정은 정규 교육시간을 중심으로 배치되어 있다. 정규 교육시간을 제때 준비된 상태로 시작하기 위해 그보다 일찍 등교하며, 정규 수업시간이 시작되고 나서 등교하면 지각이 된다. 정규 수업시간이 끝나고 하루 일정을 마무리해야 하교할 수 있으며, 정규 수업시간보다 일찍 하교하려면 조퇴 절차를 밟아야 한다. 등교하고 하교하는 모든 상황이 관리되며, 단위시간에 수업에 참여하는 출석상황도 관리된다.

학교에서 쉬는 시간과 수업시간은 엄격하게 구분된다. 학교에서 시간은 수업을 중심으로 조정되기 때문에 수업을 조금 일찍 마치면 쉬는 시간이 늘어나고, 수업을 조금 늦게 마치면 쉬는 시간은 줄어든다. 이것은 수업을 시작하는 시간을 반드시 지켜야 하기 때문이다. 수업의 시작과 끝은 벨소리로 알려 주기 때문에 이것은 더더욱 지켜야 하는 것으로 인식된다. 그래서 정해진 '시간 지키기'는 학교 구성원들에게 부지불식간에 몸에 배는 규칙이 된다.

학교에서는 단위시간에 하나의 교과목에 대한 수업을 진행하는 것을 원칙으로 하고 있다. 결국 매 단위시간마다 새로운 교과목으로 수업을 진행하게 된다. 그래서 교사는 단위시간에 맞추어 교과내용을 배분하고 배분된 교과내용을 어떻게 다룰지 설계하고, 그에 따라 수업을 진행한다. 이러한 맥락에서 학교 수업은 단위시간 안에서 완결성을 갖추기 위해 체계화하는 방식으로 발전해 왔다. 단위시간 안에 완결성을 갖추려고 노력할수록 단위시간 간에 교과내용이 분절적으로 다루어질 개연성도 높아진다.

우리나라에서 학교는 3월에 새로운 학기를 시작하고, 학기는 1학기와 2학기로 구분되며, 2학기는 2월에 끝난다. 학기가 끝날 때에는 방학이 있다. 학교에서는 방학을 학교에 나오지는 않지만 학업의 연장으로 규정하고, 방학기간 동안 과제를 부과하여 수행하게 한다. 주 단위로 시간표를 구성하고, 이것을 두 개의 학기 동안 진행하여 결과적으로 한 학년 동안 다루어야 할 모든 교과목의 교과내용을 다 다루는 것으로 설계한다. 그래서 학교에서는 정해진 '진도 나가기'가 중요한 관심사가 된다.

하루 일과에서 학교가 차지하는 비중이 높기 때문에 학교 구성원의 하루 일과 자체가 학교를 중심으로 배치된다. 학교의 시간은 한 개인이 임의로 조정할 수 있는 시간이 아니고, 조정을 하려면 언제나 공식적인 절차를 거쳐야 하기 때문에 특별한 사정이 없는 한 반드시 따라야 하는 시간이다. 그래서 학교를 오가고, 정해진 순서에 따라 교과목 수업에 참여하는 활동을 반복하는 것이 습관화되고, 점점 '학교형 인간'(조용환·윤여각·이혁규, 2006: 18)으로 변해 간다.

교육에서 시간의 의미

학교에서 가르치는 활동이나 배우는 활동 자체가 시간과의 연관 속에서 파악되기 때문에 교육에서 시간은 너무나 당연한 것으로 인식되어 왔다. 그래서 오히려 교육과의 관련 속에서 시간이 갖는 의미에 대한 논의가 풍부하게 이루어지지 않았다. 그러나 시간을 어떻게 배치하는가에 따라 교육활동이 영향을 받을 수 있고, 교육을 어떻게 전개하는가에 따라 시간의 배치가 달라질 수 있다는 점에서 교육에서 시간의 문제는 당연한 것으로 보고 그냥 가볍게 넘어갈 문제가 아니다.

앞서 언급한 바와 같이 단위시간을 정하고 그 시간 내에서 교육활동을 전개하게 하면, 교육활동은 그 시간 내에서 완결성을 갖도록 구조화될 수밖에 없다. 한 교사가 단위시간을 넘어서까지 수업을 진행하여 학생들이 쉬는 시간을 제대로 갖지 못하고, 다음 수업을 해야 하는 다른 교사가 교실 밖에서 기다려야 하는 상황을 상상해 보면 이렇게 되지 않도록 수업을 구조화하기 위해 노력하는 것은 쉽게 이해할 수 있다.

학교의 교과과정에 따라 진행하는 활동으로 체험활동이 있다. 이

체험활동은 교과목에서 다루는 내용과의 연관성 속에서 진행된다. 따라서 체험활동은 수업(또는 학교교육)의 연장으로 규정된다. 체험활동을 예컨대 박물관에서 진행한다고 하면, 학교에서 단위시간 내에 교육활동을 전개하는 것과 동일한 방식으로 박물관에서도 그대로 진행할 수 없다. 유사한 방식을 취할 수는 있지만 박물관에서의 상황 자체가 교실 상황과 다르기 때문에 교실 수업에서와는 시간 배치를 달리할 수밖에 없다.

교육과 시간이 서로에게 영향을 미칠 수 있다는 것은 교육과 시간의 관계에서 파악되는 하나의 양태이다. 교육활동의 전개방식에 따라 시간의 배치가 달라지고, 시간의 영향을 받아 그에 맞게 교육활동이 구조화된다는 점에서 이것은 외면적으로 드러나는 양태라고 할 수 있는 것이다. 여기서 시간은 교육의 바깥에 있는 것처럼 논의된다. 그러나 교육의 안에서 파악되는 시간에 대한 논의도 가능하다.

무엇인가를 배우는 일은 저절로 이루어지지 않는다. 학습자의 노력이 수반되지 않는다면 배움은 일어나지 않는다. 학습자의 노력은 바로 시간이 소요되는 활동이다. 학습자마다 개인차가 있어서 배움의 속도가 달라 특정한 교과내용을 학습하는 데 소요되는 시간이 다르다. 교과내용의 난이도에 차이가 있어서 동일한 학습자라고 하더라도 난이도가 낮으면 배우는 데 시간이 적게 걸리고, 난이도가 높으면 배우는 데 시간이 많이 걸린다. 무엇인가를 배우면서 희열을 경험하게 되면 더 배우고자 하는 욕구도 생기게 되어 배움에 계속 많은 시간을 배정하게 된다. 하루의 일과 중에서 의도적으로 배움에 상대적으로 많은 시간을 배정하고, 그래서 결과적으로 삶의 여정을 배움을 중심으로 전개해 나가는 삶의 양태도 가능하다.

배움이 저절로 이루어지지 않기 때문에 배움이 일어나도록 조력하는 가르침의 경우에도 시간이 소요될 수밖에 없다. 배움의 속도가 빠른 경우 적은 시간만 들여도 되지만, 배움의 속도가 느린 경우에는 더 많은 시간을 들여야 한다. 비교적 긴 기간을 설정하고 낮은 앎의 단계에서 점차적으로 높은 앎의 단계로 나아가도록 지속적으로 가르치는 활동을 한다면 이를 위한 시간을 별도로 배정해 놓아야 한다. 이러한 가르침을 통해 느끼는 보람에서 삶의 의미를 발견하고, 삶의 여정을 가르침을 중심으로 전개해 나가는 삶의 양태도 가능하다.

교수자의 입장에서 보면, 가르치는 교과내용은 자신이 과거에 학습하여 알고 있는 것이다. 교수자는 과거에 학습하여 알고 있는 것을 현재의 시점에서 학습자에게 가르치는 것이다. 학습자의 입장에서 보면, 학습자는 미래에 자신의 것이 될 교과내용을 현재의 시점에서 교수자에게 배우는 것이다. 그러므로 교육활동은 교수자의 과거를 학습자의 미래가 되도록 현재에서 소통하는 활동이라고 말할 수 있다(최성욱, 2006: 101~128). 교수자가 없는 상태에서 학습자가 저서나 논문을 통해서 학습하는 상황에서도 동일하게 말할 수 있다. 이 경우 저서나 논문을 쓴 저자에게 저서나 논문의 내용은 자신이 과거에 학습하여 알게 된 것이다. 그러므로 학습자는 저자가 과거에 학습하여 알게 된 내용을 현재의 시점에서 접속하여 조금 시간이 흐른 후에 자신의 것으로 만들게 된다. 그러므로 시간의 차원을 배제하고 교육에 대해 논의하는 것은 불가능하다.

학교에서 시간의 재배치

학교에는 관행화된 시간의 배치가 있다. 그러나 그러한 시간의 배치에 따르게 될 때 교육활동이 제대로 진행될 수 없다는 문제의식이 등장하면, 그 문제를 해결하기 위한 시도를 하게 된다. 일반적으로 그러한 시도를 할 여지가 있는 쪽에서 먼저 시작하게 된다. 초등학교는 학급의 담임을 맡고 있는 교사가 단위시간별로 모든 교과목을 가르치는 구조로 되어 있다. 그만큼 시간을 조정할 수 있는 재량의 여지가 있는 것이다. 그러나 이미 정착되어 있는 관행을 바꾸는 것은 쉬운 일이 아니다.

단위시간에 배정된 교과목에 대해 배분된 분량만큼 진도를 나가기만 하면 그것으로 충분하다고 생각한다면, 학교의 시간 배치에 대해 문제 삼을 이유가 없다. 그러나 학교에서 다루는 교과목의 내용이 학습자에게서 통합되어 학습자의 의미 있는 성장으로 이어져야 한다고 생각한다면, 그 하나의 방안으로 교과내용의 재구성을 고려해 볼 수 있다. 이 경우 다루는 모든 교과목을 통합적으로 조망해야 하고, 서로 연관되어 있는 내용을 분석하여 주제별로 재배치하는 것이 가능하게 된다. 다시 말하면, 특정 주제에 대해 서로 다른 교과목에 배치되어 있는 내용을 하나로 모아 재구성하는 것이 가능한 것이다. 이렇게 주제별로 재구성한 내용을 다룰 때에는 단위시간만으로 충분하지 않다. 그래서 단위시간을 몇 개 결합하여 재조직하는 방식을 취하게 된다. 이렇게 하여 고안된 것이 블록수업이다.

단일한 교과목 내에서도 시간적 간격을 두고 다루기보다는 연속하여 다루는 것이 교육적으로 효과가 있을 것으로 판단되는 경우, 단위시간을 몇 개 결합하여 재조직하는 방식을 취할 수 있다. 사실, 이것은 교수자에게 재량권이 실질적으로 부여되어 있는 모든 교육장면에서 쉽게 볼 수 있는 양태이다. 도제식으로 진행되는 교육이 그 전형적인 예라고 할 수 있다. 그러나 학교에서는 단위시간을 규정하고 단위시간별로 수업을 진행하는 것이 관행으로 정착되어 있어, 여기서 벗어나는 것이 매우 새롭고 생소한 것으로 보일 수 있다. 한편으로는 새로운 시도에 대해 교육의 전통을 위협하는 것으로 인식하여 일탈하지 못하도록 강하게 규율하고, 다른 한편에서는 이러한 규율에 대해 교육적 효과를 높일 수 있는 새로운 시도 자체를 막는 부당한 처사로 인식하고 저항하는 사태가 벌어지기도 하였다.

교과목별로 수업시수가 정해져 있고, 정해진 수업시수에 따라 주 단위로 시간표에 배치하고, 이에 따라 매주 수업을 진행하는 형식은 동일하지만 교과목별로 담당 교사가 다른 중학교와 고등학교에서는 블록수업을 시도하는 것이 그렇게 간단하지 않다. 대학은 이미 블록 단위로 설계가 되어 있기 때문에 여기서는 논외로 한다. 일주일에 한 번 수업을 하는 교과목과 일주일에 한 번 이상 수업을 하는 교과목이 있어서 특정 교과목에서 블록수업을 구상하거나 교과목 간에 통합하여 블록수업을 구상하는 경우 매우 복잡한 상황이 벌어질 수 있다. 따라서 교과과정 운영 전체를 재구조화하지 않고는 블록수업을 수시로 시도하는 것 자체가 불가능하다.

블록수업의 시도에 대한 학교행정가, 동료 교사, 학부모의 문제 제기와 이를 둘러싼 갈등이 있었지만 현재 블록수업 자체에 대해 문제 제기를 하는 경우는 없다. 블록수업은 수업의 하나의 유형으로 이미 받아들여졌으며, 초등학교 단계에서는 블록수업이 보편화되어 있다. 그러나 여전히 중학교와 고등학교는 교과목에 대한 수업을 주제별로 블록화하여 진행하기 어려운 구조로 운영되고 있다.

서울강명초등학교의 경우에는 1년 4학기제를 운영하고 있다. 봄, 여름, 가을, 겨울이라는 4계절의 변화에 맞추어 교과과정을 운영하고, 마무리하는 행사를 하고, 방학을 하는 일정을 따르고 있다. 하루에 교과공부를 하고 쉬는 리듬뿐만 아니라 1년 전체에서 교과공부를 하고 쉬는 리듬도 고려해야 한다는 생각은 가능한 생각이지만, 이것을 단위학교의 운영계획에 반영하고 실천하는 것은 우리나라에서는 전혀 새로운 것이다. 서울강명초등학교에서는 이에 관한 사항을 교사회의를 통해 오랜 논의과정을 거쳐 결정하였다. 이것은 학교교육에서 아동이 중요하다면 아동의 리듬을 고려하는 것이 무엇보다도 중요하다는 판단에 따른 것이다.

학습자의 입장에서 볼 때, 당장 눈앞에 있지 않은 저자를 포함하여 교수자와 접속하여 어떤 학습경험을 하는지가 중요하다. 교수자의 입장에서 볼 때, 당장 눈앞에 있지 않은 독자를 포함하여 학습자와 접속하여 어떤 교수경험을 하는지가 중요하다. 그렇다면, 교육에서 학습경험이나 교수경험이 서로 어우러지는 교육경험이 잘 이루어지도록 하기 위해서 시간을 어떻게 배치할 것인지에 대해 숙고하고, 시행하고, 검토하고, 다시 숙고하고, 다시 시행하고, 다시 검토하는 과정을 발전적으로 진행해 나가야 할 것이다.

02 교육의 공간

교육은 공간에서 이루어진다. 학교와 더불어 일정하게 구획된 공간 안에서 교육이 진행되는 것이 보편화되었지만, 그 이전에는 이렇게 가시적으로 구획된 공간이 아닌 열린 공간에서 교육이 진행되었다. 정보통신기술이 발달하여 인터넷이 보급되면서 가상공간에서도 교육이 진행되고 있다. 그러나 교수자든 학습자든 공간을 점유한 상태에서 교육에 참여하는 것은 불가피하다. 근대 이후 학교는 교육의 공간을 대표하게 되었다. 공간 차원에서 학교를 재개념화하는 것은 학교에 대한 이러한 고정관념에서 벗어나는 것이다.

학교에서 공간의 배치

우리에게 익숙한 학교의 모습은 담으로 둘러싸여 있고, 교문을 지나면 운동장과 교무실을 포함하여 다수의 교실이 배치된 건물이 우뚝 서 있는 모습이다. 경우에 따라서는 체육관이 별도로 있기도 하고, 강당이 건물에 붙어 있기도 하며, 건물에는 식당도 있다. 학교는 교과과정을 운영하는 데 필요한 최소한의 기준을 충족시키는 구조로 시설이 갖추어져 있어서 학교 자체가 자족적이라고 말할 수 있다.

학교는 담으로 둘러싸여 있다. 그래서 학교를 드나드는 것은 정문이든 후문이든 교문을 통해서만 가능하다. 후문을 개방하는 것은 특별한 경우이므로 대부분 교문을 통해서 학교에 드나든다고 말할 수 있다. 다수가 등교하고 하교하는 시간에는 교문이 활짝 열리지만, 대부분의 시간에 교문은 굳게 닫히고 교문 옆 쪽문만 열려 있다. 밖에서 학교 안으로 들어가려면 이 쪽문을 통과하여 수위실에 타당한 방문 목적을 이야기해야 하며, 안에서 학교 밖으로 나가려면 역시 수위실에 타당한 사유를 이야기해야 한다. 학생의 경우에는 외출증이나 조퇴증과 같은 공식적인 증서를 제시해야 한다. 그만큼 학교는 안과 밖이 명확하게 구분된다. 그 경계에 교문이 있고, 수위실이 있는 것이다.

건물의 한 편에는 구획된 교실이 연결되어 배치되어 있고, 다른 한 편에는 구획이 없는 복도가 배치되어 있다.[5] 이것은 층별로 동일한 구

---

5) 경우에 따라서는 양 옆으로 교실이 배치되어 있고, 가운데에 복도가 배치되어 있기도 하다.

조로 되어 있으며, 한 건물과 연결되어 있는 다른 건물도 크게 다르지 않다. 교실에는 입구에 학년과 반 표시가 되어 있으며, 교사가 사무를 보고 수업을 진행하는 공간과 학생들이 수업에 참여하는 공간이 구분되어 있다. 학생들의 책걸상은 초등학교의 경우 모둠활동을 고려하여 배치하지만, 중학교와 고등학교는 대부분 두 줄로 일렬로 맞추어 정면을 향하고 줄 사이로 학생들이 오가는 통로가 있는 구조로 배치되어 있다.

교과목 수업의 대부분은 교실에서 진행되지만, 경우에 따라서는 특별실에서 진행되기도 한다. 과학실이 그 대표적인 예라고 할 수 있다. 과학실에서는 실험을 위한 기자재를 갖추고 있고, 실제로 실험을 진행하기도 한다. 학교에서는 교실에서 실험을 하려면 기자재를 옮겨야 할 뿐만 아니라 실험을 하는 과정에서 위험한 일이 발생할 수도 있기 때문에 비교적 안전하게 실험을 할 수 있는 별도의 과학실을 갖추고 있는 것이다. 이러한 특별실의 개수는 학교의 사정에 따라 차이가 있으며, 특별실의 활용도도 교과목 담당교사에 따라 차이가 있다.

체육교과의 경우에는 일반적으로 날씨가 좋을 때는 운동장에서 수업을 진행하고, 날씨가 좋지 않을 때는 교실에서 수업을 진행한다. 그러나 담당교사의 상황이나 선호도에 따라 운동장을 사용하는 횟수에는 차이가 있을 수 있다. 체육관이나 강당이 있는 경우에는 날씨가 좋지 않을 때도 활용할 수 있다. 체육관이나 강당은 시설관리를 위해 사용을 제한하고 있다. 운동장의 경우에는 체육교과시간이 아니어도 학생들이 쉬는 시간이나 점심시간 그리고 방과 후에 사용할 수 있다.

학교에는 각종 공간을 활용하는 규칙이 있다. 학생들이 하루 중 가장 오래 사용하는 교실에서 수업시간에는 당연히 절차를 따라 진행하는 활동에 전념할 것이 요구되며, 쉬는 시간이라고 하더라도 가능한 한 정숙할 것이 요구된다. 그러나 학생들은 이 시간을 말 그대로 자유의지에 따라 쉬는 시간으로 활용한다. 그래서 실제 쉬는 시간을 활용하는 양태는 학생마다 다르다. 그 다음으로 많이 이용하는 공간이 복도이다. 등·하교 때 반드시 복도를 거쳐야 하고, 그 외에도 이동을 할 때는 언제나 복도를 이용하게 된다. 학교에서는 학생들에게 복도에서도 조용하게 우측통행을 할 것을 요구한다. 그러나 교사가 있을 때와 없을 때, 그리고 엄한 교사가 있을 때와 없을 때에 따라 학생들이 복도에서 보이는 양태는 다르다.

학교에서 학생들에게 특별한 공간 중의 하나는 교무실이다. 교무실에는 학급담임과 교과목담당교사가 있다. 일과 중에 이들에게 볼일이 있을 때 학생들은 교실이 아니라면 교무실에 갈 수밖에 없다. 이 볼일에는 학생의 필요에 의한 것도 있지만, 담당교사의 필요에 의한 것도 있다. 일반적으로 담당교사가 학생을 부르고, 학생이 약속 시간에 맞추어 교무실로 온다. 상대적으로 많은 교사가 교무실에 있을 뿐만 아니라 교무실은 교사들의 전용공간으로 인식하기 때문에 학생들은 특별한 용무가 있을 때만 교무실에 간다. 이 용무의 성격에 따라 학생들이 교무실에 들어서면서 보이는 모습은 다르며, 동일한 용무라고 하더라도 학생들의 기질이나 성격에 따라 다른 모습을 보인다.

교육에서 공간의 의미

학교에서 가르치는 활동이나 배우는 활동은 언제나 공간과의 연관 속에서 진행되기 때문에 공간은 교육활동을 위한 전제로 인식되어 왔다. 그래서 교육을 진행하기에 앞서 교육을 위한 공간을 확보하는 데 주력해 왔으며, 교육과의 관련 속에서 공간이 갖는 의미에 대한 논의는 풍부하게 이루어지지 않았다. 그러나 공간을 어떻게 배치하는가에 따라 교육활동이 영향을 받을 수 있고, 교육을 어떻게 전개하는가에 따라 공간의 배치가 달라질 수 있다. 이 점에서 교육에서 공간의 문제는 단순히 전제하고 넘어갈 문제만은 아니다.

단위수업을 교실에서 진행하는 것으로 정하게 되면, 그 수업은 교실이라는 공간 안에서 완결성을 갖도록 구조화될 수밖에 없다. 교실이라는 공간에 맞추어 구조화된 수업을 운동장에서 그대로 할 수 없고, 운동장이라는 공간에 맞추어 구조화된 수업을 교실에서 그대로 할 수 없다. 그러므로 어느 공간에서 수업을 하는지에 따라 그 공간의 특성을 염두에 두고 수업을 설계하고 진행하는 것은 당연하다. 이 점에서 동일한 공간에서 진행하는 수업은 어느 정도 정형성을 띠게 된다. 그러나 동일한 공간에서도 수업을 진행하는 방식에 따라 수업의 양태는 달라진다.

시간 자체가 교육적일 수 없듯이, 공간 자체도 교육적일 수 없다. 활용하는 사람에 따라 특정한 시간이 교육에 전념하는 시간이 되듯이, 공간 역시 활용하는 사람에 따라 교육열로 가득 찬 공간이 된다. 어떤 공간도 교육에 참여하는 사람이 없다면 그것은 교육의 공간이 아니라 물리적인 공간일 뿐이다. 바꾸어 말하면, 교육을 위해 마련된 전용 공간이라고 하더라도 교육에 참여하는 사람이 없다면, 그 시점에서 그 공간은 교육의 공간이 아니다.

특정한 공간에서 교육에 참여한다고 하더라도 모든 사람이 그 공간을 동일한 방식으로 이용하는 것은 아니다. 여기에는 개인적인 취향이나 습관이 작용한다. 또한, 개인적인 또는 집단적인 여건에 따라 교육에 참여하는 밀도도 다양할 수 있다. 따라서 물리적으로 동일한 공간이라고 하더라도 그 공간에서 어떤 활동을 어떻게 하는지에 따라 그 공간의 의미는 달라질 수밖에 없다. 그러므로 특정한 공간이 어떻다고 일방적으로 규정하기보다는 교육과 관련하여 누가 그 공간을 어떻게 활용하고 있는지 세세하게 살펴볼 필요가 있다.

이렇게 사람이 하는 활동을 중심으로 보면, 어떤 공간이든 교육의 공간이 될 수 있다. 어떤 공간에서든 두 사람 이상이 모여 가르치고 배우는 활동을 전개할 수 있으며, 혼자서 배우는 활동에 전념할 수 있다. 대중교통을 이용하면서 혼자서 녹음된 것을 들으며 공부하거나 일터에서 일하는 틈틈이 책을 펼치고 공부할 수도 있다. 커피숍이나 카페에서 만나 서로 공부한 것을 나누는 모습은 이제 쉽게 볼 수 있으며, 작업장에서 선임자와 후임자 간의 교육적 소통이 최근에는 하나의 교육 양태로 부각되고 있다.

공간에 따라 교육의 실제가 달라지기도 하고, 교육활동의 전개에 따라 공간의 의미 또는 성격이 바뀌기도 한다는 것은 교육과 공간의 관계에서 파악되는 하나의 양태이다. 그리고 이것은 교육과 공간의 관계에서 외면적 양태에 주목한 것이다. 여기서 공간은 교육의 바깥에 있다. 그러나 교육의 안에서 파악되는 공간에 대한 논의도 가능하다. 이 공간은 개념적으로 파악되는 공간이며, 가시적으로 존재하는 공간은 아니다.

앞서 교육은 교수자가 이미 거쳐 온 과거를 학습자가 장차 도달하게 될 미래가 되도록 현재에서 소통하는 활동이라고 하였다. 과거와 미래와 현재라는 용어를 썼다는 점에서 이것은 명백히 시간과 관련하여 교육을 규정한 것이다. 학습자의 입장에서 보면, 학습자는 교수자와의 관계에서 메워야 할 거리가 있다. 즉, 열심히 배움에 참여하여 점점 교수자가 있는 앎의 지점까지 나아가야 하는 과제가 있는 것이다. 교수자는 학습자의 바로 이 노력에 조력하는 위치에 있고, 그 조력에서 전문성을 발휘해야 하는 위치에 있다. 이처럼 좀 더 앞서 있는 사람의 앎의 지점까지 애써 배워 나가고 이에 조력하는 활동을 교육이라고 규정할 수 있으며(최성욱, 2006: 1~30), 이러한 교육을 통해 인간은 앎을 공유하고 확산시켜 왔으며, 이러한 토대 위에서 앎을 더 발전시키는 것도 가능하게 되었다.

학교에서 공간의 재배치

학교에는 관행화된 공간의 배치가 있다. 그러나 학교의 공간 배치가 관행화되어 있다고 하더라도 여기에 변화가 전혀 없는 것은 아니다. 엄격하게 말하면, 학교의 공간 배치는 계속 변하고, 관행화되고, 다시 변하는 순환성을 보여 준다. 정보통신기술의 발달에 따라 컴퓨터 사용이 일상화되고, 이에 따라 교실의 기자재가 바뀌고, 이것은 자연스럽게 교실의 공간 배치를 달라지게 한다. 정보통신기술의 발달 속도가 대단히 빠르기 때문에 달라지는 기자재에 따라 교실의 공간 배치는 또 달라질 것이다.

컴퓨터 활용이 일상화되면서 컴퓨터 안의 가상공간에서 다양한 활동을 하는 것이 가능해졌고, 교육활동도 빈번하게 이루어지고 있다. 사이버랩(cyberlab: 가상실험실)에서 실험을 하거나 실습을 하는 것도 가능하게 되었다. 이 경우 별도의 실험실이나 실습실의 수요가 그만큼 줄어들게 되어 학교의 공간 배치에도 영향을 미치게 된다. 즉, 실험실이나 실습실과 같은 특별실을 최소화하거나 아예 없애는 조치를 취할 수도 있는 것이다.

교사의 강의로만 진행되는 수업에서는 모든 학생이 교사를 주목해야 하고, 이를 위해서는 책상도 교사를 향하여 배치되어야 한다. 그러나 학생들이 모둠별로 모여 활동하는 방식으로 수업을 진행한다면, 모든 책상이 교사를 향하도록 배치되어 있는 것은 적합하지 않다. 여기서 모둠별로 긴밀하게 협력하며 활동할 수 있도록 책상을 재배치하는 것은 필수적이다. 몇 명씩 한 모둠을 구성하는지에 따라 다양한 모습의 책상 배치가 가능하며, 이에 따라 교실 공간의 모습도 달라진다. 수업에서 모둠별로 활동하는 것을 일상화하게 되면 모둠별 활동을 할 때마다 책상을 옮기지 않고 처음부터 책상의 배치를 모둠별 활동이 가능하게 배치할 수도 있다.

초등학교에서 학생들과 교육적 소통을 하는 데 어려움을 겪은 교사들이 이 문제를 해결하기 위해 서로 모여 논의하고 대안을 모색하는 과정에서 '열린 교육' 개념이 등장하게 되었다. 교사의 강의로만 진행되는 수업으로서, 학생들과의 소통이 제대로 이루어지지 않는 수업을 폐쇄적 수업이라고 한다면, 학생들과의 소통을 원하는 교사들이 폐쇄적 수업이 아닌 열린 수업을 지향하는 것은 당연하다고 볼 수 있다(이남봉, 1996). 이들은 열린 수업을 위한 다양한 시도를 하면서 모둠별 책상 배치도 구상하여 실천하였다.

최근에는 지역의 인적·물적 자원을 교육자원으로 활용하는 흐름이 나타나면서 학교의 물리적인 울타리를 넘어 학교의 공간이 실질적으로 확대되고 있다. 지역의 인적·물적 자원을 교육자원으로 활용하기 위해 학생들을 지역으로 이동시키는 것에 따르는 안전문제에 대한 부담이 있기는 하지만, 이 문제를 제도적으로 해결하면서 그러한 시도를 확대해 나가고 있다. 방과 후에 교실을 활용하여 진행하는 다양한 교육 프로그램을 '방과후학교' 프로그램으로 규정하면서 학교는 이미 교사만이 아닌 다양한 전문가들이 활동하는 공간이 되었다. 그래서 학교의 물리적인 울타리에 의한 학교 안과 밖의 경계는 이들에게 이전처럼 견고하게 인식되지는 않는다.

또한 최근에는 '마을학교' 개념도 등장하여 학교를 실직적으로 마을의 학교가 되게 하려는 노력이 진행되고 있다. 이것은 학교를 마을의 교육기관이자 교육자산으로 만들겠다는 의지의 표명하기도 하고, 마을 전체를 교육자원으로 활용하여 교육을 진행하는 학교로 학교를 재개념화하는 것이기도 하다. 현재 '마을학교'의 개념은 더 확장되는 추세에 있다. 좀 더 구체적으로 말하면, 기존의 학교만이 아니라 교육적 기능을 수행하는 조직이 주로 활동하는 공간을 다 '마을학교'로 규정하여 기존의 학교를 포함하여 다수의 마을학교를 지역에 배치하는 흐름이 나타나고 있다(윤여각, 2015). 이것은 학교에 대한 재개념화를 통해 학교를 공간적으로 확장하고 있는 것으로 이해될 수 있다.

03 교육의 수준

교육과 관련하여 단계 또는 수준이라는 용어를 사용하고 있다. 그래서 교육에 대해 생각할 때 '단계를 올라간다' 또는 '수준을 높인다'는 말이 자연스럽게 연상된다. 학교가 지배적인 위상을 차지한 이래 학교급에 따른 단선적 단계를 따라 올라가는 것이 당연시되고 있으며, 이러한 당연시 때문에 상급학교 진학을 둘러싼 과열 현상이 나타나고 있기도 하다. 또한 학교교육을 기준으로 교육의 수준을 가늠하는 현상이 나타나고 있기도 하다. 수준 차원에서 학교를 재개념화하는 것은 이에 대한 문제의식에서 출발한다.

학교에서 수준의 배치

단위학교에는 학년이 배치되어 있으며, 학년 배치는 수준을 전제하고 있다. 즉, 2학년은 1학년보다 수준이 높고, 3학년은 2학년보다 수준이 높다고 전제하는 것이다. 여기서 수준은 일반적으로 교육의 수준으로 이해되고 있다. 그래서 학년이 올라갈수록 좀 더 높은 단계의 교육에 참여하는 것으로 이해한다. 학년이 올라갈수록 다루는 교과내용의 난이도가 높아지기 때문에 좀 더 어려운 교과내용을 다루는 교육이 수준 높은 교육이라고 생각하는 것이다.

난이도가 높아지는 교과내용에 주목하게 되면 유치원 교육, 초등학교 교육, 중학교 교육, 고등학교 교육, 대학교 교육으로 이어지는 계열이 생기게 된다. 이에 따라 유치원보다 초등학교가, 초등학교보다 중학교가, 중학교보다 고등학교가, 고등학교보다 대학교가 상급학교가 된다. 그리고 유치원 교육보다는 초등학교 교육이, 초등학교 교육보다는 중학교 교육이, 중학교 교육보다는 고등학교 교육이, 고등학교 교육보다는 대학교 교육이 수준이 높은 것으로 이해된다. 학교교육을 마치게 되면 졸업장을 수여받고, 학력을 인정받게 된다. 이 학력은 국가에서 공인하는 것이기 때문에 상급학교에 진학하기 위한 노력이 당연시된다.

학교에서 개별 학생이 각 교과목에 대한 교육에 참여한 결과는 평가를 통해 점수로 나타나게 된다. 이를 '성적'이라고 말하며, 성적은 당사자의 교육 수준을 가늠하는 척도가 된다. 그래서 성적이 높으면 당사자의 교육 수준이 높고, 성적이 낮으면 당사자의 교육 수준이 낮은 것으로 이해된다. 고등학교에서 대학입시를 준비하면서 성적이 높은 학생들을 도서실과 같은 별도의 공간에 모아 방과 후에 자율학습을 하게 하는 것도 수준에 따른 배치의 한 예가 된다.

학교교육에 대한 관리 차원에서 교육부에서는 '학습부진'의 문제에 주목하고 이 문제의 해결을 위해 노력해 왔다. 단위학교 차원에서 학습부진의 문제를 책임지고 해결하도록 정책적으로 요구한 것이 그 대표적인 예이다. 여기에는 학습부진의 문제를 안고 있는 학생들을 분별하고 이들을 별도로 관리해야 한다는 전제가 있다. 이들은 학급에서 낮은 학업성취를 보이기 때문에 그 수준을 끌어올려야 하는 과제를 갖게 되고, 학교에서는 이들이 그 과제를 제대로 수행하도록 조력하고 여건을 조성해야 하는 과제를 갖게 된다.

　　모든 학생이 평가를 통해 점수를 부여받기 때문에 성적에 따른 석차가 나오게 된다. 교과목별로 1등에서부터 마지막 등수까지 석차를 확인하는 것이 가능하며, 모든 교과목 성적에 대한 평균을 토대로 전체 석차를 확인하는 것도 가능하다. 학교에서는 학생들에게 학번을 부여하는 것 이외에도 성적에 따라 석차를 부여하는 체제를 가지고 있다. 학교에서 학업성취와 관련하여 학생들에게 경쟁을 유도하는 경우에는 이 석차를 공개하는 경향이 있다. 이로 인하여 학교에는 크게는 '공부 잘하는 학생'과 '공부 못하는 학생'의 구분이 생기고, 후자가 학업에 대한 의욕을 상실하고 교사가 이들을 적극적으로 돌보지 않으면 교실수업에서 소외되는 현상이 나타나기도 한다.

　　특정한 영역에서 높은 수준을 보이는 학생을 대상으로 국내대회나 국제대회에 참여할 수 있도록 별도로 관리하는 것도 수준에 따른 배치의 또 다른 예가 된다. 이러한 대회에서 수상하는 것은 개인에게도 영예가 되지만, 학교의 명예를 드높이는 일도 되기 때문에 학교에서는 그 대회에 참여할 정도의 수준이 되는 학생들을 별도로 선발하여 관리하는 것이다. 이 경우 선발되지 않은 학생과 비교하여 선발된 학생들은 특별한 지원을 받는 셈인데 이로 인한 격차의 문제는 학교에서는 심각한 고려사항이 되지 않는다.

교육에서 수준의 의미

학생들의 학업성취 수준, 학교에서 다루는 교과내용의 수준에 대해 그것이 교육의 수준을 말해 주는 것으로 이해하는 경향이 존재하고, 이러한 이해는 거의 상식이 되어 있다. 학생들의 학업성취 수준의 평균에 의해 학교의 교육 수준을 가늠하는 것도 당연시되고 있다. 그러나 이것이 말 그대로 교육의 수준이라고 할 수 있는지에 대해서는 엄밀한 검토가 필요하다. 그리고 여기서는 교육에 대한 좀 더 엄밀한 논의가 필요하다. 그것은 교육의 시간이나 교육의 공간과 달리 교육의 수준은 교육을 직접 드러내는 것이기 때문이다.

교육은 교수자와 학습자가 서로 만나 가르치고 배우는 활동 또는 교수자가 없는 상태에서 학습자가 스스로 배우는 활동을 말한다. 이러한 활동을 통해서 나타나는 변화에 주목하면, 교육은 앎의 수준을 끌어올리는 활동이라고 말할 수 있다(윤여각, 2002). 학습자의 현재 앎의 수준에서 한 단계 높은 수준으로 올라가도록 교수자가 조력하고 학습자가 이에 부응하여 스스로 노력하는 활동이 교육인 것이다. 교수자의 조력이 없다고 하더라도 학습자가 자신의 앎의 수준을 끌어올리기 위해 노력한다면 그것도 교육이라고 말할 수 있다.

교육의 수준은 언제나 구체적으로 진행되었거나 진행되고 있는 교육의 수준일 수밖에 없다. 즉, 과거에 진행된 교육이 어떤 수준이었다거나 현재 진행되고 있는 교육은 어떤 수준이라고 말할 수밖에 없다. '수준'은 상대적인 개념이다. 그래서 다른 교육과 비교하여 이 교육의 수준이 높다거나 낮다고 말하게 된다. 여기서 필요한 것이 비교를 위한 척도이다. 교육의 수준은 일단 가르침의 수준과 배움의 수준으로 구분할 수 있다. 가르침의 수준은 교수자가 학습자를 가르치는 수준으로서 학습자의 앎의 수준을 높이는 데 얼마나 전문성을 발휘하는지에 따라 차이가 나게 된다. 따라서 가르치는 활동을 하되 학습자의 앎의 수준 향상에 전혀 도움을 주지 못하는 수준에서 학습자의 앎의 수준 향상에 결정적인 도움을 주는 수준까지 이어지는 스펙트럼이 가능하다. 배움의 수준은 학습자가 스스로 배움을 이끌어 가는 수준으로서 자신의 앎의 수준을 높이기 위해 얼마나 효과적으로 학습하는지에 따라 차이가 나게 된다. 따라서 배우는 활동을 하되 자신의 앎의 수준을 전혀 향상시키지 못하는 수준에서 자신의 앎의 수준을 지속적으로 향상시키는 수준까지 이어지는 스펙트럼이 가능하다.

이렇게 보면 교육의 수준은 실제로 교육활동을 전개하면서 드러내는 역량의 수준을 의미하며, 교육활동을 통해 다루는 교과내용의 수준을 의미하지는 않는다. 교과내용의 수준이 교육의 수준은 될 수 없는 것이다. 교과내용의 난이도는 높지만 교육의 수준은 매우 낮을 수도 있고, 교과내용의 난이도는 낮지만 교육의 수준은 매우 높을 수도 있다(엄태동, 2003). 이러한 경우가 존재하기 때문에 유치원에서 진행되는 교육의 수준이 대학교에서 진행되는 교육의 수준보다 낮다고 단정적으로 말할 수 없다.

학생들의 학업성취 수준이 높다는 것은 학생들이 열심히 배웠을 가능성과 교사들 또는 열심히 가르쳤을 가능성을 시사해 준다. 그러나 학업성취 수준이 앎의 수준을 가늠하는 자료는 될 수 있지만 학업성취 수준이 높다고 해서 교육의 수준도 높다고 단정적으로 말할 수는 없다. 무엇보다도 대학입시를 겨냥하여 진행되는 교육에서는 많은 학생들이 대학에 진학하기를 기대하면서 그러한 기대를 충족시켜 줄 수 있는 학생들에게 주목하게 된다. 이 경우 수업에서 소외되는 학생이 존재하게 된다. 이것은 교사의 가르침의 역량이 제한적으로 적용되는 것이다. 이러한 학생은 대부분 배움의 역량을 향상시킬 수 없다. 이러한 사례를 두고 교육의 수준이 높다고 말할 수는 없다.

교수자와 학습자의 앎의 수준 차이 때문에 교육활동이 진행된다. 교수자의 앎의 수준이 상대적으로 높아 교수자는 학습자의 현재 앎의 수준이자 자신의 과거 앎의 수준까지 내려가서 거기서 한 단계씩 수준을 끌어올리는 데 조력한다. 학습자는 교수자의 조력을 받아 자신의 미래 수준인 교수자의 앎의 수준까지 올라가기 위해 노력한다. 교수자와 학습자의 앎의 수준 차이는 교수자의 앎의 수준과 학습자의 앎의 수준 사이에 거리가 있다는 것이고, 그 거리를 좁혀 나가는 것이 교육에서는 과제가 된다. 그리고 이러한 과제를 수행하는 역량의 수준에 의해 교육의 수준이 드러나게 된다.

학교에서 수준의 재배치

학생들의 앎의 수준은 고정되어 있지 않다. 학생들이 교육에 참여하는 한 앎의 수준은 계속 향상될 수 있다. 이렇게 앎의 수준이 향상된다는 것 자체가 수준이 달라지는 것이다. 이렇게 달라진 수준을 가시적으로 드러내는 것이 바로 학년을 진급하는 것이고, 상급학교에 진학하는 것이다. 요컨대, 학교에서는 지속적으로 수준의 재배치가 일어나고 있다. 그러나 학업을 중단하는 경우에는 학교에서 다루는 교과내용에 대한 앎의 수준을 향상시키는 일을 중단하게 되어 학업으로 다시 복귀하지 않는 한 이와 관련된 수준의 재배치도 일어나지 않게 된다.

학업을 중단하는 것은 학업에 어려움을 겪기 때문이다. 그중에는 배우는 데 어려움을 겪고 있는데 이 어려움을 극복할 수 있도록 제대로 조력도 되지 않는 상황이 있다. 학생은 모두 동일한 앎의 수준에서 학업을 시작하지 않으며, 배움의 수준 역시 동일하지 않다. 그럼에도 불구하고, 학교에서 교사는 일정한 수준을 상정하고 수업을 진행한다. 그래서 수업에서 소외되는 학생이 존재하게 되고, 그 학생은 배우는 데 어려움을 겪게 된다. 이 어려움이 극복되지 않으면 다른 학생과의 앎의 수준 차이가 더 벌어지게 되고 배움의 수준도 답보 상태에 빠져 학교에서 교육에 참여한다는 것 자체에 부정적 정서를 갖게 되고, 결과적으로 학업을 중단하는 선택을 할 수도 있다.

학생들의 앎의 수준이 다르다는 것을 인정하고 학교에 도입된 제도가 수준별 수업이다. 실제로 모든 교과목에 대해 수준별 수업을 적용하는 것은 아니다. 이 제도를 도입한 학교에서는 일부 교과목을 선정하고 그 교과목에 대해서는 몇 개의 수준을 정해 놓고 분반하여 각 수준에 맞는 학생들을 배치하고 각각에 적합한 방식으로 수업을 진행하였다. 동일한 교과내용에 대해 앎의 수준이 다른 학생들을 대상으로 그들에게 적합한 방식으로 가르친다는 것 자체가 생소한 것은 아니다. 평준화가 되지 않은 지역에는 중학교 성적이 우수한 학생들이 진학하는 학교와 중학교 성적이 매우 낮은 학생들이 진학하는 학교가 있으며, 그 중간 수준의 학생들이 진학하는 학교가 있다. 그래서 이 지역의 고등학교에서는 동일한 교과내용을 다루면서도 학교마다 다른 방식으로 수업을 진행할 수밖에 없다. 수준별 수업을 도입한 학교에서는 여러 학교에서 다르게 진행하는 수업을 해당 학교 내에서 다 진행하는 것이다.

수준을 고려한 또 다른 형태는 개별화 수업이다. 수준을 나누고 분반을 하는 경우 낮은 수준에 배치된 학생들이 위축감을 느낄 수 있으며, 실제로 그러한 현상이 나타나기도 한다. 일부 학부모는 자신의 자녀가 낮은 수준의 반에 배치되었다는 것 자체에 대해 항의하는 사태가 벌어지기도 한다. 그래서 일부 학교에서는 수준별 수업을 하는 것 자체에 대해 부담스러워하기도 한다. 개별화 수업은 이러한 문제에서 벗어날 수 있지만 학생 수가 적은 경우에 도입될 수 있다는 한계가 있다. 그러나 수준이 다른 학생들을 한 반에 배치하고 동일한 교과목에 대해 배우되 각자에게 맞는 서로 다른 과제를 수행하게 한다는 점에서 교사에게 가르침의 역량이 더 요구되는 수업이라고 할 수 있다. 서로 다른 장애를 가지고 있는 학생들이 한 교실에서 수업에 참여하는 경우 개별화 수업이 불가피하기도 하다.

학교가 지역의 교육조직과 연계하여 그 교육조직으로 하여금 앎의 수준이 상대적으로 너무 높거나 너무 낮아 교사의 역량의 한계를 넘어서는 학생들에게 학교에서 진행된 교육을 보완하는 방식으로 지도하게 할 수도 있다. 이것은 동일한 교육 기능에 대해 학교와 지역의 교육조직이 역할을 분담하는 것이다. 앞서 언급한 학교의 공간적 확장을 시도하게 되면 지역 전체의 교육자원을 활용하여 학생들의 앎의 수준에 맞게 재배치하는 일도 활발하게 일어나게 될 것이다.

04 교육의 관계

교육은 시간의 흐름 속에서 일정한 공간을 점유하면서 수준을 끌어올리는 방식으로 진행되며, 또한 일정한 관계 속에서 진행된다. 교육은 인간이 하는 활동이고, 가르침과 배움이라는 하위활동이 있기 때문에 사람들 간의 관계 문제에서 벗어날 수 없다. 관계를 어떻게 맺는지에 따라 교육이 성공할 수도 있고 실패할 수도 있다는 점에서 교육에서 관계는 중요한 변수가 된다. 학교에서 교사와 학생이 서로 소통하면서 진행하는 교육이 정형화되면서 교육의 관계는 자동적으로 교사와 학생의 관계로 이해되기도 하였다. 관계 차원에서 학교를 재개념화하는 것은 이러한 고정관념에서 벗어나는 것이다.

학교에서 관계의 배치

학교는 하나의 제도로서 학교에는 그 제도를 작동시키는 사람들이 배치되어 있다. 학교에 배치된 사람들로는 교사와 학생이 대표적이다. 교사는 교원으로서, 교원에는 교사 이외에도 교장과 교감이 있다. 또한 학교에는 교원과 학생이 하는 일을 지원하는 직원도 배치되어 있다. 학교에 교사가 아니면서 학생들과의 관계 속에서 직원과는 다른 전문적인 업무를 수행하는 학교상담사, 지역사회교육전문가, 방과후교육 강사 등이 배치되기도 한다.

학교에서 교사는 가르치는 위치에 있고, 학생은 배우는 위치에 있다. 교사는 가르치는 일을 직업으로 하는 사람으로서 학교에서 갖는 하나의 지위이다. 학생은 배우는 일에 전념해야 하는 사람으로 역시 학교에서 갖는 하나의 지위이다. 그러므로 학교는 교사와 학생이라는 서로 다른 지위를 가지고 있는 사람이 만나 상호작용하는 곳이라고 말할 수 있다. 물론, 동일한 지위를 가지고 있는 교사나 학생끼리 상호작용을 하기도 한다.

교사는 한 학급의 담임이라는 지위를 갖기도 하고, 한 교과목의 담당교사라는 지위를 갖기도 한다. 대부분 한 교사가 학급담임과 교과목 담당교사로서의 역할을 다 수행하지만, 교과 전담교사처럼 학급담임을 맡지 않는 경우도 있다. 동학년 학급담임들의 모임이 있고, 동일한 교과목을 담당하는 교사들의 모임도 있다. 이 외에도 학교의 업무 분장에 따라 같은 부서에 배치된 교사들이 교무실 같은 공간에 함께 모여 부서 업무를 수행하기도 한다.

학생은 일단 학년에 배치되고, 그 다음 학년 내 학급에 배치된다. 그래서 모든 학생은 각자 배치된 학년의 학급 교실에서 주로 생활하게 된다. 대학에서는 교수가 수업하는 강의실이 배치되고 이곳으로 학생들이 이동하는 방식을 취하는 것이 일반적이지만, 유치원, 초등학교, 중학교, 고등학교에서는 학생들이 교실에 있고, 시간표에 따라 교과목 담당교사가 해당 교실로 이동하는 방식이 일반적이다. 학생들이 학교에서 대부분의 시간을 교실에서 보낸다는 점에서 교실에서 만나는 학급담임과 학생의 관계, 교과목 담당교사와 학생의 관계가 학교에서는 중요한 관계로 부각된다. 대학에는 학급담임이 없다는 점에서 모든 학교에서 교과목 담당교사와 학생의 관계가 일차적이라고 말할 수도 있다. 유치원과 초등학교의 경우에는 학급담임이 모든 교과목에 대해 수업하는 구조로 되어 있기 때문에 상급학교들과 차이가 있지만 교과목을 담당하는 교사와 학생의 관계라는 구조는 동일하게 적용될 수 있다.

교과목 담당교사는 해당 교과목의 교과내용을 가르치고, 학생들이 학습하여 도달한 앎의 수준을 평가하기 위해 시험문제를 내고, 학생들이 작성한 답안지에 대해 채점도 하고, 최종적으로 해당 교과목에 대한 학생들의 성적을 부여한다. 교과목에 대한 교육의 과정 전반을 담당교사가 진행하고 관리하기 때문에 학생들은 교과목 담당교사의 영향력에서 벗어날 수 없다. 그래서 학생들은 교과목 담당교사의 수업에 주목하고, 교과목 담당교사가 출제하는 문제에 대한 정보를 얻어 내기 위해 노력한다.

동일 학년에서 특정 교과목을 담당하는 교사가 2명 이상인 경우에는 수업을 어떻게 진행할 것인지, 어떤 문제를 출제할 것인지 협의하는 과정을 거친다. 교육에 대한 관점이 달라 의견이 충돌하는 경우도 있을 수 있지만, 동일한 시험문제로 동학년의 모든 학생을 대상으로 평가해야 하는 상황에서는 의견을 수렴해 나가는 것이 불가피하다. 동학년에 대해 매년 동일한 시험문제를 출제하는 것은 가능한 한 피해야 하기 때문에 이들 간의 협의는 지속적으로 이루어지게 된다.

교과목 담당교사와 학생이 상호작용하면서 진행하는 교육을 행정적으로 지원하는 위치에 교감과 교장이 있다. 특히 교장은 학교에서 계획하여 진행하는 모든 교육을 총괄적으로 책임지는 위치에 있다. 이러한 책임에 따른 권한도 있어서 교장은 이 권한을 이용하여 학교교육의 전체적인 방향에 대해 영향력을 행사하기도 한다. 고등학교에서 좀 더 많은 학생들을 지명도가 있는 대학에 진학시키는 데 주력하거나, 교육부나 교육청에서 추진하는 다양한 연구사업과 시범사업을 따내서 시행하는 데 주력함으로써 실적을 쌓아 나가는 것이 그 대표적인 예이다.

교육에서 관계의 의미

학교에서 교사는 가르치는 위치에 있고, 학생은 배우는 위치에 있기 때문에 교사와 학생의 관계는 교육적 관계라고 말하는 것이 일반적이다. 그러나 좀 더 세세하게 들여다보면 교사와 학생의 관계가 교육적 관계가 아닌 순간들이 있다. 그러므로 지나친 일반화의 오류를 범하지 않기 위해서는 교사와 학생이 상호작용하면서 하는 활동에 세세하게 주목하고, 그 활동에 대해 교육의 관점에서 엄밀하게 검토해 볼 필요가 있다.

교육에서 관계의 문제를 생각할 때는 일차적으로 교육적 관계에 초점을 맞추어야 한다. 교사라는 지위와 학생이라는 지위, 그리고 각 지위에 따른 역할은 사회학에서 주목하는 것이다. 교육학에서는 그러한 지위와 역할 속에서 교육의 틀로 걸러지는 것에 주목해야 한다. 교사는 교육의 관점에서 보면 교수자이자 학습자이다. 교사는 학생들을 잘 가르치기 위해 끊임없이 배워야 하는 위치에 있다. 달리 말하면, 교사는 가르침의 수준을 향상시키기 위한 배움을 계속해야 한다. 이러한 배움을 토대로 교사는 교수자로서 학생들을 가르친다. 학생은 교수자인 교사로부터 배워야 하는 학습자이다. 그러나 자신보다 앎의 수준이 낮은 다른 학생에게 도움을 줄 수 있는 교수자이기도 하다. 학생들 간에 수준 차이가 상대적으로 크지 않기 때문에 학생들 간에 가르치고 배우는 교육이 더 효과적으로 진행될 수도 있다.

이렇게 보면, 교육에서 중요한 관계는 교수자와 학습자의 관계이다. 누구라도 동일한 시점에서 교수자이자 학습자로 활동할 수는 없지만, 삶을 살아가면서 교수자로서의 활동과 학습자로서의 활동을 반복하는 것은 가능하다. 앎의 수준에서 상대적으로 높으면 누구라도 교수자가 될 수 있고, 그 교수자라도 상대적으로 앎의 수준이 높은 사람을 만나면 학습자의 자세를 취해야 한다(윤여각·양미경·엄태동, 2007). 청출어람의 예에서 볼 수 있듯이, 교수자와 학습자의 관계는 역전될 수 있으며, 이러한 역전이 일어날 때 그것은 양자가 교육적 관계를 성공적으로 맺어 온 결과로 볼 수 있다. 그리고 교수자와 학습자의 교육적 관계는 학교라는 공간에만 적용되는 한정적인 개념도 아니다. 학교를 포함하여 어디서든 교수자와 학습자가 만나 교육적 관계를 맺을 수 있다.

특정한 학습자와의 관계에서 가르침의 역량을 오랫동안 발휘한 교수자는 스승이 되기도 한다. 교수자는 끊임없이 배우며 가르치는 일에 전념하고, 그 결과 학습자의 앎의 수준이 향상되는 모습을 보면서 보람을 느끼고, 특정 시점에서는 학습자가 자신을 넘어서기도 하기 때문에 교수자가 자신을 스승이라고 규정하지는 않는다. 그러나 그러한 교수자 덕분에 교수자의 수준을 넘어서게 되었거나 자신의 인생행로를 찾아 나서게 된 학습자는 그 교수자로부터 벗어나게 된다고 하더라도 그 교수자를 스승으로 인정하고 자신을 제자로 규정한다. 요컨대, 스승은 학습자가 자신을 제자로 규정하면서 인정하는 것이다(內田樹/박동섭 역, 2012). 그래서 청출어람과 같이 앎의 수준에서 역전이 일어났다고 하더라도 가르침의 모범으로서 스승은 제자가 마음 속에 그대로 간직하면서 자신의 삶을 비추어 보는 거울이 된다. 그러므로 제자의 입장에서는 스승이 많을수록 좋다고 할 수 있다. 물론, 이 스승은 현존하는 사람이 아닐 수도 있다. 학습자는 특정한 저자의 저술을 배움의 소재로 삼아 배울 수 있으며, 그 결과 그 저자를 스승으로 삼을 수도 있다.

누구나 교수자가 될 수 있다. 그러나 누구나 유능한 교수자가 되는 것은 아니다. 유능한 교수자가 되기 위해서는 특별히 노력해야 한다. 다시 말하면, 유능한 교수자가 되기 위한 배움의 과정을 거쳐야 하는 것이다. 그런데 유능한 교수자가 그가 가르친 모든 학습자에게 스승이 되는 것은 아니다. 스승은 오로지 제자에 의해 호명되기 때문이다. 누구나 공자, 석가모니, 예수, 소크라테스를 인류의 스승이라고 말하는 것은 아니다. 이들 전체나 이들 중 한 사람을 스승으로 받아들이는 제자에게만 이들이나 그중 한 사람은 스승이 된다.

교육적 관계에서 한 가지 주목해야 하는 개념은 성장의 개념이다. 학습자의 성장으로 귀결되지 않는다면 가르치는 위치에 있는 사람과 배우는 위치에 있는 사람의 관계는 교육적 관계로 유지될 수 없다. 가르치는 위치에 있는 사람이 배우는 위치에 있는 사람의 성장에 관심을 갖고 그의 앎의 수준이 향상되도록 적합하게 조력하지 않는다면 그는 교사라는 신분을 유지할 수는 있지만 교수자라고 할 수는 없다.

학교에서 관계의 재배치

학교에서 교사는 가르치는 사람으로서, 학생은 배우는 사람으로서 서로 교육적 관계를 맺어야 한다는 것은 분명하다. 그러나 이것이 말처럼 쉬운 것은 아니다. 학교에서는 교육적 관계를 발전시키기 위한 역량이 서로 부족해 어려움을 겪는 경우가 많다. 학교에서는 가르침의 역량이나 배움의 역량을 향상시키는 데 각별한 관심을 가지고 이를 지원해야 하는데 현실은 그렇지 않다. 그 노력은 개별적인 교사와 학생에게 위임되는 경우가 대부분이다.

특정한 교과목에서 다루는 교과내용에 주목하면서도 그 교과내용을 어떻게 가르칠 것인지에 더 주목하여 연구하고 논의하고 실행하는 교사들의 모임이 있다. 동학년에 배치되어 있는 학생들을 어떻게 지도할 것인지에 주목하여 연구하고 논의하고 실행하는 교사들의 모임도 있다. 학교에 배치되어 있는 학생들을 전체적으로 어떻게 지도할 것인지에 주목하여 연구하고 논의하고 실행하는 교사들의 조직도 있다. 교사회가 바로 그것이다. 더 나아가 지역에 있는 모든 학교에 배치되어 있는 학생들을 전체적으로 어떻게 지도할 것인지에 주목하여 연구하고 논의하고 실행하는 교사들의 조직도 있다. '홍동범교과연구회'가 그 한 예이다.

이러한 조직들이 학생들의 성장에 제대로 조력하기 위해 노력할 때 그 일을 개별 교사에게 위임할 때와는 다른 시너지 효과가 나타나게 된다. 이것은 교사들 간의 관계를 이전과는 다른 방식으로 재배치하는 것이며, 무엇보다도 분절되어 있던 관계를 복원하고 연계하는 것이다. 어떤 교과목을 가르치든 또는 어떤 학급을 담임하든 학생들의 성장에 조력하기 위해 교사들이 역량을 수렴해 갈 때 교사도 성장할 수 있으며, 이렇게 되면 학교도 발전하게 된다.

　학생들을 잘 가르치기 위해서는 우선 교사들이 배움에서 모범이 되어야 한다. 그 전형적인 것이 학생들에게 가르치는 대로 교사들이 실천하는 것이다. 학생들에게는 A를 하라고 가르치면서 정작 교사들이 A를 잘하지 못한다면 교사들은 학생들의 귀감이 될 수 없고, 그러면 교사들은 학생들에게 교육력을 발휘할 수 없다. '협동학습'을 하도록 지도하는 교사는 자신이 먼저 다른 교사들과 협동학습을 잘해야 한다. 장곡중학교의 예에서도 교사들이 먼저 '배움의 공동체'를 형성하기 위해 노력하고 이를 학생들은 물론 학부모들에게도 확산시켜 나감으로써 이전과는 다른 관행을 만들어 내게 되었고 학교의 내부 활동 모습, 무엇보다도 수업의 양태를 변화시키게 되었다.

　학생들의 성장을 위해 학교 교사들의 노력만으로는 한계가 있다. 그래서 학교에 전문가들의 참여가 늘어나고 있고, 학교 밖의 교육자원을 활용하는 일도 늘어나게 되었다. 학교에서 시작하는 관계망이 지역으로까지 확장되고 있고, 그 결과 관계가 계속 재배치되고 있다. '관악교육복지네트워크'나 '세월모꼬지'가 그 예가 될 것이다. '마을학교' 개념을 적용하면 부산 반송의 '희망세상'이나 서울의 '공릉청소년문화정보센터'나 대전의 '새싹리본'도 관계의 확장과 재배치에 참여하고 있다고 말할 수 있다.

교육적 관계를 맺고 있는 당사자도 중요하지만, 그 관계를 지원하고 후원하는 관계 또한 중요하다. 오히려 교육적 관계를 위해 이를 지원하고 후원하는 관계를 많이 만들고 그 관계를 발전적으로 유지해 나가는 것이 필요하다. 이것은 교육이 고립된 상태에서 진행되는 활동이 아니라는 점을 인식하면 당연한 귀결이다. 이 점에서 학교가 지역과 함께하는 방향으로 변화를 모색하고 있는 것은 바람직하다. 이를 학교가 주도할 수도 있지만, 지역의 기관이나 단체가 학교와의 접속을 시도할 때 이에 대해 개방적인 방식을 취하고 학생들의 성장을 위해 서로 협의하고 방안을 모색해 나갈 수도 있다.

참고문헌

서 론

• 김정원 외(2010). 교육복지의 이론과 실제. 서울: 학이시습.
• 윤여각 · 김안나 · 나승일(2002). 국민기초교육단계에서의 생애능력 형성 현황과 과제. 서울: 한국교육개발원.
• 이진경(1997). 근대적 시 · 공간의 탄생. 파주: 푸른숲.
• 이홍우(1977). 교육과정탐구. 서울: 박영사.
• 이홍우(1982). 지식의 구조와 교과. 서울: 교육과학사.
• 이홍우(1985). 교육의 목적과 난점(제4판). 서울: 교육과학사.
• Freire, P.(2002). 희망의 교육학: 프레이리의 삶과 페다고지[*Pedagogy of hope: Reliviing pedagogy of the oppressed*](교육문화연구회 역). 서울: 아침이슬(원전은 1994년에 출판).
• Freire, P.(2007). 자유의 교육학: 민주주의와 윤리 그리고 시민적 용기 [*Pedagogy of freedom: Ethics, democracy, and civic courage*](사람대사람 역). 서울: 아침이슬(원전은 1998년에 출판).
• Illich, I.(1979). 교육사회에서의 탈출[*The deschooling society*](김남석 역). 서울: 범조사(원전은 1971년에 출판).
• Reimer, E.(1981). 인간 없는 학교[*School is dead: An essay on alternatives in education*](김석원 역). 서울: 한마당(원전은 1971년에 출판).

제1장

• 김태현(2012). 교사, 수업에서 나를 만나다. 서울: 좋은교사.
• 김현섭(2014). 수업을 바꾸다: 고민하다, 디자인하다, 함께 나누다. 서울: 협

동학습센터.

- 김현섭 외(2012). 협동학습 1. 서울: 한국협동학습센터.
- 이혁규(2013). 누구나 경험하지만 잘 모르는 수업: 이혁규의 교실수업 이야기. 서울: 교육공동체 벗.
- 정문성(2006). 협동학습의 이해와 실천. 서울: 교육과학사.
- Jacobs, G. M.(2011). 아하 협동학습: 협동학습 지침서[*Learning cooperative learning via cooperative learning: A sourcebook of lesson plans for teacher education*](한국협동학습연구회 역). 서울: 시그마프레스.
- Kagan, S.(2010). 협동학습[*Cooperative learning*](기독초등학교협동학습연구모임 역). 서울: 디모데.
- Kohn, A.(2009). 경쟁에 반대한다[*No contest*](이영노 역). 서울: 산눈.
- Palmer, P. J.(2000). 가르칠 수 있는 용기[*The courage to teach: Exploring the inner landscape of a teacher's life*](이종인 역). 서울: 한문화.

제2장

- 교육부(2014). 2014년도 기초학력 지원 사업 계획.
- 교육부·한국교육과정평가원(2014). 2014 기초학력 향상 정책 설명회 및 성과 보고회. 서울: 한국교육과정평가원.
- 이대식·황매향(2014). 학습부진학생의 이해와 지도(2판). 서울: 교육과학사.
- 이화진 외(2009). 학습부진학생 지도·지원의 실효성 제고를 위한 대안 탐색: 학습부진학생 지도·지원 종합계획(안) 제안을 중심으로. 서울: 한국교육과정평가원.
- 한국교육과정평가원(2014). 두드림학교 운영 가이드.

제3장

- 佐藤学(2009). 교육개혁을 디자인한다: 교육의 공공성과 민주주의를 위하여

[教育改革をデザインする](손우정 역). 서울: 학이시습(원전은 1999년에 출판).
- 佐藤学(2011). 수업이 바뀌면 학교가 바뀐다[授業を変える学校が変わる](손 우정 역). 서울: 학이시습(원전은 2000년에 출판).

제4장

- 서근원(2013). 수업, 어떻게 볼까?: 아이의 눈을 찾아서. 서울: 교육과학사.
- 서울강명초등학교(2014). 함께 만들어 가는 강명초 이야기.
- 이부영(2013). 서울형 혁신학교 이야기. 서울: 살림터.
- 초등교육과정연구모임(2011). 행복한 혁신학교 만들기. 서울: 살림터.

제5장

- 홍동마을 사람들(2014). 마을공화국의 꿈, 홍동마을 이야기. 대구: 한티재.
- 清水満(2014). 삶을 위한 학교: 덴마크 자유학교 '폴케호이스콜레'의 세계 [生のための学校: デンマークーで生まれフリースクールーフォルケホイス コーレー世界](김경인 · 김형수 역). 서울: 녹색평론사(원전은 1996년에 출판).

제6장

- 보리 편집부 편(1997). 작은 학교가 아름답다. 서울: 도서출판 보리.
- 유창복(2010). 우린 마을에서 논다. 서울: 또하나의문화.

제7장

- 남상덕 · 최윤정(2010). 달동네 행복일기. 서울: 리북.
- 김정원 외(2010). 교육복지의 이론과 실제. 서울: 학이시습.

제8장

- 김혜정(2013). 희망을 꽃피우는 지역공동체. 희망세상 내부자료.
- 마을교육연구소 편저(2012). 마을이 아이를 키운다: 대구의 마을학교 이야기. 대구: 한티재.
- 배은주(2010). 학교 밖에서 배우기: 개인·몸·통합의 교육. 서울: 원미사.
- 느티나무도서관 http://www.ntnamu.kr

제9장

- 박원순(2010). 마을이 학교다: 함께 돌보고 배우는 교육공동체. 서울: 검둥소.
- 박원순(2011). 세상을 바꾸는 천 개의 직업. 서울: 문학동네.
- 이철수 외(2011). 나는 무슨 일 하며 살아야 할까. 서울: 철수와영희.
- 정훈(2009). 자발성과 협력의 프레네 교육학. 서울: 내일을여는책.
- Alinsky, S. D.(2008). 급진주의자를 위한 규칙: 현실적 급진주의자를 위한 실천 입문서[Rules for redicals](박순성 역). 서울: 아르케.
- 공릉청소년문화정보센터 http://www.gycenter.or.kr

제10장

- 나은희(2003). 자원봉사자의 학습과정과 관점전환 연구. 서울대학교 석사학위논문.
- 남미자(2013). 초원을 달릴 수 없는 경주마: 대학생들의 취업에 관한 내러티브. 교육인류학연구 16(2). 155~192.
- 대전시(2013). 대전형마을만들기사업 결과 보고서.
- 대전시(2013). 대전형마을만들기사업 공모사업 공고.
- 명수민(2013). '좇기'와 '찾기' 사이: 대학생활의 교육적 가능성에 대한 질적 연구. 서울대학교 석사학위논문.

- 새싹리본(2011~2012). 지역아동센터 자원봉사활동 보고서.
- 새싹리본(2013~2014). 대전형마을만들기사업 결과 보고서.
- 엄기호(2011). 우리가 잘못 산 게 아니었어. 서울: 웅진지식하우스.
- 우석훈 · 박권일(2007). 88만원 세대. 서울: 레디앙.
- 윤여각 외(2013). **지역평생교육: 사례와 과제**. 서울: 에피스테메.
- 윤여각(2009). **학교평생교육론**. 서울: 한국방송통신대학교출판부.
- 윤여각 · 이희수 · 양병찬(2004). **지역사회교육론**. 서울: 한국방송통신대학교 출판부.
- 이민경(2008). 대학생들의 교육경험 담론 분석: 입시교육과 진로경험의 의미화를 중심으로. **교육문제연구** 31, 79~102.
- 임현선 · 서영아 · 권대봉(2008). 학습으로서의 자원봉사활동이해. **평생교육학연구**. 평생교육학회 14(2). 147~170.
- 조용환(1995). 대학교육의 의미와 기능에 관한 문화기술적 연구: 여대생의 홀로서기를 중심으로. **교육학연구** 33(5). 163~191.
- 조한혜정(2009). 교실이 돌아왔다: 신자유주의 시대 대학생의 글 읽기와 삶 읽기. 서울: 또하나의문화.
- 조한혜정(2014). 자공공: 우대와 환대의 마을살이. 서울: 또하나의문화.
- 지희숙(2011). 작은도서관 운동의 평생교육적 의미 분석: 대전지역 '알짬마을도서관' 사례를 중심으로. **평생학습사회** 7(2). 175~202.
- 지희숙(2014). 마을만들기 사업에서 평생학습매니저의 학습활동 분석. 공주대학교 박사학위논문.
- 지희숙(2014). 마을만들기 일꾼 길라잡이. 마을공동체 학습. 대전 : 대전시.
- 현영섭(2005). 성인자원봉사자와 자원봉사관련학습과 자기효능감의 관계. **평생교육학연구** 11(3). 55~78.
- Freire, P.(2002). 페다고지(30주년 기념판)[*Pedagogy of the oppressed: 30th anniverary edition*](남경태 역). 서울: 그린비(원전은 2000년 출판).
- 들에움 블로그 http://cafe.naver.com/newbuds

결론

- 엄태동(2003). 초등교육의 재개념화. 서울: 학지사.
- 윤여각(2002). 평생학습 활성화를 위한 학교교육의 방법 개선 방향. 평생교육학연구 8(2). 21~40.
- 윤여각(2015). 지역과 함께하는 학교평생교육 활성화. 2015년 지역과 함께하는 학교평생교육 활성화: 학교평생교육 거점학교 중심. 서울: 마포평생학습관. 3~9.
- 윤여각·양미경·엄태동(2007). 교육문제 연구론. 서울: 한국방송통신대학교출판부.
- 이남봉(1996). 열린 교육의 시작. 서울: KBS문화사업단.
- 장상호(2009). 학문과 교육(중Ⅲ): 교육연구의 새 지평. 서울: 서울대학교출판문화원.
- 조용환·윤여각·이혁규(2006). 문화와 교육. 서울: 한국방송통신대학교출판부.
- 최성욱(2006). 교육공간의 의미와 조건. 교육원리연구 11(2). 1~30.
- 최성욱(2006). 교육적 시간의 의미. 교육원리연구 11(1). 101~128.
- 內田樹(2012). 스승은 있다[先生は偉い](박동섭 역). 서울: 민들레(원전은 2006년 출판).

찾아보기